죽음이란 무엇인가

국립중앙도서관 출판시도서목록(CIP)

죽음이란 무엇인가 / 한국종교학회 편. -- 개정판.
-- 서울 : 창, 2009   p. ;   cm
ISBN   978-89-7453-163-8 03110 : ₩14000
죽음학[--學]
211.6-KDC4
291.23-DDC21   CIP2009000448

죽음이란 무엇인가(개정판)

2009년 2월 25일 · 개정판 1쇄 발행

지은이 · 한국종교학회편(김승혜외 10인)
펴낸이 · 이규인
펴낸곳 · 도서출판 창
등록번호 · 제15-454호
등록일자 · 2004년 3월 25일

주소 · 서울특별시 마포구 합정동 388-28번지 합정빌딩 3층
전화 · 322-2686, 2687 / 팩시밀리 · 326-3218
홈페이지 · http://www.changbook.co.kr
e-mail · changbook1@hanmail.net

ISBN 978-89-7453-163-8   03110

정가   14,000 원

* 잘못 만들어진 책은 <도서출판 창>에서 바꾸어 드립니다.

죽음이란 무엇인가

- 여러 종교에서 본 죽음의 문제 -

한국 종교학회 편

김승혜
김홍철
이수자
정승석
이지수
류인희
최준식
정양모
김경재
이희수
황필호

창
Chang Books

죽음에 대한 종교학적 이해

죽음이란 보편적인 인간 현상으로 어느 공동체나 체험하는 사자(死者)와의 완전한 단절을 말한다. 그런데 이 동일한 사건에 대한 해석은 예로부터 다양해서 죽음관에 따라 문화권을 구분할 수 있을 정도로 각 공동체의 세계관이 이 안에 집약되고 있다. 생명(生命)의 소멸인 죽음은 삶과 상반되는 개념이지만, 죽음에 어떤 의미를 부여하느냐에 따라 그 공동체가 삶을 어떻게 바라보는지 가장 선명하게 드러나기도 한다. 따라서 각기의 종교 전통이 죽음에 대해 어떤 해석을 하고 있는지를 고찰하는 일은 삶을 바라보는 그들의 시각을 확인하는 하나의 지름길이 된다. 이런 의미에서 한국종교학회는 '죽음의 문제'를 연구과제로 택하고, 현존하는 세계 종교 전통들과 한국의 대표적 대중 신앙에서 발견되는 죽음에 대한 다양한 이해를 고찰하였다.

요사이 한국인의 평균 연령이 많아지고 노년에 대한 사회적 관심이 고조되고 있는데, 이는 죽음을 사고할 수 있는 시간이 그만큼 연장되고 있다는 것을 뜻한다. 인간에게 깊은 의미를 지닌 모든 문제가 그렇듯이 죽음에 대해 이야기하려면 인류 역사 시초로부터 오늘에 이르기까지 종교 전통들이 제시한 해석에 눈을 돌릴 수밖에 없다. 그 안에서 가장 풍부하고 다각적이면서도 독창적인 인간 사고의 보고를 발견할 수 있기 때문이다.

오관(五官)을 통한 체험에 기초를 둔 일반적 추리가 멈추는 곳, 그렇기에 인간 이성에는 가장 어둡고 한계를 느낄 수밖에 없는 막다른 골목에서, 인류 공동체는 각기 제 나름대로의 괴로운 지적(知的) 씨름을 하였다. 이 씨름의 최초의 단면을 메소포타미아의 길가메시 서사시, 고대 이집트의 오시리스 신화, 페르시아의 심판사상 및 고대 중국인의 조상신사상에서 살펴볼 수 있다.

죽음에 대한 가장 오래된 해석을 문자(文字)를 통해 기록으로 남긴 고대 메소포타미아인들은 죽음을 실질적으로 삶의 끝이라고 보았다. 그들은 죽음 후의 세계를 아랄루(Arallu-메소포타미아어 : 히브리어로는 She'ol)라고 불렀는데, 먼지를 먹는 어두운 지하 세계, 모든 기쁨이 사라진 그림자의 나라라고 생각하였다.

신(神)이 인간에게 부여한 운명인 죽음에 도전을 시도한 길가메시(Gilgamesh)는 힘겨운 여행 끝에 생명의 신비가 잠겨 있는 바다로부터 불로초(不老草)를 따오는데 성공하였지만, 결국은 그것마저 뱀에게 빼앗기고 만다. 그러나 이 서사시의 끝은 길가메시 역시 죽을 수밖에 없었다는 평범한 사실보다도 운명에 도전하는 과정에서 체득된 지혜가 그의 삶을 그만큼 풍부하게 해 주었다는 점에 초점을 맞추고 있다. 다시 말해서 메소포타미아인들은 죽음을 신(神)들이 결정한 인간의 운명으로 받아들이는 자세를 취했지만, 그런 인간의 한계성 인식이 현존재를 무의미하게 하기보다는 더

지혜롭고 풍요롭게 하는 것이라고 보았다.[1]

고대 이집트인들은 나일강의 신 오시리스(Osiris)의 죽음에서 인간 죽음의 전형적 의미를 발견하였다. 나일강이 봄마다 홍수로 자신을 쏟음으로써 사막을 비옥한 토지로 바꾸어 곡식을 생산하듯이, 인간도 죽음을 통해서만 영원한 생명을 얻을 수 있다고 본 것이다.

따라서 모든 사자(死者)는 죽음 안에서 오시리스와 일치되었고, 장례 예식을 통해서 오시리스처럼 죽음의 왕국에 새로이 태어난다고 믿었다. 미이라를 만들고 '입을 여는 의식(the opening of the mouth)'을 통해 이 미이라에 생명을 주고 음식을 공양하는 행위는 사자(死者)의 후손이 행해야 할 가장 중대한 의무였다. 그런데 이집트인들의 내세관에서 흥미로운 일은 장례 예식과 양심을 안정시키는 주문 뿐만 아니라 한 사람의 일생 동안의 도덕적 행위가 심판을 받아야 된다는 윤리 의식이 곁들여 있었다는 점이다. 오시리스를 재판장으로 하는 42명의 판관 앞에서 사자(死者)의 심장은 질서(maat), 곧 진리의 여신을 상징하는 깃털과 함께 저울에 달린다. 이 저울이 완전한 평형을 유지할 때 사자(死者)에게 영원한 생명이 주어진다고 믿었다. 나시 밀해서 고대 이집트인들은 죽음을 이 세상에서 영원한 세계로 넘어가는 위기, 곧 전환기로 보았으며 내세관에서 도덕성과 종교 의례의 중요성을 결합시키고 있었다.

---

1) 이런 긍정적 결론은 길가메시 서사시(기원전 2100~1600년경) 자체에 근거한 것이다. 고대 메소포타미아가 기원전 1500년 이후 정치적 혼란을 맞으면서 쓰여진 『염세주의와의 대화』, 『Erra의 신화』 등을 보면 비관적 세계관을 드러내고 있다.

이런 면에서 고대 이집트의 죽음관은 죽음에 대한 종교적 해석의 전형적 성격을 보여 준다고 보겠다.[2]

짜라투스트라(Zarathustra)의 종교개혁을 받아들인 고대 페르시아인들의 죽음관은 그들의 유일신 신앙 및 직선적 역사관과 직결되어 있었다. 선신(善神) 아후라마즈다에 의하여 창조된 인간은 본래 완전한 상태로 만들어졌고 영원한 생명을 누리도록 되어 있었다. 악신(惡神) 앙그라메뉴의 침입으로 죽음이 인간 역사 속에 들어왔기 때문에 그들은 악이 극복될 때에 죽음도 극복되리라고 믿었다. 인간의 사명은 선한 생각과 말과 행동으로써 선신을 도와 악을 물리치는 데 있기 때문에, 인간을 평가할 때에 무엇보다도 도덕성이 중심이 되었고 따라서 죽음 후에 심판을 받아야 된다는 사상이 발달되었다.

사람은 죽은 지 3일이 되면 분리(Chinwat)의 다리를 건너게 된다. 자신이 쌓은 선악에 따라서 빛으로 가득 찬 노래의 집으로 가거나, 어두움에 둘러싸인 거짓의 장소로 떨어지게 된다. 또한 세상 마지막 날에는 인류 전체가 3일 동안 끓는 금속액 속에서 정화되어 구세주(Saoshyan)의 구원을 받아들일 수 있게 된다. 고대 페르시아인들은 진리(Asha)와 거짓(Druj)이라는 도덕적 이원론에 기초를 두고 죽음이라는 현상이 표면적으로는 동일하지만 각 사람

---

2) 티베트의 『死者의 書』는 불교적 시간관에 기초를 둔 것이지만, 사람이 죽은 후 49일 동안의 의례를 통하여 처음에는 사자(死者)가 생에 대한 애착을 버리고 열반에 들도록 도와주고, 후에는 좋은 곳에 태어나도록 돕는 책이다. 여기서 역시 의례적인 힘과 업보라는 윤리 의식이 결합되어 있다고 하겠다. 사실 모든 종교적 장례 의식은 이 두 가지 성격을 포함하고 있다고 보아도 큰 무리는 없을 것이다.

의 삶의 질에 따라서 완전히 다른 운명이 결정된다는 심판 사상을 인류 역사상 최초로 명료하게 제시했다고 하겠다.[3]

　일반적으로 강한 윤리관을 가지고 있었기 때문에 페르시아인들이 뚜렷한 심판 개념을 발전시킬 수 있었다고 한다. 그러나 그들에 못지 않을 만큼 도덕성을 중시했던 고대 중국인들은 그러한 개인 사후의 심판 개념을 발전시키는 대신 갑골문에서부터 드러나는 조상신(祖上神) 개념과[4] 천명(天命)과 연결시켜서 가족단위의 공과(功過)사상을 개발하였다. 고대 중국 사상가 중에서 상벌 개념에 가장 큰 중요성을 부여한 사람은 묵자(墨子)였는데, 그 역시 귀신들이 이 세상에서 상과 벌을 집행하는 것으로 보았지 죽음 후에 심판하는 심판 사상을 지니고 있지는 않다고 보았다.

　인류 역사에서 죽음에 대한 가장 오래된 해석을 남긴 대표적 사상을 몇 가지 살펴보았다. 죽음을 신(神)들이 결정한 인간의 운명을 수용하는 자세, 장례 의식을 통해 조상신으로서 상제(上帝) 좌우에 좌정하거나 죽음의 왕국에서 영원한 생명을 누린다는 믿음, 인간 각자가 행한 선악에 따라 죽음 후 심판을 받는다는 사상을 골자로 하고 있었다.

　죽음에 대한 이 세 가지 유형의 사고가 우리의 고찰 대상인 세계 대종교 및 한국 대중 신앙 속에서 어떻게 지속되면서 변화하는가

---

3) 조로아스터교의 심판 사상과 내세관은 유대교와 그리스도교 및 이슬람교에 영향을 주었고, 불교의 미륵불 사상 발전에도 영향을 준 것이 아닌가 보고 있다.

4) 기원전 1200년경부터 발견된 갑골문에서 제사는 상당 부분 조상들에게 드리는 것이고 빈어제(賓於帝)의 사상이 나타나고 있다. 시서(詩書)에서도 조상신이 백신(百神)의 중심을 이룬다. 논어에서 공자는 생명을 존중하면서도 사(死)를 불가지(不可知)로 보고 언급하지 않았다.

를 살펴보는 것은 흥미로운 일일 것이다.5) 우리 각자가 언젠가는 직접 경험하게 될 죽음, 우리가 소속된 공동체 안에서 겪는 사자(死者)와의 단절의 체험, 그리고 이 어두운 사건에 의미를 부여하고 있는 우리 각기의 해석 체계들을, 인류의 다양한 사고 유형 안에서 재조명해 보는 기회가 되기를 바란다.

 끝으로 이 책의 출판을 위해 옥고를 내어주신 필자 모든 분께 한국종교학회를 대표하여 심심한 사의를 표하는 바이다. 그리고 계획 전반과 편집일에 많은 시간을 할애하신 한국종교학회 간사 尹永海 씨와 출판을 맡아 주신 <도서출판 **창**>에 깊은 감사를 드린다.

김 승 혜

---

5) 위에 설명한 네 전통에서는 발견되지 않으나 신비 사상의 발전으로 죽음이 내면적 자아 이탈을 상징하는 의미를 갖게 된다는 것은 주목해 둘 필요가 있다. 수피즘에서의 fanná', 그리스도교의 kenosis 등은 모두 죽음을 형상화하여 자신을 초극하는 법을 제시하고 있다.

차 례

<u>증산교</u>

신명계로 통하는 사후 세계

신명계로 통하는 사후 세계

金 洪 喆*

1. 머리말

'죽음이란 무엇인가', '사람이 죽은 후에는 어디로 가게 되는 것인가'라는 물음은 오랜 인류의 관심거리였고 아무도 명확한 대답을 못했던 것도 사실이다. 그러나 각 종교나 사상들에서는 나름대로 이에 대한 대답을 하고 있는데 그 중에 근세에 한국에서 창립된 우리 민족 종교인 증산교(甑山敎)에서의 이 문제에 대한 답변은 어떤 것인가를 밝히려는 것이 이 글의 목적이다.

증산교는 1901년 증산 강일순(甑山 姜一淳)에 의해 우리 나라 전라도에서 창립된 종교다. 그는 스스로 옥황상제요, 미륵불(彌勒佛)이라는 절대적 권능을 가진 존재로 자처하면서 9년 간 활동을 했는데 이 9년 간의 그의 행적은 보통 사람으로서는 이해할 수 없는 기행이적과 신통묘술로 연속된다. 이 기간의 그의 활동을 증산교에서는 그가 천지공사(天地公事)를 했다고 하며 이 천지공사의 내용이 증산교의 전체 사상이 된다.

---

* 원광보건대학 학장

이 글에서 다루고자 하는 증산교에서의 죽음의 문제 즉 증산교의 사후관(死後觀)도 이 천지공사의 내용에서 추출해낼 수 있다. 천지공사에 나타나는 우주[세계관]·신·인간·선경 등의 구체적 내용이 바로 증산교의 사후 문제에 대한 답변들이 된다.

그렇기 때문에 이 글의 서술 순서는 증산교에서 보는 우주와 세계의 구조, 사후의 세계인 신명계(神明界)에 대한 이해 그리고 증산이 절대권을 가지고 행했다는 통일신단(統一神團)과 선경 건설에 대한 내용 순으로 고찰해 보려 한다. 그렇게 함으로써 사후에 우리 인간이 어떻게 되는가 하는 문제에 대한 증산교의 답변이 명확하게 드러나리라 보여진다.

2. 세계의 구조

인류의 역사와 문화를 돌이켜보면 어느 문화권이든 나름대로 세계관이 설정되어 있고 이 세계관이 어떻게 되어 있느냐에 따라 인생관의 차이도 달라지고 있는 것을 발견하게 된다. 특히 이 글의 주제와 직결되는 개념이 세계관·인생관이며 이것이 어떻게 되어 있느냐에 따라 사후의 문제도 제시되고 있는 것을 보게 된다. 그러면 증산교에서의 세계는 어떻게 구성되어 있는가. 크게 두 가지 형태로 구분되는데 1)삼계(三界) 2)인계(人界)와 신계(神界)로 나누어 볼 수 있다.

1) 삼계(三界)

증산의 교설 속에는 삼계라는 말이 자주 나온다.1) 이 삼계라는 말은 불교의 용어로 욕계(慾界) · 색계(色界) · 무색계(無色界) 또는 과거세 · 현재세 · 미래세를 통칭하며 공간적 · 시간적으로 이 우주 전체를 표현하는 개념으로 쓰여지고 있다. 우리 전래 민간신앙[巫俗]에서는 천상계(天上界) · 지상계(地上界) · 지하계(地下界)를 삼계로 보고 있다.

그런데 증산의 경우 이 삼계라는 말을 쓰면서도 구체적으로 이 삼계가 어떤 것인지 분명하게 밝히지 않으나 '천상무지천 지하무지지 인중무지인(天上無地天 地下無知地 人中無知人)'2)이라 하여 천상이 있고 지하가 있고 인간이 사는 지상이 있음을 이야기 한 바 있으며, 배용덕(裵容德) · 임영창(林泳暢)은 삼계를 천계 · 지계 · 인계로 해석하고 있다.3) 아무튼 증산에게 있어서 삼계라는 말은 이 우주, 이 세계 전체를 표현하고 있는 개념으로 쓰고 있는 것은 분명하다.

증산사상에 나타난 전체적 흐름에서 보면 이 세계와 우주는 크게 나누면 먼저 천계 · 지계(지하계 포함) · 인계로 구분해야 될 것 같다. 천계는 지상으로부터 무한히 뻗어 있는 우주 공간으로 이 천계 또한 종적으로 33천, 9천, 횡적으로 창천(蒼天) · 현천(玄天) · 유천(幽天) 등 많은 천이 우리 전래 사상에서 믿어져 왔다. 그런데 증산의 경우는 주로 구천(九天)을 말하고 있다. 증산이 말한 구천이라는 개념은 어떤 개념인가.

"하루는 김송환(金松煥)이 천사께 여쭈어 가로되 하늘 위에 또 하늘이 있나이까? 가라사대 있느니라. 또 가로되 그 위에 또 있나이까?

---

1) 『대순전경』8판, (김제: 증산교본부, 1979), 2-5, 4-1, 5-4, 5-12.
2) 상동, 3-26.
3) 裵容德 · 林泳暢, 『甑山學槪論』, (서울: 증산사상연구회, 1982), 73~77쪽.

18

가라사대 또 있느니라. 하사 이와 같이 아홉 번을 대답하신 뒤에는 가
라사대 그만 알아 두라 하시니라."4)

그러니까 여기서는 지상 가까운 곳으로부터 차례로 한층씩 올라
가 아홉 단계의 하늘이 구성되어 있다는 생각이다. 또 박공우(朴公
又)로 하여금 화살 아홉 개로 지천을 쏘아 맞히게 하고는 구천을
맞혔다고 했고5) "배고프다는 소리가 구천에 사무친다."라고 했
다.6) 이 몇 가지 용례에서 보여지는 구천의 개념은 입체적·평면
적, 그러니까 전 우주 공간을 통칭하는 개념으로 보여진다. 이 구천
은 1)구만리장천의 준말 2)사방팔방에 중앙을 보탠 것 3)한층씩
올라간 구층천의 뜻이 있는데 증산사상에서는 이러한 개념이 종합
된 것 같다.7) 아무튼 증산의 천은 전래의 다양한 천을 포괄하는 개
념으로 쓰고 있는 것으로 보여진다. 특히 이 천에는 무형의 신들만
살고 있는 것이 특징으로 나타난다.

지계는 글자 그대로 지상 세계이다. 인간을 비롯한 온갖 만물이
사는 세계다. 증산의 교설에 따르면 이 지계에는 유형의 존재 뿐만
아니라 무형의 신이 공존하며 황천(黃天)·명부(冥府) 등 전래 민
간 신앙의 지하 세계 개념까지 쓰여지고 있어서 증산에서의 지계란
지상 지하가 모두 포함된다고 보여진다. 특히 증산에 있어서 이 지
상이란 그의 천지공사의 결과에 따라 앞으로 이룩될 선경(仙境)의
기지라는데 큰 의미를 갖는 세계인 것이다. 인계는 인간 세상을 가
리킨다.

---

4) 『대순전경』, 3-94.
5) 상동, 4-110.
6) 상동, 4-166.
7) 林泳暢, 「甑山思想의 神觀考」, 『증산사상 6집』, (서울: 증산사상연구회, 1980),
   163쪽.

아무튼 증산교에서 보는 세계는 신들이 사는 천계와 인간과 신들이 공존하는 지계(지하계 포함) 그리고 인간 세상을 가리키는 인계로 크게 나누어진다.

2) 인계와 신계

증산사상에 나타난 또 다른 차원에서 세계 구조를 보면 크게 인계와 신계로 나누어진다. 인계는 물론 사람의 세계다. 육신을 갖고 조상 대대로 민족과 국가를 형성하며 사회를 이루고 사는 이 땅 위의 인간들이 사는 세계다. 그런데 바로 이 인간 세계에서 살다가 죽어간 사람들의 영(靈)에 의해 건설된 세계가 신의 세계다. 이 땅에서 생존했던 인간의 영체가 돌아가 또 다른 삶을 누리는 세계가 신계인 것이다.

이 신의 세계는 인간 세상과 똑같은 대층을 이루고 인간 세상과 비슷한 구조로 건설되어 있다고 보는 것이 증산교의 관점이다. 신계란 사람이 죽어서 가는 저승을 말하는 것이니 사람이 사는 이 세계 곧 이승과 대층되는 세계다.[8] 증산은 '생유어사 사유어생(生由於死 死由於生)'[9]이라 했다 이는 사람의 이승의 삶(生)은 죽음(死)의 세계인 신계로 말미암아 있는 것이요 죽음의 세계인 신의 세계는 이승의 삶인 인계로 말미암아 있다는 말인 것이다.[10]

신의 개념과 성격, 종류와 역할에 대해서는 장을 달리하여 다루겠지만 이 신계와 인간계는 떼어 놓을 수 없는 불가분의 관계로 연결되어 있다는 것이다. 인간 세상에서 일어나는 일은 바로 그것이

---

8) 洪凡草, 『甑山敎槪設』, (서울: 創文閣, 1982), 56쪽.
9) 『대순전경』, 6-110.
10) 홍범초, 앞의 책, 57쪽.

20

좋은 일이건 나쁜 일이건 신계에 영향을 미치고 반대로 신계에서 일어나는 일도 그대로 인간계에 영향을 미친다는 것이다. 사람들끼리 싸우면 천상에서 선영신(先靈神)들 사이에 싸움이 일어나게 되고 천상싸움이 끝난 뒤에야 인간의 싸움도 끝이 나게 된다고 증산은 말하고 있다.11)

신계와 인간계는 신비한 교통으로 인하여 인계에 주는 충격은 위로 치닫게 되고 신계에서 결정된 일은 아래로 인계에 파급되어 인계와 신계는 둘이면서 하나로 묶여져 있다.12) 그러니까 신계와 인계의 구별은 동일한 천지의 양면에 대한 지칭으로서 신계는 음계를 가리키고 인계는 양계를 가리키는 것이 될 것이다.13)

그런데 신과 인간은 한데 어울려 존재하고 있는 것으로 증산교에서는 묘사되고 있다. 사람마다 그 닦은 바 기국에 따라 그 임무를 감당할 만한 신명(神明)이 호위하여 있고14) 이 신명들이 계속 호위하며 따라다니고 있다는 것이다.15) 남을 미워하면 그의 신명이 먼저 알고 척이 되어 갚게 된다.16) 남에게 잘 대하면 그의 신명이 먼저 알고 대우를 해 준다.17) 또 신명이 사람의 뱃속에 드나들면서 그 체질과 성격을 고쳐주기도 한다.18) 그 뿐만 아니라 증산은 천지간에 신은 꽉 차 있다고 보았다. 풀잎 하나라도 신이 떠나면 무너지고 손톱 밑에 가시 하나 드는 것도 신이 들어서 된다고 했다.19)

---

11) 『대순전경』, 6-10.
12) 홍범초, 앞의 책, 65쪽.
13) 상동, 58쪽.
14) 『대순전경』, 3-103.
15) 상동.
16) 상동, 6-38.
17) 상동, 6-40.
18) 상동, 5-10.
19) 상동, 6-99.

3. 사후의 세계, 신명계(神明界)

1) 신명의 개념과 성격

(1) 한국 전래의 신(神) 개념

증산교의 신의 세계를 고찰하기 전에 한국 전래의 신관이 어떤 것이 있으며 그 성격은 어떤 것인가를 고찰할 필요가 있다. 왜냐하면 한 사상의 형성은 그 사상 형성의 배경이 결정적인 영향을 미치고 있기 때문이다. 다른 사상과 마찬가지로 증산교의 전반적인 사상이 당시 한국 전래의 유불선 삼교 사상의 영향을 받고 있지만 이 신관이나 죽음의 문제 역시 한국 전래의 사상과 무관하지 않다고 보여지기 때문이다.

우리 전래 민간에서는 수많은 신들이 섬겨졌다. 김태곤(金泰坤)에 의하면 우리 나라 무속에서 받들고 있는 신만 해도 273종이나 된다고 보고하고 있다.[20] 이들 신은 자연신(천신·지신·산신·수신 등), 인신(왕신·장군신·조상신 등)으로 크게 나뉜다. 민간 신앙에서 자연신이 어떻게 해서 생겼는가를 설명하고 있지 않지만 인신은 인간이 죽은 후에 그 영(靈)이 되는 것으로 묘사되고 있다. 인간이 죽은 후의 영체를 민간 신앙에서는 보통 귀신이라고 부른다.

사람이 죽으면 그 영은 세 가지로 분류되는데 즉 혼(魂)과 귀(鬼)와 백(魄)이다. 혼은 하늘로 올라가고 백은 땅에 귀의하고 귀는 공중에 존재한다. 이 귀가 일반적으로 신주(神主)로서 영접되어 인간으로부터 제사를 받는다. 즉 인간은 사후에도 그 생명은 천지인으로 분류되어 존재한다는 것이다. 그래서 이 셋 중 귀와 백이 지상의 산 인간과 끊임없이 관계를 갖는다. 백은 풍수상 자손과 직접 중

---

20) 金泰坤, 『韓國巫俗硏究』, (서울: 集文堂, 1985), 280쪽.

대한 관계를 갖는다고 믿고 있다. 만일 사자가 후에 자손이나 인연이 있는 사람으로부터 잘 모셔지면 이들 귀도 백도 만족해서 흩어지게 된다. 백은 묘에서 3년 제사를 받고 귀는 사당에서 자손 4대까지 제사를 받게 된다. 그리고 흩어져 없어진다.[21]

그런데 이런 현상은 정상적인 경우이고 아주 훌륭한 사람이나 또는 그 반대로 원한을 풀지 못한 경우는 예외가 된다. 왕이나 장군의 혼백은 흩어져 없어지지 아니하고 오래 머물면서 인간과 직접 작용하고 있고 원한에 죽은 귀신들은 공중에 떠돌아 다니면서 인간에게 각종 작해를 일삼게 된다. 결국 사람이 죽게되면 그 생명은 혼·귀·백이 되어 혼은 하늘로 올라가 신명이 되고 귀는 인가에 들어와 살고 백은 흙에 귀의한다고 본다.

신명과 귀신의 차이는 대체로 상반되는 성격을 지닌다. 즉 귀는 음에 속한 것으로 음에 속한 것을 좋아하는 반면 신명은 양이고 따라서 양에 속한 것을 좋아한다. 그러므로 신명은 원만·청정·광명을 좋아하며 비례에는 응하지 않고 부정을 싫어하기 때문에 부정한 제사에는 응답치 않는다. 이 신명의 처소는 하늘이다. 아울러 신명은 사람들의 소원에 응답하는데 그 지성의 정도에 따라 감응하게 된다. 이에 비해 귀신은 선신도 있지만 대체적으로 두려움의 대상이 되어 있다. 그러기 때문에 항상 달래고 대접해야 한다. 그러나 때로는 호되게 꾸짖거나 혼내서 쫓아버리는 경우도 있다.

(2) 신명의 개념

증산교에서의 신·신명·귀신이라는 말은 크게 구분치 않고 쓰고 있다.[22] 또 증산은 이와 유사한 개념을 다양하게 썼던 것으로 보여

---

21) 신태웅, 『한국귀신연구』, (서울: 로고스문화사, 1989), 46쪽.
22) 안경전, 『증산교의 진리』, (대전: 증산도장 출판부, 1981), 123쪽.

지는데 『대순전경』에 나타나는 관용어를 조사해보면 혼·넋(魄)·영·영계·선영·선영신·신선·신성·신인·성령·성인 등으로 나타난다.23) 여하튼 이 신·신명의 세계는 이 세상에 살다가 죽어간 사람들의 영에 의해 이룩된 세계인 것이다.

"김송환이 사후 일을 물은즉 가라사대 사람에게 혼과 넋(魄)이 있어 혼은 하늘에 올라가 신이 되어 제사를 받다가 4대가 지나면 영도 되고 혹 선도 되며 넋은 땅으로 돌아가 4대가 지나면 귀가 되느니라."24)

라고 증산은 말하고 있다. 사람이 죽은 후에 그 혼백이 신·영·선·귀가 된다는 내용이다. 증산의 교설인 『대순전경』에 나타나는 신의 이름은 무려 113종25)에 이르고 있는데 이들의 대부분이 사람이 죽어서 된 신들이다. 증산이 말한 신·신명·혼·영·귀신이 모두 인간 영체의 다른 이름들인 것이다.26)

"최운익(崔雲益)은 제 아들이 병들어서 사경에 이르자 증산에게 가서 살려주기를 청했다. 이에 증산은 병자의 얼굴이 심히 못나서 일생 동안 한을 품었으므로 그 영혼이 이제 청국 심양에 있어서 돌아오기를 싫어하니 어찌할 수 없다고 했다. 집에 돌아와 보니 이미 아들은 죽어 있었다."27)

---

23) 金鐸, 「甑山教의 神觀」, 如山 柳炳德 博士 華甲紀念論文集, 『韓國哲學宗教思想史』, (원광대학교 종교문제연구소, 1990), 802쪽. 『대순전경』에 신관과 관련된 용어가 쓰이고 있는 빈도를 보면 신명이 49번, 귀는 1번, 귀신은 5번, 신선은 10번, 신성은 2번, 영과 영혼은 각 1번, 혼은 2번 나온다.
24) 『대순전경』, 3-39.
25) 김탁, 상동.
26) 홍범초, 앞의 책, 55쪽.

24

그러니까 사람이 죽으면 그 영체가 그대로 빠져나가 신명이 되거나 귀신이 된다. 인간이 생겨난 이래 이 땅위에 생존했던 인간의 영체가 돌아가 또 다른 삶을 누리는 세계가 신계 곧 음계의 천지라면 예로부터 오늘날에 이르기까지 인간세상에 태어나서 삶을 누리다가 죽은 사람의 수만큼이나 많은 신이 구천신계(九天神界)에 꽉 차 있는 것이다.[28]

사람이 죽어 신명이 되어서 한 개체를 이루고 이 세상 사람과 비슷한 역할과 행동을 한다는 생각은 다음의 증산의 교설에서 더욱 명백해진다.

"서양사람 이마두(利馬竇)가 동양에 와서 천국을 건설하려고 여러 가지 계획을 내었으나 쉽게 모든 적폐를 고치고 이상을 실현하기 어려워 끝내 뜻을 이루지 못하고 다만 하늘과 땅의 경계를 터서 예로부터 각기 지경을 지켜 서로 넘나들지 못하던 신명들로 하여금 서로 거침없이 넘나들게 하고, 그 죽은 뒤에 동양의 문명신을 거느리고 서양으로 들어가서 다시 천국을 건설하려 하였나니 이로부터 지하신이 천상에 올라가 모든 기묘한 법을 받아 내려 사람에게 알음귀를 열어 주어 세상의 모든 학술과 정묘한 기계를 발명케 하여 천국의 모형을 본떴으니 이것이 현대의 문명이라…. 모든 신성과 불타와 보살들과 더불어 인류와 신명계의 큰 겁액을 구천에 하소연하므로 내가 서천서역대법국천계탑(西天西域大法國千階塔)에 내려와서 삼계를 둘러보고 천하에 대순(大巡)하다가 이 동토에 그쳐 모악산 금산사 미륵금상에 임하여 3천년을 지내면서…."[29]

---

27) 『대순전경』, 8-12.
28) 홍범초, 앞의 책, 60쪽.
29) 『대순전경』, 5-12.

이 구절에서 보면 우선 이마두(利馬竇)가 생전에 동양에 천국을 건설하려다 하지 못하고 죽은 후에 신명이 되어 다른 신명들과 함께 하늘을 오르내리면서 천상의 기술과 문명을 배워 왔다. 또 기타의 다른 신성·불타·보살들이 천상에 올라가 상제에게 인류와 신명계의 겁액을 하소연했다는 내용에서 인간계를 위하여 역할하고 있다는 것을 알 수 있다. 그러니까 신명은 인간이 죽어서 그 영체가 되는 것이며 이 신명들은 인간과 밀접한 관계를 맺고 활동하고 있는 존재인 것이다.

(3) 신명의 존재 증명

신·귀신이 존재하는가. 유령이 있는가라는 물음 역시 예로부터 지금까지 끊임없이 제기되는 문제 중의 하나이다. 증산에 의하여 다양하게 쓰여진 신명의 개념을 이정립(李正立)은 그의 『대순철학(大巡哲學)』에서 더욱 구체화하여 그 존재 증명과 기능 작용을 서술하고 있다. 그는 신명에 대한 인식은 먼저 유령의 인식에서 출발하여야 할 것이라고 말했다. 이정립의 주장을 요약해 본다.[30]

유령이라는 것은 물체로부터 분리가 가능한 정신현상의 독립적 존재를 지칭한 것이다. 이 정신현상의 가분리성(可分離性)은 예로부터 인정되어 영혼 관념이 형성되고 이 영혼이야말로 진아(眞我)이며 신체는 그 숙소에 불과한 것으로 보았다. 신체로부터 분리된 성신(靈魂)은 원칙적으로 대기 중에 원소로 방산되지만 특수한 조건하에서는 응결하여 영체로서 일정 기간을 존속할 수 있다는 것이다. 마치 식물이 연소되면 그 실체는 회토가 되고 그 진액은 기체가 되어 대기 중에 흩어지게 되지만 기압 관계의 특수 조건하에서는 연기로 응결되어 수 시간 이상을 흩어지지 아니하고 머무르는 것과

---

30) 李正立, 『大巡哲學』, (김제: 대법사 편집국, 1947), 150~152쪽.

마찬가지다.

인간의 죽음을 관찰하는 과정에서 일종의 기체의 응결체가 나타나는 것을 발견하였다는 보고가 있고 심리학자의 실험 과정에서 출현한 유령은 그 형상이 모두 연기와 비슷한 일종의 기체 응결체였다. 그리고 불교에서 성도 해탈 후에 정신 통일 상태에서 일종의 역적작용(力的作用)이 발생되는 현상도 있다. 이 특수 에너지작용에 의하여 정신 현상이 신체로부터 분리되며 응결 또는 결정이 되어 영체로서 일정 기간을 존속하게 되는 것이니 이것이 곧 유령이다. 증산은 이 유령을 특히 신명이라고 불렀다고 이정립은 말한다. 그리하여 응결 또는 결정된 영혼의 존속 기간의 장단은 그 '에너지' 작용의 강도로서 결정되는 것이며 그 '에너지' 작용은 원력작용(冤力作用)과 원력작용(願力作用) 그리고 연력작용(練力作用)의 세 가지로 구분할 수 있다고 이정립은 보고 있다.

원력작용(冤力作用)은 죽기 전에 지원지통(至冤至痛)이 있어서 철천의 원한을 풀지 못하고 죽을 때에는 그 원한으로 인하여 정신이 역적(力的) 응결 또는 결정된 대로 신체에서 분리하여 그 응결이나 결정이 즉시 해소되지 못하고 일정기간 존속하게 되며 그 존속기간에는 곳곳에서 여러 가지 악희(惡戲) 해악작용을 일으키니 이런 영체를 가리켜 옛부터 원귀(冤鬼)·악귀(惡鬼)·여귀의 명칭으로 불렀다.

원력작용(願力作用)은 죽기 전에 대원대망(大願大望)이 있어서 그 원망을 달성치 못한 채로 죽을 때에는 그 원망의 열정으로 인하여 정신이 역적응결(力的凝結) 또는 결정된 대로 신체에서 분리하여 이것이 해소되지 못하고 일정 기간 존속하게 되며 그 존속 기간 내에는 그 원망을 향한 작용을 일으키니 이런 영체를 명신(明神)이라 한다.

연력작용(練力作用)은 수련 정신에 의하여 정신이 통일되어 광적(光的) 작용과 역적(力的) 작용을 일으켜 응결 또는 결정을 가져오니 이렇게 된 정신체는 신체로부터 분리와 타체로의 이식이 임의자재하며 괴력의 운용이 가능한 고급 영체가 된다. 이 영체는 방광 현상이 생기기도 하고 사리라 칭하는 명주가 생기기도 한다. 살아 있을 때 이런 힘을 얻게 되면 청광의 기주(氣柱)가 생기는 수도 있다. 이 연력작용으로 결정된 영체는 문명신으로 새 세간문운(世間文運)의 이화작용(理化作用)을 일으키며 혹은 어느 교단에 종교력의 중심적 작용을 하기도 한다는 것이다.[31] 증산이 다양하게 쓰고 있는 신명이 존재하고 있다는 구체적인 증거를 이정립은 정리하여 놓았다고 보여진다.

2) 신명의 종류와 그 역할

증산교설에 나타난 신의 종류는 다양하고 그 숫자도 위에서 언급한 바와 같이 백여 종에 달하고 있다. 이 많은 신들을 일목요연하게 알 수 있도록 정리하기 위해 체계화한 이론도 여러 가지가 있다. 예를 들면 이정립은 1)지방신 2)문명신으로 분류하고 이 신들을 통일하여 증산은 통일신단을 형성했다고 했다. 배용덕(裵容德)·임영창(林泳暢)은 1)신명류 2)왕류 3)신장류 4)정류(精類) 5)기타류로 분류하고 있으며,[32] 안경전(安耕田)은 1)세계문명신과 도통신 2)세계지방신 3)만고원신 4)만고역신 5)각 조상신으로 분류하고 있다.[33] 김탁(金鐸)은 객관적 입장에서 보편성(세로)과 신앙성(가

---

31) 이정립, 상동, 150~152쪽.
32) 배용덕·임영창, 앞의 책, 99~100쪽.
33) 안경전, 『증산도의 진리』, (대전: 대원출판사, 1988), 249~262쪽.

로)이라는 두 축을 설정하여 강약의 정도에 따라 '가, 나, 다, 라, 마'의 계열을 두고 있다. 그리하여 '가' 계열에는 강태공·신농씨·주희암·황제·제갈량·조조·손빈·한고조·문황·한신·이마두·전명숙·송우암·등 널리 알려진 인물, '나' 계열에는 공자·노자·석가·예수 등 종교 창시자, '다' 계열에 김일부·미륵·최수운·관운장 등 사상 창시자, '라' 계열에는 단주·김경흔·진묵·곽철·김봉곡·방연·여동빈·진평·허수미·소하·송구봉·치우·정북창 등 일반인에게 알려지지 않고 기존 종교 사상에서 신앙의 대상으로 받들어지지도 않던 인물, '마' 계열에는 등우·마성·만수·오한·위징 등 중국의 역사상 실존했던 장수들로 일반의 이해 정도는 낮지만 민간 신앙에서 매우 중요한 위치를 점하는 신들이라 했다.[34] 이 각 계열에 있는 신은 실존 인물들이지만 실존 인물이 아닌 다양한 신들도 김탁은 '가~마'의 계열에 포함시키고 있다.[35]

---

34) 김탁, 앞의 책.

35) '가' 계열에 속하는 신격으로는 도통신, 동양도통신, 동양의 문명신, 만고역신, 문명신, 仙, 선녀, 선인, 신선, 역신, 오선, 우사, 천고역신, 천사, 천지귀신 등. '나' 계열에 속하는 신격으로는 관성제군, 망량, 보살, 伏魔, 미륵불, 부처님(佛陀), 상제, 천주, 삼신, 선영, 선영신, 오방신장, 조왕, 하느님, 천신, 하늘 으뜸 가는 임금, 천지신명, 칠성, 시두손님 등. '다' 계열에 속하는 신격으로는 동서남북중앙신장, 보은신, 아표신, 압사신, 六丁六甲六丙六乙, 二十四將, 三十八將, 산군, 척신, 해왕, 화신, 천상벼락사자 등. '라' 계열에 속하는 신격으로는 거지 죽은 귀신, 弄神, 농학신명, 만사신, 무신, 문신, 百伏神, 복중팔십년신명, 부안신명, 사귀, 사신, 시종마, 삼계복마대제신, 삼계해마대제신, 삼십육만신, 상계신, 서신, 서양신명, 석란신, 성령, 예고신, 여팽신, 원통이 없이 죽은신, 일본명부, 將相神, 賊神, 전승자의 신, 조선명부, 조선신명, 죽어서 잘된 신명, 주계신, 중천신, 지방신, 지하신, 질사신, 천자신, 천지팔위제장, 천하상하신, 천하음양신, 천하자기신, 천하통정신, 청국만리창신명, 청국명부, 총묘천지신, 치도신장, 태을천상원군, 통정신, 파리죽은 귀신, 하계신, 해원신, 혈식천추도덕군자의 신명, 황극신, 황천신, 무극신, 사십팔장, 호소신 등. '마' 계열에 속하는 신명으로는 괴질신장, 도술신명, 기지천지신 등을 들고 있다.(김탁, 『증산교의 신관』)

그러나 필자는 증산의 교설에 나오는 신들을 그 역할과 성격에 따라 편의상 1)문명신 2)지방신 3)조상신 4)원신과 역신 5)기타신으로 나누어 이 중 대표적인 신들과 그 역할을 간략하게 언급해 보고자 한다.

(1) 문명신과 문명신단

문명신이란 각 문명을 대표하는 신으로 주로 종교 창시자의 신명이다. 한 종교를 창시한 종교 창시자의 영체는 그 이상과 연력(練力)의 혼융 결정체로서 스스로도 강한 힘을 지니게 되는데 여기에 그를 추구하는 추종자들의 원력이 가미되어 강고한 역적 중추를 구성하고 그 이상 집단의 내재적 추진 동력이 되는 것이니 이것이 문명신이다. 이렇게 문명신이 구성된 뒤에는 대대로 이어지면서 그 종교인들의 영체가 이에 귀융(歸融)되고 원력이 연결되어 일대 신단이 결성되는 것이니 이것이 문명신단이다.[36]

공자는 대동 이상을 수립하고 자기의 연력을 이에 혼융 결정하여 역적 중추를 구성함에 제자 72인의 원력이 이에 합치고 이후 대대로 많은 신도들의 원력이 이에 귀융 연결하여 일대 역적 연관이 구성되어 유교 집단의 발전을 가져오게 하였으니 이것이 유교 신단이요, 석가모니는 정토이상(淨土理想)에 자기의 연력을 혼융 결정하여 역적 중추를 구성함에 이후 대대로 신자들의 원력이 이에 귀융 연결하여 일대 역적 연관이 이룩되어 불교 집단의 발전을 가져오게 하였으니 이것이 불교 신단이다. 예수는 천국 이상에 자기의 연력을 혼융 결정하여 역적 중추를 구성함에 12사도를 위시한 신도들의 원력이 이에 귀융 연결하여 일대 역적 연관이 조성되어 기독교 집단의 발전을 가져오게 하였으니 이것이 기독교 신단이다. 이 밖에 어

---

36) 이정립, 앞의 책, 138~139쪽.

30

느 종교 집단이든지 모두 동일한 법칙으로 특수한 신단이 조성되어 오고 있다는 것이다.[37]

뿐만 아니라 그 뒤로도 계속해서 그 종교의 추종자들의 원력이 가미되었는데 루터의 영체는 기독교 신단에, 정주(程朱)의 영체는 유교 신단에, 장도릉(張道陵)의 영체는 도교 신단에 각각 가강작용 (可强作用)을 행하였다. 증산은 이 종교 신단과 기타 일체 대소 신단을 결합시켜 자기의 대연력을 중심으로 역적 연관을 조성했다는 것이다.[38] 『대순전경』에 나타나는 대표적 문명신으로는 공자·노자·석가·예수를 들 수 있다.

(2) 지방신과 지방 신단

지방신은 각 씨족의 대표신 그러니까 씨족신·국가신 등을 말한다. 최초에 각 씨족의 신 중에서 가장 훌륭한 신명이 다시 부족신의 대표가 되고 부족의 대표 신명이 다시 한 지역 한 국가를 대표하는 신이 되었다는 것이다. 최초의 씨족 집단은 원시 족장의 은위재력 (恩威才力)을 과장하여 일족의 숭앙심을 더 고취시켰고 그 다음에는 거기에 더 숭앙하는 내용이 가미되고 이렇게 다음 대로 내려오면서 점점 더 과장되어 필경은 초월적인 인격 즉 신격에까지 도달하여 전지전능자가 되고 창조자·지배자로 숭앙받게 되었다고 이정립은 말하고 있다.[39]

고전 기록을 검토해 보면 중국인의 기록에는 '중국 최초 시조 반고(盤古)가 죽어서 옥황상제가 되었는데 두 눈은 빠져서 일월이 되고 사지는 분리되어 사악(四岳)이 되었다.' 하였으니 중국인의 신

---

37) 이정립, 상동, 139~140쪽.
38) 상동, 155쪽.
39) 상동, 136~137쪽.

옥황상제는 그 원시 추장 반고를 신격화한 것에 불과한 것이요, 조선인의 기록 『삼국유사』에는 '상제 환인이 아들 웅(雄)을 보내어 태백에 내려왔다.' 하였으니 조선인의 신 하느님은 민족의 원시 추장 환인이요, 일본인의 기록에는 천조대신(天照大神)이 일본인의 원시 추장이었다고 상세히 기록되어 있으며, 구약 창세기에는 '여호와'가 흙을 빚어서 '아담'이라는 남자를 만들고 '아담'의 오른쪽 갈비 한 개를 빼내 '이브'라는 여자를 만들고 이 남녀의 자손이 번성하여 '이스라엘' 민족의 신 '여호와'도 또한 그 민족의 원시 추장을 신격화한 것에 불과한 것이다. 이것을 미루어 검토하면 세계 어느 지방 민족의 신 개념이라도 모두 그 민족의 원시 추장을 신격화하였음에 불과하다.40)

이러한 지방신이 그간에는 각 지역에서 각자의 지역을 수호할 뿐이요 서로 교통이 없다가 최근 수백 년 내로 세계 장벽이 열리며 각 지방의 인문물화(人文物貨)가 교류됨에 따라 신명계도 대 혼란이 일어났기 때문에 증산은 이 혼란을 제거하기 위해 자기의 대연력을 중심으로 지방 신단을 결성한 것이라고 한다.41)

(3) 조상신명

증산은 조상신을 황천신(黃天神)·삼신(三神)이라는 표현42)과 함께 주로 선영신(先靈神)이라고 쓰고 있는데 각 개인 가정마다 선영신이 있어서 후손을 이이주고 후손들의 번영을 위해 많은 노력을 하고 있는 것으로 묘사하고 있다. 이 선영신들은 물론 조상들이 죽어서 된 신명들이다.

---

40) 상동, 137~138쪽.
41) 상동, 154쪽.
42) 『대순장경』, 3-92.

32

> "하늘이 사람을 낼 때에는 무한한 공부를 들이나니 그러므로 모든
> 선영신들이 쓸 자손 하나씩 타내려고 60년 동안 힘을 들여도 못타는
> 자도 많으니라."43)

라고 증산은 말했고 또 모든 선영신들이 발동하여 그의 선자선손
(善子先孫)을 척신의 손에서 빼앗아 내어 새 운수의 길로 인도하
려고 분주히 서두르고 있다고 했다.44) 태어날 때에도 조상신들이
하늘에서 내려와 산모를 간호하게 되는 것으로 묘사하고 있다. 증산
이 김형렬(金亨烈)의 집에 이르러 형열에게 말하기를 "그대 집에
삼신(조상신, 황천신)이 들어가니 산기가 있을지라 빨리 안방에 들
어가 보라." 하여 안방에 들어가니 과연 그의 아내가 셋째 아들을
낳고 있었다.45)

이는 선영신들이 후손의 대를 잇기 위해 많은 공을 들이고 있고
얻은 후손들을 계속 보호하고 있다는 말인 것이다. 인간 세상에서
사람들끼리 싸우면 천상의 선영신들 사이에도 싸움이 벌어지게 되
고 결국 천상 싸움이 끝나야 인간 싸움도 끝나게 된다.46) 박공우가
증산에게 도통을 달라고 하자 증산은,

> "각 성에 선영신 한 명씩이 천상공정(天上公庭)에 참여하여 있나니
> 이제 만일 한 사람에게 도통을 주면 모든 선영신들이 모여들어 편벽됨
> 을 힐난할지라. 그러므로 나는 사정(私情)을 쓰지 못하노라."47)

---

43) 상동, 3-87.
44) 상동, 6-42.
45) 상동, 2-3.
46) 상동, 6-101.
47) 상동, 3-158.

라고 답하고 있다. 이와 같이 모든 선영신들은 후손을 얻기 위해, 후손의 번영을 위해 신명계에서 열심히 활약하고 있다는 것이다. 그러므로 증산은 농사를 잘 지어 밖으로 봉공하고 안으로 제사에 힘써 선영을 받들라고 가르친다.[48]

(4) 원신(寃神)과 역신(逆神)

증산사상에서 두드러지게 나타나는 신명이 원신과 역신이다. 원신이란 원한에 사무쳐 죽은 사람의 신명이요, 역신이란 정의를 위해 반역을 도모하다가 뜻을 이루지 못하고 죽은 신명을 말한다.

원신의 시작은 당요(唐堯)의 아들 단주(丹朱)로부터 비롯된다. 당요가 단주를 불초하게 여겨 두 딸을 우순(虞舜)에게 보내고 그에게 천하를 전하니 단주는 깊이 원을 품어 울분에 죽고 두 왕비가 강물에 빠져 죽은 참담한 일이 생겨났는데 이로부터 원의 뿌리가 내려 시대의 변화에 따라 더욱 깊어져서 천지에 가득 차게 되었다는 것이다.[49]

개인과 개인, 지배자와 피지배자, 강자와 약자 사이에서 벌어졌던 원한, 억울한 누명을 쓰고 죽은 사람, 구족(九族)이 멸하는 참화를 당하고 죽은 사람들의 원혼이 천지에 가득하다고 보는 것이다. 이 원귀가 세계에 떠돌아다니며 도처에 해악 작용을 일으키는 동인이 되어 적게는 개인의 생존에 재해의 위협을 주며 크게는 사회질서에 불평의 파문을 일으키게 된나는 것이다.[50] 우리 전래의 무도(巫道)에서도 원귀의 작용을 인식하고 '푸다꺼리'에서 진화된 관념이라고 할 수 있으나 내용은 판이하게 다르다고 이정립은 말한다.[51]

---

48) 상동, 3-54.
49) 상동, 5-4.
50) 이정립, 앞의 책, 152~153쪽.

증산은 통일 신단을 형성하여 조화 정부를 꾸미면서 각 종교의 도통신과 문명신을 거느리는 종장(宗長)을 두었는데 최수운(崔水雲)을 선도의 종장으로 삼고 진묵(震默)을 불도의 종장으로 삼았으며, 주회암(朱晦庵)을 유도(儒道)의 종장으로 삼고, 이마두(利馬竇)를 서도의 종장으로 삼았다.[52]

"진묵이 천상에 올라가서 온갖 묘법을 배워 내려 좋은 세상을 꾸미려 하다가 김봉곡(金鳳谷)에게 참혹히 죽음을 당한 뒤에 원을 품고 동양 도통신을 거느리고 서양에 건너가서 문화 계발에 역사하였나니 이제 그를 해원시켜 고국으로 돌아와서 선경 건설에 역사케하니라."[53]

라고 증산은 말했다. 또 명부 공사를 할 때 전명숙(全明淑)으로 조선명부, 김일부(金一夫)로 청국명부, 최수운(崔水雲)으로 일본명부를 각기 주장케 하기도 하였다.[54] 그런데 이들 모두가 세상에서 불우한 생활을 하다가 생애를 마친 원신들로서 이들을 해원시키기 위해서 이렇게 종장이나 명부를 삼았다고 한다. 증산이 원신을 중용한 것은 원신의 원통과 억울을 풀어 완전히 해원을 시킴으로써 인간 세상에 재앙을 끼쳐오던 살기를 풀어 상생(相生)의 원동력으로 바꾸어 놓은 것이라고 볼 수 있다.[55]

증산이 주문을 쓸 때 오랜 수도 끝에 뜻을 이루지 못하고 죽은 김경흔 같은 도인이 남긴 『태을주(太乙呪)』와 최수운이 수득(修得)한 『시천주(侍天呪)』를 경건한 절차를 밟아 쓴 것도 그러한 불

---

51) 상동.
52) 『대순전경』, 5-9.
53) 상동, 5-13.
54) 상동, 4-1.
55) 홍범초, 앞의 책, 92쪽.

우한 도인의 뜻을 살려 원을 풀어 주는 동시에 선용한 해원법리의
본보기가 된다 할 수 있다.[56]

(5) 기타신

문명신·지방신·조상신·원신·역신이 실제 역사상에 활약했던
인물들이 죽어서 된 신명이라면 그 외에 자연신·천신·지신·수
신·가신·방위신·일자신·역신·선·불·신장 등 수 많은 신들
이 증산의 교설에 등장하고 있으나 자세한 내용은 생략한다.[57]

4. 증산의 신명계 통일과 조화정부

1) 최고신 증산과 그의 신계 통일

증산은 어떤 존재인가. 원래 옥황상제요 미륵불이라 스스로 자처
했고 신자들도 그렇게 믿는다. 옥황상제로서의 증산은 유일 절대 주
제 최고신으로 묘사되고 있다. 원래 증산은 옥황상제로서 하늘나라
에 있었는데 이마두(利馬竇)를 비롯한 신성·신타들이 인류와 신
명계의 큰 겁액을 구천에 하소연하므로 지상(서천서역대법국천계
탑)에 내려와 삼계를 둘러보고 천하에 대순하다가 모악산 금산사에
임하여 30년을 머문 후에 인간의 몸을 받아 1871년에 탄생하게 되
었다고 하고 있다.[58] 그래서 증산은 옥황상제라는 절대권을 가지고
비겁에 쌓인 신명과 인간을 구제키 위해 원신·역신을 해원시켜 통

---

56) 상동, 93쪽.
57) 註 35번 참조.
58) 『대순전경』, 5-12.

일신단을 형성하고 신명계와 인간계의 질서를 바로잡아 후천선경의 기틀을 짜 놓았다고 한다.

그러면 통일 신단이란 어떤 것인가. 이정립은 1) 만고원신 만고역신의 해원 2) 세계지방신의 통일 3) 세계문명신의 통일 4) 대지강산(大地江山) 기령(氣靈)의 발수통일(拔收統一)이라 했다.59) 1)~3)번의 개념에 대해서는 위에서 상술하였거니와 이정립이 4)번을 여기에 포함시키는 뜻은 효과적인 신단 결성을 위해서 증산이 지령(地靈)까지 통일했다고 보기 때문인 것이다. 대지기령이란 만물질의 내재적 '에너지'를 가리키며 이 '에너지'를 신과 대지 즉 인간 사이에 기제관계(機製關係)를 설정하여 중계 교량을 삼게 하기 위해서였다고 한다. 그러므로 대지의 요소마다 정수처(精秀處)에 취정(聚晶)되어 있는 기령을 발수하여 증산이 자기의 대연력을 중심으로 신단과 대지 사이에 기제 영향 관계를 설정하여 천고의 장벽을 헐고 신계와 인간계가 협동케 했다는 것이다.60) 증산은 이렇게 말하고 있다.

> "대개 예로부터 각 지방을 할거하던 모든 족속들의 분란쟁투는 각 지방신과 지운이 통일되지 못한데 기인하므로 각 지방신과 지운을 통일케 함이 인류 평화의 원동력이 되느니라."61)

이렇게 통일 신단을 형성한 증산은 옥경(玉京)을 건설하고 대지 강산의 기령을 통일·결정하여 이것으로 옥경과 인간 사이에 기제 연쇄 관계를 설정하였으니 이리하여 옥경은 세계 협동 진운이 이화

---

59) 이정립, 앞의 책, 152~156쪽.
60) 이정립, 앞의 책, 156쪽.
61) 『대순전경』, 5-6.

작용을 함과 동시에 교단 발전의 원동 기관이 되고 또한 모든 신도들이 죽은 후에 귀의하게 될 전당이 된다고 한다.[62]

2) 조화정부 수립과 영원을 사는 신명들

만고의 원신·역신·지방신·문명신을 통일하여 통일 신단을 형성한 증산은 통일 정부의 수도로 옥경을 건설했다고 한다. 구천의 맨 윗자리에 건설된 옥경은 어떻게 구성되어 있는가. 옥경의 맨 윗자리에는 온 세상을 다스리는 상제가 있으며 밑자리에는 신장들이 층층이 늘어서서 상제의 영을 받들어 나가고 있다. 성수(星宿)를 맡은 신장이 있고 지신을 다스리는 신장이 있고, 풍운을 맡은 신장이 있고 모든 산악을 다스리는 산왕이 있으며, 바다를 다스리는 용왕이 있고 사시를 맡은 토왕이 있으며, 24절후를 맡은 24장이 있고 악귀를 다스리는 신장과 여러 사자들이 있어서 각기 신계의 일을 분담하여 상제의 율령을 호리의 차이도 없이 시행해 나가고 있다.[63] 이 옥경에는 각 조상의 대표 신명들도 있다.

또 천상에서는 지상과 같이 상제가 주제 통수하는 군대 조직이 있는데 이 천군의 군병을 신병이라 한다.[64] 이와 같은 옥경을 정점으로 하는 천상계는 이 세상에서 잘 살다가 훌륭한 인격을 갖춘 사람들의 혼령이 가서 영원히 살게 되는 세계로 묘사되고 있다.

사람이 죽게 되면 모종의 판결을 받지 않을 수 없다고 보는 것이 증산교의 관점이다. 죽어서 잘 된 사람이 있고 못된 사람이 있는 것이 저승에서의 신판신결(神判神決)이니, 신계의 상좌에 앉히고 여

---

62) 이정립, 앞의 책, 157쪽.
63) 홍범초, 앞의 책, 61~62쪽.
64) 『대순전경』, 7-11.

러 가지 진귀한 것으로 즐겁게 하여 모든 영화를 누리는 이가 있는
가 하면 그렇지 못한 이가 있으니 이것이 바로 저승에서의 신상필
벌이다.65)

　　"도를 잘 닦은 자는 그 정혼이 굳게 뭉쳐서 죽어 천상에 올라가 흩
　　어지지 아니하나 도를 닦지 않은 자는 정혼이 흩어져서 연기와 같이
　　사라지느니라."66)

　도를 잘 닦고 훌륭한 일을 한 사람은 죽어서 천상에 가 영원한
생명을 얻게 되나 그렇지 못한 사람의 영혼은 흩어져 없어지고 만
다. 증산은 천지생인(天地生人)하여 용인(用人)한다고 했다.67) 인
계의 새 변국에 대처할 만한 새 사람을 신계에서 내는 것은 신계에
서 결성된 일을 인계에서 실현하는 것이요 인계에 새로 난 사람이
변국을 수습한 공덕으로 죽은 뒤에는 신계에 가서 신계의 기성 위
계에 변동을 가져올 새로운 자리를 차지함으로써 신계에 큰 변화를
주게 된다.68) '인망을 얻어야 신망에 오른다.'69)고 했으니 인망을
얻은 사람은 신망에 올라 신계의 윗자리를 차지하게 되어 신계를
통치하는 자리가 바뀌게 된다.70) 인간 세상에서 지성껏 도를 닦은
사람은 신계의 영생을 누리는 것을 알 수 있고 천하사를 힘써 하다
가 죽은 사람도 신계의 영광을 누리는 것을 알 수 있다.71)

---

65) 홍범초, 앞의 책, 73쪽.
66) 『대순전경』, 6-88.
67) 『대순전경』, 6-114.
68) 홍범초, 앞의 책, 67쪽.
69) 『대순전경』, 6-26.
70) 홍범초, 앞의 책, 67~68쪽.
71) 상동, 57쪽.

"이제 천하사에 뜻하는 자 어려움을 헤치고 괴로움을 무릅쓰고 정성과 힘을 다하여 뜻을 이루려 하다가 설혹 성공치 못하더라도 죽어서 천상에 올라가면 예로부터 몸을 던져 천하사에 종사하다가 시세에 이롭지 못하여 성공치 못하고 죽어서 잘 된 신명들이 서로 반겨 맞아 상좌에 앉히고 고생 많이 하였다 하여 극진히 위로하며 여러 가지 진귀한 것으로 즐겁게 하여 천상의 모든 영화를 누리게 하리니 무슨 한이 있으리오."[72)

천하를 위해 어려운 일을 도모하다가 설령 뜻을 이루지 못한다 할지라도 죽은 후에는 천상에 올라가 신명들의 환영을 받게 된다는 말인 것이다.

증산교의 궁극의 목적은 신명과 인간이 동락하는 선경의 건설이다. 물론 이 선경은 증산이 천지공사를 통해 이미 계획을 짜 놓았기 때문에 머지않아 다가올 것으로 보지만 우리 인간들이 원을 풀고 더 이상 상극적 삶을 살지 않을 때 낙원은 더 쉽게 오는 것으로 보고 있다. 증산은 이렇게 말한다.

"내가 삼계대전을 주재하여 천지를 개벽하며 무한한 선경의 운수를 정하고 조화정부를 열어 재겁에 싸인 신명과 민중을 건지려 하니…."[73)

"신천에는 상극지리가 인간 사물을 맡았으므로…. 그러므로 이제 천지도수를 뜯어 고쳐 신도를 바로잡아 만고의 원을 풀고 상생의 도로써 선경을 열고 조화정부를 세워 하염없는 다스림과 말없는 가르침으로 백성을 화하며 세상을 고치리라."[74)

---

72) 『대순전경』, 6-104.
73) 상동, 4-1.

하였다. 후천 선경의 조화정부를 세워 세상을 선경으로 만들었다는 말인 것이다. 증산은 또 머지않아 다가올 후천 선경의 모습을 이렇게 묘사하고 있다. 1)후천에는 천하가 한집안이 되며 2)위무(威武)와 형벌을 쓰지 아니하고 3)원통과 한과 상극과 사나움과 음탕함과 노여움과 번뇌가 없고 4)동정어묵이 도덕에 합치되며 5)쇠병사장(衰病死葬)을 면하여 불로불사하며 6)빈부의 차가 없어지고 7)모든 음식물이 풍부하며 8)지혜가 출중하며 9)수화풍(水火風) 삼재(三災)가 없어지고 10)청화명려(淸和明麗)한 낙원이 된다.[75]

여기서 불로불사라고 하는 구절이 큰 의미가 있다. 증산 자신이 죽음을 얼마 앞두고 '신선이 되어 가리'라는 말을 했고[76] 또 사람의 죽음길이 먼 것이 아니라 문턱 밖이 곧 저승이니 자기는 죽고 살기를 뜻대로 한다고도 했다.[77] 이로 보아 후천 선경이 되고 사람들의 지혜가 출중한 경지가 되면 삶과 죽음이 뜻대로 되며 인간의 육체적 죽음이라는 차원을 넘어서는 그런 경지에서의 불사를 의미하는 것 같다. 증산의 죽음을 증산교인들은 죽음이라 하지 않고 선화(仙化)라고 한다. 신선이 되어 영생을 얻었다는 의미일 것이다.

5. 맺음말

지금까지 증산사상에 나타난 사후관을 고찰해 보았다. 증산사상에서의 사후 문제와 관련된 내용과 덧붙이고 싶은 말을 요약해 본

---

74) 『대순전경』, 5-2.

75) 상동, 5-16.

76) 상동, 9-7.

77) 상동, 9-8.

다.

1) 이 우주는 천상·지상·인간계로 크게 나뉘고 이 삼계(三界)에는 인간과 신명들이 공존하고 있다. 아울러 인간계는 신명계에 지대한 영향을 미치고 반대로 신명계는 인간계에 지대한 영향을 미치는 불가분의 관계로 연결되어 있다.

2) 이생에 살다 죽은 사람은 신명이 되어 영원히 존재하거나 아니면 소멸되어 버리고 만다. 살아 있는 동안 도덕적 실천과 수도를 통해 영력(靈力)을 키운 사람은 그 정도에 따라 사후의 명부[천상]에서 그에 상응한 위치를 점하고 영원토록 존재하게 된다. 그러나 살아 있는 동안 수도를 게을리 해서 힘을 기르지 못한 영(靈)은 얼마 후 소멸하고 만다.

3) 또 증산은 후천 선경을 건설하고 삶과 죽음을 초월한 영원한 불로불사의 경지를 밝힘으로써 영력을 키운 사람의 경우는 죽음을 초월하는 길도 제시한 것으로 볼 수 있다. 인간 육체의 죽음이라는 차원을 너머 선화함으로써 영원히 죽지 않는 세계를 밝힌 것이다.

4) 증산교에서의 죽음의 문제를 엄밀히 검토해 보면 한국 전래의 민간 신앙에서 믿어지던 믿음들이 대부분 수용되고 있는 것도 사실이다. 다만 신명계와 인간계의 조화를 통해 이룩되는 선경(仙境)을 제시함으로써 죽음에 대한 차원 높은 종교적 승화를 시키고 있다고 보여진다.

5) 그러나 한가지 분명치 않은 것이 증산이 천지공사를 통해 신명계와 인간계의 모든 원한을 해소시켰고 그래서 신계는 이미 통일되어 완전한 조화정부를 건설했는데 아직 선경이 되지 않은 이 인간계에서 분하고 원통함을 품고 계속 죽어 가고 있는 사람들의 영혼은 어떻게 되는지가 분명치 않다. 선경이 되기 전까지 계속될 원한에 찬 신들은 어떻게 될까.

6) 또 한 가지는 다른 대부분의 종교에서 이 죽음의 문제와 관련하여 우리 인간의 생명이 어디서 오는가를, 그러니까 생 이전의 문제를 밝히고 있는데 비해 증산교 사상에서는 이것이 다른 문제에 비해 분명하게 밝혀져 있지 않다고 보여진다. 다만 증산이 '삼생(三生)의 인연이 있어야 나를 쫓으리라.'[78] 한 표현이나 '조상신들이 상제에게서 후손을 나타내는 것'[79]으로만 묘사되고 있다.

7) 이 글을 마무리하면서 특히 미진한 점은 증산교 각 교파에 사후관 내지는 상례(喪禮)·제례(祭禮)에 따르는 죽음과 관련된 문제를 다루지 못한 점이다. 같은 증산사상에 기반한 교파들이면서도 교파에 따라 상당한 차이가 발견되는데 이 문제는 차후로 미루는 수밖에 없다.

사후 문제라고 하는 어쩌면 한 종교의 사상적 핵심이 되는 문제를 다루면서 그 접근 방법을 어떻게 해 가느냐 하는 것은 매우 중요한 문제인데 이 글에서의 접근 방법은 어떠했는지 모르겠다. 이 분야의 연구를 위한 한 시도로 생각하며 이만 마무리한다.

---

78) 상동, 6-141.
79) 상동, 3-87.

무 속

저승, 이승의 투사물로서의 공간

저승, 이승의 투사물로서의 공간

이 수 자*

1. 머리말

　한국 무속의 죽음관을 고찰함에 있어, 현재 제주도에서 행해지고 있는 무속제의 중 큰굿 속의 '시왕맞이제'의 내용은 가장 우선적인 대상이 될 수 있는 자료이다. 본토의 무속 자료 중에도 지노귀굿이나 오구굿 등의 자료에는 인간의 죽음 및 사후 세계가 나타나고 있어 이들을 통해서도 죽음관을 살필 수 있겠으나, 이 글에서 특히 제주도의 그것이 중요하다고 보는 이유는 제주도의 큰굿이 가지는 위상과 의의가 매우 크기 때문이다.[1]

　제주도의 큰굿을 구조적 원리에 따라 재구성해 보면, 이것은 원래 열두서리로 행해졌을 가능성이 있는데 그 구성은 매우 논리적으로 짜여 있고, 여기에 나오는 제의와 관련된 신화들 속에는 세계에 보편적으로 있는 천지창조(생)신화 · 인간 탄생 및 죽음에 관련된 신화 · 농경기원신화들이 있으며, 신화 내용에는 신화의 본질적 속

---

* 안성여자기능대학 학장
1) 拙稿, 「제주도 무속과 신화연구」, 이대 박사학위 논문(미간행,1989), 참조.

46

성이라 할 수 있는 '창조(의식기원)'의 모습이 남아 있고,2) 또 여기에 나오는 신화의 내용들은 본토의 무가, 전설, 민담, 소설 등에 잔존해 있어, 제주도에서 행해지고 있는 큰굿은 바로 우리 민족이 아득한 옛날부터 행해 왔다는 큰굿의 본래 모습이 섬 지방에 남아 있는 것으로 볼 수 있다.

섬 지방에 흔히 고문화가 잔존할 가능성이 있음을 감안하면서 앞서의 사실을 중시하면, 제주도의 큰굿은 매우 고형의 문화적 성격을 갖고 있는 것이다. 그러므로 큰굿, 나아가 무속을 연구하고자 할 때에는 제주도의 그것을 먼저 살펴보지 않을 수 없다.

시왕맞이제는 큰굿 열두거리 중 여섯 번째로 행해졌다고 생각되는 것이다. '저승'에 있는 여러 왕들 및 사자(死者)를 저승까지 데려갈 차사를 불러 모시고 행하는 제의인 이것은, 무속 집단이 인간이 사후(死後)에 저승까지 편안히 가고 그곳에서 다시 새롭게 잘 살 수 있기를 기원하고자 행했던 것이다.

인간의 사후 문제를 다루고 있는 이 제의의 '제의 언어' 속에는 인간의 죽음 및 사후 세계인 저승의 모습이 비교적 자세히, 그리고 구체적으로 언급되어 있다. 사후 세계에 관한 이들 내용은 무속 집

---

2) 멜시아 엘리아데, 『종교형태론』, 이은봉 역, (대구: 형설출판사, 1982), 444쪽.
   太林大良, 『神話學入門』, (일본: 中央公論社, 1966), 48~50쪽.
   왕빈, 『신화학입문』, (서울: 금란출판사, 1980), 18쪽, 44쪽.
   신화란 원고의 시대에 이루어진 신들의 행위를 비롯하여 현존하는 자연 환경의 여러 현상이나 인간 사회의 의례, 또는 의미있는 모든 인간 행동의 범례를 정하는 기능을 갖고 있는 것이다. 이러한 원리에 따르면 신화 속에는 반드시 창세의 원리 및 수많은 의식의 기원을 설명하는 내용이 들어 있을 수밖에 없다. 그런데 제주도의 큰굿 속에서 불리우는 신화들 속에는 이와 같은 내용들이 많이 담겨 있다. 예를 들면 '초감제'라는 의식에서 읊어지는 제의 언어 속에는 하늘과 땅과 사람이 생겨나는 내용이 언급되어 있고, 해와 달이 동쪽에서 떠서 서쪽으로 지게 된 이유가 설명되어 있기도 하다.[法之法] 이것은 곧 제주도의 무속 신화가 아직도 신화의 본래적 모습을 많이 담고 있다는 것을 보여주며, 따라서 그만큼 고형일 수 있다는 것을 시사한다.

단이 인간의 죽음 및 죽음 이후를 어떻게 생각했는지를 가장 잘 반영한다고 볼 수 있어서 다음에는 이들을 중심으로 무속에 나타난 죽음관을 설명해 보도록 하겠다. 순서는 먼저 시왕맞이제의 내용을 살펴보고, 이를 근거로 무속 집단의 죽음관을 추론해 본 후, 이어서 이러한 죽음관이 형성될 수 있었던 인식의 기저가 무엇이었나를 살펴보도록 하겠다. 참고할 자료는 현용준 교수에 의해 채록·정리된 『제주도무속자료사전』(서울: 신구문화사, 1980)으로 한다.

2. '시왕맞이제'의 내용 고찰

시왕맞이제는 여러 개의 작은 의식들이 모여서 이루어지고 있는데, 이 중 이 글의 주제와 관련 있는 것은 '방광침' '헤심곡' 그리고 신화인 '강님차사본풀이' 부분이라 할 수 있다. 이들 내용은 매우 중요함에도 불구하고 아직까지 그 구체적인 내용이 학계에 잘 소개되지 않았다. 따라서 자료의 소개를 겸하여 이 내용을 조금 자세히 살펴보기로 하겠다.

1) 방광침

죽은 인간을 위해, 그가 저승에서 다시 '새나세(살려내게)' 해달라고 비는 의식으로 이 속에서도 다음에 언급될 저승 시왕들의 이름이 죽 나열된다.

2) 헤심곡(회심곡)

방광침 의식에 이어 행하는 것으로, 내용은 주로 사자(死者)가 저승차사인 강님도령과 함께 저승의 지옥에 도착하여, 이승 삶의 죄에 대한 형벌을 받은 후, 저승에서 영원히 살 것인지 아니면 이승에서 다시 태어날 것인지를 심판받는 것으로 이루어져 있다. 헤심곡은 무속 집단의 죽음관을 가장 잘 알 수 있게 하는 부분이라 할 수 있는데, 여기에 나오는 몇 가지 중요한 사실을 정리해 보면 다음과 같다.

첫째, 저승에 도착하기까지 초군문, 이군문, 삼시도군문, 오군문을 지난다.

둘째, 오군문을 통과한 후 가야할 지옥의 양상과 형벌 및 최후의 심판을 받는 내용은 〈표 1〉과 같다.

〈표 1〉 지옥의 양상과 형벌

시왕의 순서와 이름	지옥 이름과 형벌 내용	지옥과 관련된 사람의 생갑	다스리는 죄의 내용
(1) 진광대왕	도산지옥 칼선 다리 타기	甲차지: 갑자, 갑인, 갑진, 갑오, 갑신, 갑술	깊은 물에 다리 놓기(월천공덕) 배고픈 사람 밥 주기(급식공덕)
(2) 초강대왕	화탕지옥 끓는 물에 담금	乙차지: 을축, 을묘, 을사, 을미, 을유, 을해	목마른 사람 물 주기(급수공덕) 벗은 사람 옷 주기(착복공덕)
(3) 송제대왕	한빙지옥 얼음 속에 묻기	丙차지: 병자, 병인, 병진, 병오, 병신, 병술	부모에게 효, 일가방답화목, 동네 어른 존대

(4) 오관대왕	검수지옥 칼로 몸 베기	丁차지: 정축, 정묘, 정사, 정미, 정유, 정해	함정에 빠진 사람 구출
(5) 염라대왕	발설지옥 집게로 혀 빼기	戊차지: 무자, 무인, 무진, 무오, 무신, 무술	어른말에 겉대답
(6) 변성대왕	독사지옥 독사로 몸 감기	己차지: 기축, 기묘, 기사, 기미, 기유, 기해	역적도모, 살인 강도, 고문, 도적
(7) 태산대왕	거해지옥 톱으로 뼈 켜기	庚차지: 경자, 경인, 경진, 경오, 경신, 경술	되나 말을 속여서 남의 눈 속이기
(8) 평등대왕	철상지옥 쇠판에 올리기	辛차지: 신축, 신묘, 신사, 신미, 신유, 신해	남의 남편 우러러 바라보기 남의 가속 우러러 바라보기
(9) 도시대왕	풍도지옥 바람길에 앉힘	壬차지: 임자, 임인, 임진, 임오, 임신, 임술	혼인풍덕, 혼인식 못한 것도 유죄
(10) 전륜대왕	흑암지옥 암흑 속에 두기	癸차지: 계축, 계묘, 계사, 계미, 계유, 계해	남녀구별 몰라 자식 못낳은 것 유죄
(11) 지장대왕	지상의 몸으로써…(?)		
(12) 생불대왕	인간세상에서 아이 못낳은 사람에게 아이를 마련해 주는 대왕		
(13) 좌도대왕	앞서의 일들을 심사		
(14) 우도대왕	문서의 정리		
(15) 동자판관	문서를 걷어 보고 사자에 대하여 최후의 심판을 함		

세째, 심판의 내용은 다음과 같다.

① 이승에서의 죄가 많아 지옥의 형벌로도 안 될 때: 우마, (흑) 구렁이, 지네, 만물푸십새로 환생.

② 죄 없고 공 쌓은 사람

㉮ 저승의 상마을·중마을·하마을·줄렴당·말렴당·섹효산· 노상대·죽성도 상시당과 같은 곳으로 보내줌.(그곳에서 영생)

㉯ 새나 나비로 이승에서 환생

3) 강님차사본풀이

헤심곡에 이어 구송되는 신화로서, 죽은 자를 저승까지 데리고 가는 저승차사 강님도령의 내력담을 그리고 있는 신화이다. 원래는 이승의 존재였던 강님이 어떻게 하여 저승차사로 들어서게 되었나

〈표 2〉 강님이 저승차사로 되기까지의 과정

이 승	저 승
① 버무국왕의 세 아들이 죽음(동인) ⟶	② 강님이 저승으로 떠나 염라대왕을 만남
⎾────────────	③ 강님이 저승으로부터 이승으로 돌아옴
④ 버무국왕의 세 아들이 다시 살아남(해결) →	⑤ 저승 염라왕이 용맹한 강님을 탐내어 저승으로 데려감(혼정만 가져감)
	⑥ 저승차사인 강님이 삼천 년을 산 동방삭을 잡아감(차사로서의 강님의 공업담)
	⑦ 강님이 저승차사로 들어섬. 저승 적패지를 가져오던 까마귀의 실수로 인간이 나이에 관계없이 아무 때나 죽게됨

를 설명하는 이 신화는 그 내용이 매우 긴데, 이것을 요약하면 〈표
2〉와 같다.

　이 중 강님이 이승과 저승 사이를 오가는 내용을 통해서 우리는
무속집단이 생각했었던 저승으로 가는 도정을 알 수 있는데, 이것은
다음과 같다.

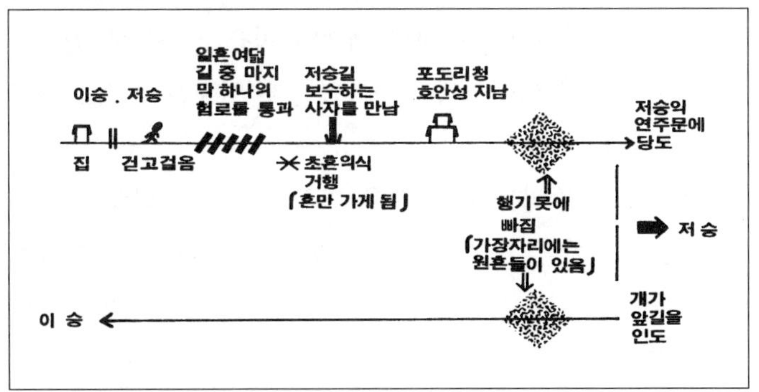

　신화의 본질적인 속성은 여러 자연의 창조 및 인간사회의 의식기
원을 설명하는 데 있다고 하는데, 강님차사본풀이 속에서도 강님이
란 신의 일에 기원하여 인간사회의 상장(喪葬)의식이 많이 마련되
고 있다. 따라서 이 신화는 우리 사회에서 시행되고 있는 상장의례
의 기원적 유래를 설명해 줄 수 있다는 점에서도 중요성을 가진다
고 본다. 의례에 관한 내용은 본 주제와 다른 것이므로 이 글에서는
여기에 대한 검토는 생략하기로 한다.

　이상이 시왕맞이제에 나오는 것 중에서 본 주제와 관련되는 부분
의 내용을 살펴 본 것이다. 다음에는 이것을 중심으로 무속에 나타
난 죽음관을 살펴보도록 하겠다.

3. 무속에 나타난 죽음관

무속 집단은 저승법을 '능수능장법'이라 하여 죽음의 세계를 맑고도 깨끗한 것으로 인식하고 있다. 죽음의 세계를 이처럼 사고할 수 있었던 것은 신분의 존비를 막론하고 인간이라면 누구나 죽을 수밖에 없다는 전제 속에서 마련된 것이 아닌가 생각된다. 그런데 이와 같은 인식은 상대적으로 삶의 세계인 이승을 부정한 곳으로 보았다는 의미를 함축하고 있다 할 수 있는데, 이것은 실제로 큰굿 속의 자료 전반에 나타나 있다.3)

무속 집단은 인간의 죽음 세계를 인식함에 있어 대체로 이와 같이 이승 삶의 양상을 근거로 이것과 대비하거나 또는 유추하여 생각했다는 특징이 있는데, 다음에는 이 중 특징적인 것만을 정리해 보기로 하겠다.

1) 사후 공간으로 설정된 '저승'과 그 존재 양상

무속 집단은 삶의 세계는 이승으로, 반면에 죽음 후의 세계는 저승으로 표현하였다. 삶과 죽음의 세계를 이처럼 따로 '이승과 저승'으로 대별하여, 존재론적 차원에서의 우주 체계를 이원론적으로 인

---

3) 천지왕본풀이 및 이공본풀이라는 신화에 특히 이것이 강하게 나타나 있는데, 여기에서는 천지왕본풀이에 나타난 내용만을 살펴보기로 하겠다. 원래는 각각 두 개씩 있던 해와 달이 어떻게 해서 오늘날처럼 하나씩만 남게 되었나를 설명하는 이 신화 속에서, 대별왕과 소별왕이라는 쌍둥이 형제는 해와 달을 각기 활로 쏘아 하나씩으로 만든 후에 이어서 이승과 저승 차지하기 시합을 벌이는데, 여기에서 동생 소별왕은 거짓과 속임수로 형을 이기고 이승을 차지하는 신이 된다. 형인 대별왕은 저승으로 가면서, 이로 인해 이승은 부정이 가득하고 살인·간음·도적 등이 만연한 세상이 될 것이라고 예언하는데, 이것은 현존하는 이 세상을 부정한 곳으로 보았다는 인식을 드러낸다. 또 이러한 부정이 최초의 신 때문에 비롯되었다 하는 것에는 원죄 의식 또한 나타나 있다 할 수 있다.

식한 것은 무속 집단이 인간의 생·사에 얼마나 깊은 관심을 기울였나를 알 수 있다. 그런데 이것은 이승과 저승에 관한 언급이 큰굿의 맨 처음 의식인 베포도업침(우리 나라의 우주 및 천지 창생신화)에서부터 나오는 것으로도 확인할 수 있다.

베포도업침에 나오는 천지왕본풀이를 보면 하늘의 해와 달을 오늘날처럼 하나씩만 남도록 조정한 대별왕과 소별왕은 이어서 곧 이승과 저승을 차지하기 위한 시합을 벌이고 있는데, 우주 창생의 원리를 설명하는 신화에서부터 '이승과 저승' 문제를 다루고 있는 것과 큰굿 속에 시왕제가 있다는 사실은 무속 집단에게 생과 사라고 하는 인간 실존적 문제가 얼마나 심각하게 인식되었나를 반영한다. 동시에 이것은 또 이승과 저승이라는 공간이 무속과 관련지어져 해명되어야 할 공간임을 암시하고 있다.

저승으로 가는 길은 심한 요철과 풍설, 가시 많은 나무로 이어져 있다. 그리고 헹기못이라는 물이 있어 그곳에 빠져야만 저승의 초군문에 도달할 수 있다고 무속집단은 생각했다. 문을 어떤 장소의 입구로 이해한다면, 초군문 운운하는 것은 이후부터 본격적인 저승임을 뜻한다. 그러므로 험로 및 헹기못은 이승과 저승 사이에 있으면서 이들을 경계짓는 요소들로 볼 수 있다.

험로는 저승에 이르기까지의 험난함을 뜻한다. 물에 빠짐은 저승에 진입하기 위한 상징적인 죽음을 의미하면서 동시에 새로이 태어나는 재생적 의미를 가진다. 사자는 새로운 세계에서 새롭게 태어나기 위해 묵은 것을 털어 내야 하는데, 몸씻음의 의미를 가진다는 점에서 이것은 세례와 그 상징하는 바가 같다고도 할 수 있다.4)

이승과 저승 사이에 큰물이 가로놓여 있고, 사자의 영혼은 이곳

---

4) 멜시아 엘리아데, 『종교형태론』, 이은봉 역, (대구: 형설출판사, 1982), 208~237쪽.

을 건너야만 저승에 도착할 수 있다는 사고는 세계 보편적인 것이라 하는데 무속에 나오는 바도 이와 같다. 그런데 이 물을 배로 건너는 것보다 직접 빠지는 것이 보다 원초적일 수 있다고 본다.

저승 지옥의 양상과 여기에 나오는 시왕들의 성격은 매우 독특한 것이어서 여기에 대해서는 조금 자세히 살펴보기로 하겠다. 편의상 이들을 구별해 적어 보면 다음과 같다.

㉮ 제1진광대왕~제10전륜대왕
㉯ 제11지장대왕~제12생불대왕
㉰ 제13좌도대왕~제14우도대왕
㉱ 제15동자판관

㉮의 시왕들은 주로 사자들이 이승에서 지은 죄를 다스려 육체적 형벌을 주는 일을 한다. 그러나 이중에서도 특히 그 성격이 강한 것은 (1)~(8)까지의 지옥이라 할 수 있다. 이들은 '칼 선 다리'를 타야하거나 '끓는 물에 들어가기' 등 육체적 고통을 수반하기 때문이다. 풍도지옥 또는 흑암지옥과 관련되어 있는 (9)도시대왕과 (10)전륜대왕이 주는 형벌은 앞서의 내용과 비교하면 사실은 그리 큰 육체적 고통이라고 할 수 없다. 이런 점에서 (1)~(8)까지와 (9)~(10)은 성격상 약간 구별된다.

징치하는 죄의 내용을 통해서 무속 집단이 중시했던 사회적, 도덕적, 윤리적 규범을 잘 알 수 있는데, 이 내용을 검토해 보면 다음과 같다. (1)(2)지옥과 관련되어 있는 것은 주로 타인을 위해 베푸는 선을 가장 큰 공덕으로 삼고 있다는 특징이 있다. 이것은 이기적인 심성보다는 공동선을 중시한다. (3)(4)(5)지옥에서 다스리는 죄의 내용은 효·존장(孝·尊長) 등 주로 가족이나 동네의 질서 유지를 위한 규범과 관련 있다.

(6)(7)(8) 등은 역적·살인·강도·간음·상거래의 공정성 등 주로 공동사회의 질서 유지를 위한 규범적 상황을 중시하고 있다. 그런데 (9)(10)에서는 인간의 결혼 및 아이 낳기가 중시되고 있다는 특징이 있다. 혼인을 못한 것도 죄가 되며, 또 남녀 구별을 못해 자식을 낳지 못한 것도 유죄라는 것이다. 이것은 곧 혈연집단의 계승적 문제를 중시한 것이라 할 수 있는데, 이러한 내용들이 저승지옥에서의 징치와 형벌의 대상이 된다는 것은 무속 집단만의 매우 독창적인 사고가 아닌가 한다.5)

이상의 내용을 간단히 종합해 보면 〈표 3〉 같이 정리할 수 있다.

<표 3> 죄의 성격과 윤리 규범의 관계

(가)	(나)	(다)	(라)
(1)(2)	(3)(4)(5)	(6)(7)(8)	(9)(10)
월천·착복·급수·급식 공덕	효, 화목, 존장공대, 바른말, 정직	역적, 살인, 강도, 도적, 간음, 상거래의 공정성	결혼 및 자식 낳기를 중시
인류보편의 구원문제	씨족집단의 질서 유지를 위한 규범	국가 및 공공사회의 질서유지를 위한 규범	개아적 문제 및 인류의 계승문제

이렇게 보면 무속 집단이 중시했던 윤리적 규범은 크게 나누어 둘로 대별할 수 있다. (나)(나)와 같은 것은 세계 보편적으로 나디나는 윤리 규범과 같은 것이고 (가)(라)와 같은 것은 무속 집단의

---

5) 큰굿 열두거리의 마지막 제차는 조상신에 대한 제의였다. 이것은 큰굿 형성 집단, 즉 무속 형성 집단이 조상신을 숭배했다는 것을 나타내며, 동시에 이미 혈연과 혈통의 문제를 중시했다는 것을 보여준다. 혈연 계승의 문제를 중시했다는 점에서 볼 때, 이것은 저승지옥에 나타나는 형벌의 마지막에 있는 (9)(10)의 성격과 일치한다.

독특한 윤리관이라 할 수 있는데, 후자를 중시하면 이 집단만이 추구했던 나름대로의 윤리적 세계관이 무엇이었나를 알 수 있게 된다. 그런데 이것은 곧, 이들이 특히 홍익(弘益)을 중시하고 공동선을 주장했으며6), 결혼을 통한 인류 집단 종족의 계승과 유지를 특히 중시했다고 요약할 수 있다.

열 지옥의 형벌 중 특히 재미있는 것은 간음한 자에 대한 형벌이 항아리나 솥을 쓰고 길거리에 앉아 있는 것으로 나타난 것과 또 남녀의 성 구별을 몰랐을 때 가야 하는 지옥이 흑암지옥으로 나타나 있다는 것이다. 간음한 자에 대한 이와 같은 형벌의 내용은 곧 우리 민속과 일치하는 바가 있으며, 또 남녀의 성 결합을 모르는 것을 암흑과 관련지어 이해했다는 것은 곧 남녀의 성 결합을 밝음, 빛, 불(火)과 같은 것과 관련하여 인식했다는 것을 보여 주는데, 이것은 매우 신화 원론적인 발상이라 할 수 있다.7) 따라서 이것은 매우 이채롭다 하지 않을 수 없는 것이다.

②의 대왕이 맡고 있는 직능은 ①과는 약간 다른 것 같다. 생불대왕은 이승에서 자식을 낳은 적이 없는 사자를 위해 비록 그가 망령이 든 노인이라 할지라도 서천꽃밭에서 아이를 데려다 자식으로 삼아 주는데, 이것은 곧 이승에서의 불임 및 열다섯 살 이전에 죽어

---

6) 저승지옥의 내용 중 (1)을 중시하면, 무속집단은 월천공덕(물 건너주기)을 가장 중요한 것으로 생각했음이 드러난다. 그런데 우리 나라 설화 중 전남 영암에 전승되는 '덕진다리'이야기는 마을 사람들을 위해 다리를 놓아주고 공덕을 쌓는 내용으로 이루어져 있다. 덕진다리 내용은 (서대석, 「서사무가 연구」, 서울대학교 대학원 석사학위 논문, 1968, 122쪽)를 참조했다.

7) (왕빈, 앞의 책, 1980, 98~103쪽)을 참조하면, 불의 기원신화에는 性과 밀접한 관계를 가진 신화가 매우 많다고 한다. 그리고 성과 불은 인간의 보편적인 복합관념 속에서 상호 분리할 수 없는 것으로 결합되어 있어, 이것이 신화에서 갖가지 형태로 표현되어 나타난다 하였다. 이상의 내용을 중시하면, 앞서 우리 무속에 나타난 저승 지옥의 형벌 중 (10)과 관련된 내용은 바로 신화 원론적인 발상임을 알 수 있게 된다.

단명한 아이에 대한 보상의 성격을 담고 있는 것이다. (10)번째 시
왕이 맡은 일은 남녀의 성적 결합을 몰라 아이를 낳지 못했던 것을
징치하는 것이었다. 그런데 (12)의 생불대왕은 결혼한 부부 사이의
불임 및 출산하지 못함을 보상해 준다는 의미를 담고 있다. 생불대
왕이 가진 이름과 직능은 큰굿 열두거리 중 두 번째 나오는 아이의
산육(産育)신인 생불할망의 것과 일치하는데, 이것은 본 지옥의 내
용을 큰굿 전체와 관련시켜 이해할 수 있는 근거를 제공한다.

　(11)지장대왕의 직능은 나타나 있지 않아서 전승되어 오는 동안
그 내용이 잊혀진 것이 아닌가 생각된다. 그러나 또 한편으로는 이
것은 불교의 지장보살이라는 이름이 수용된 것이 아닌가 생각해 볼
수도 있다. 그런데 후자처럼 볼 수만 없는 사정이 있어서 문제가 된
다.

　큰굿 안에는 희생제물 의식과 관련 있는 제의에서 불렀던 것 같
은 지장본풀이라는 신화가 있는데, 이 신화의 주인공인 여신의 직능
은 억울하게 죽어간 원혼을 구제하여 저승으로 천도해 주는 일이다.
(12)의 생불대왕의 직능이 큰굿 속의 내용과 관련 있다는 점을 상
기하면, 지장대왕의 이름이나 성격도 어쩌면 지장본풀이라는 신화
속의 여신과 상관 있을 수 있다. 그러므로 이것은 반드시 불교 속의
지장보살의 수용이 아닐 수도 있는 것이다. 지장의 성격을 이와 같
이 보면, 생불대왕의 직능이 생불할망이 가진 바의 성격과 관련 있
다는 점에서 지장대왕의 직능은 바로 억울하게 죽은 사람들을 구제
해 주는 어떤 일을 하지 않았나 하는 추론을 할 수 있다.8) 이렇게

---

8) 현재 절에 남아 있는 지장보살의 성격도 중생들의 혼을 저승으로 천도해 주는
　역할을 하는 것으로 되어 있는데, 이것은 무속에서 보여주는 사실과 일치한다고
　할 수 있다. 그러므로 현존하는 지장보살의 기원은 어쩌면 지장본풀이, 또는 지
　장대왕과 관련 있을지도 모른다. 특히『지장보살발심인연십왕경』이 본경이 아
　니라 위경일 가능성이 있다는 일본에서의 연구 업적 (佐和陸硏 編,『佛像圖

본다면 ㉯의 대왕들이 하는 일은 사자(死者)의 이승에서의 한(恨),
못 다한 삶을 보상해 주는 성격을 갖고 있는 것이 된다.

㉱대왕들에 의해 앞서의 일들이 문서로 정리되고 이것을 근거로
하여 마지막 최후의 심판이 행해진다고 하는 것은 이들 내용들이
얼마나 체계적·논리적으로 이루어져 있는가를 알게 한다. 그런데
마지막 판관이 동자 즉 어린아이로 되어 있는 것은 매우 특징적이
라 할 수 있다. 이것은 죄를 심판하는 자는 선입견이나 편견 또는
불완전한 지식이나 고정관념에 젖어 있지 않아야 한다는 것을 전제
로, 어른이 가진 일상성·경험성·편견성·고정관념성을 배제하고
아이가 가진 본질성·직관성·순수성·순진무구함을 강조한 것이
기 때문이다.9)

지옥에서의 형벌을 거쳐야만 저승에 안착할 수 있다는 점에서 볼
때, 지옥이란 곧 저승에서 재생하기 위한 통과의례(initiation)적
성격을 가진 공간이라 할 수 있다. 사국(死國)에서의 재생을 위해,
최후의 관문을 통과하면서 일정한 기준에 의해 재판을 받는다는 모
티브는 전세계적으로 분포되어 있는 것이라 하는데 앞서의 사실들
을 중시하면 무속 집단도 이렇게 사고했음이 드러난다.10) 그런데

典』, 일본: 吉川弘文舘, 166쪽)도 이러한 가설을 뒷받침해 줄 수 있다고 본다.
9) 아이에 대한 이상의 의미는 (강진옥, 「구전설화 유형 군의 존재 양상과 의미 층
    위」, 서울: 이화여자대학교 박사학위 논문, 1980, 259~263쪽)을 참조했다.
10) (왕빈, 앞의 책, 1980, 151~152쪽)에 보면 死者가 死國에서의 재생을 위한
    최후의 관문을 통과할 때 일정한 기준에 의하여 재판을 받는다는 모티브는 전
    세계적으로 분포되어 있는 것이라 한다. 고대 이집트의 신화인 '오시리스'를 보
    면, 死者는 우선 무시무시한 지하의 나라를 통과하고 그 곳에서 밑이 없는 심
    연, 타오르는 호수, 괴물 등에 의해 많은 시련을 겪는다. 그런데 『死者의 書』
    에 쓰여진 주문을 알고 있으면 그런 시련을 이길 수 있다고 한다. 그리하여 최
    후에 死國의 관문에 이르고 그 문을 들어가면 '正義의 홀'이라는 법정이 있는
    데, 그곳에는 42종의 죄를 다스리는 42신이 있고, 오시리스가 재판장으로 있
    다고 한다. 여기에서 사자는 '정의와 진리의 저울'로 무게를 달며, 이 재판에서
    생전에 옳고 선한 행위를 했다고 판결된 영혼은 신들과 함께 생활할 자유도

여기에 있는 시왕의 수는 10명이 아니라 14명의 대왕과 한 명의 판관이 있어 15명이다. 이렇게 보면, 시왕이란 말은 십왕(十王)이 아니라, 시왕(屍王, 또는 尸王)을 의미했던 것이 아닌가 생각한다.11)

저승에 있는 이상적 공간은 '상마을 또는 상시당' 등이라 하나 의미는 알 수 없다. 무속 집단이 관념으로 창조해낸 저승 공간이 구체적으로 어느 곳에 있는지 역시 확실하게 알 수가 없다. 지옥이란 말이 있는 것을 보면 이곳을 땅 속이라고 생각했던 듯한데, 한없이 걷는다거나 물속에 빠져야 도달할 수 있다는 등의 내용을 보면 그렇게만 단정할 수도 없다. 그러나 그곳에도 나무, 성, 물, 감옥, 왕, 계급 등이 있다고 하는 것을 보면, 저승 역시 이승과 그 존재 양상이 같다. 이것은 곧 무속 집단이 저승을 이승의 투사물로 생각했음을 나타낸다.

2) (삼)혼의 상정과 초혼의식

죽는 순간 사자의 초혼, 이혼, 삼혼이 차사를 따라 저승으로 향한다고 한 것은 무속 집단이 인간의 혼을 셋으로 생각했다는 것을 알려준다. 그리고 저승으로 가는 모습이 살아 있는 현실적 인간과 똑같은 것으로 표현된 것은, 혼령이라 해도 결국 그 형체가 이승의 인간과 같다고 생각했음을 드러낸다.

무속 집단은 인간이 죽어 저승으로 간다고 생각했다. 그러나 현

얻게 된다 한다.

11) 시왕은 지금까지 十王으로만 이해되어 왔다. 그러나 무속 자료를 보면 저승지옥에는 열 왕만 있는 것이 아니라 열네 명의 대왕과 한 명의 심판관이 있다. 또 시왕맞이제에서 언급되는 제의 언어의 내용을 보면 저승에는 이외에 차사 및 使者들도 있는 것으로 나타난다. 열 명 이상이 있다는 점에서 이것은 十王으로 이해될 수 없다고 본다. 그러므로 이것은 주검을 차지하는 신이라는 개념으로서의 屍王, 또는 尸王으로 보아야 하지 않을까 생각한다.

60

실적으로 보아 인간이 죽었다 해도 그 육신은 이승에 남아 있다. 이
와 같은 모순을 극복하고자 창조된 것이 혼의 개념일 수도 있다. 또
는 오히려 이와 반대로, 혼이 있다고 먼저 생각했기에 사후에 육신
이 머물 곳을 마련하기 위해 창조된 곳이 저승일 수도 있다. 그런데
죽은 육신이 이승에 머물러 있는 것을 가시적(可視的)으로 보면서,
죽은 인간이 저승으로 갔거나 또는 간다고 믿어야 하는 것은 얼른
수긍하기 어려운 것이다. 무속 집단이 사자의 혼만을 저승으로 보내
주는 의식을 따로 마련한 것은, 이러한 의식(意識)과 관련지어 생
각해야 한다고 본다.

　강님차사본풀이 신화 내용을 참조하면, 사자의 옷을 벗겨 흔들며
이름을 불러주는 의식(=초혼의식)은 원래 저승의 이원사자가 행
한 것으로, 이것은 인간의 혼을 육신으로부터 분리시켜 혼만을 저승
으로 보내주는 의미를 가지는 것이었다. 신화가 인간 사회의 의식
기원을 설명하는 기능이 있다는 점을 감안하여 이 내용을 현존하는
상장 의례 중 초혼의식의 유래를 설명한다고 보면, 초혼의식의 상징
적 의미는 바로 죽은 인간의 혼을 저승으로 보냄에 있다는 것을 알
수 있다.

　무속 집단은 사람이 죽었을 때 혼만을 저승에 보내기 위해 이와
같은 의식을 창안해 내고, 이것을 거행하면서 사자의 혼이 저승에
잘 도달했다는 믿음을 가질 수 있었다고 생각된다. 그런데 이와 같
은 의식은 또한 이승에서의 인간의 죽음을 분명하게 확인시키므로
해서, 육신은 남아 있는데도 죽은 자가 저승에 갔다고 하는 논리적
모순을 극복할 수 있도록 기능했다고도 볼 수 있다.12)

---

12) 초혼의식은 『예기』에도 나오고 있어 그 시원이 아주 오랜 것임을 알 수 있는
　　데, 지금까지는 이 의미를 죽은 자의 재생과만 관련지어 이해해 왔다. 그러나
　　우리의 신화는 이것이 조금 다른 의미가 있음을 시사해 주고 있다. 따라서 여
　　기에 대해서는 앞으로 더 고찰할 필요가 있지 않을까 한다.

3) 떠도는 혼령의 상정

인간 세상에서 자기명[天壽]에 못가고 남의 명[非命]에 간 사람들에 대해서 무속 집단은 특별히 다른 차원으로 인식했던 것 같다. 신화 내용을 보면, 이들은 저승의 초군문 앞에 있는 헹기못 가에서 울면서 저승에 들어갈 수 있기를 기다리고 있다. 저승문에도 들어가지 못했다는 것은 이들이 완전한 저승적 존재가 되지 못했다는 것을 의미한다. 또 이들은 이승을 떠났기에 이제 이승적 존재도 아니다. 저승적 존재도, 이승적 존재도 못되기에 그들은 유리하고 방황하는 존재가 될 수 밖에 없다.

이와 같은 내용은 무속 집단이 특히 인간이 천수를 다하고 죽는 것을 가장 이상적으로 생각했고, 비명횡사하는 것을 아주 나쁘게 생각했다는 것을 알려준다. 앞의 내용은 신화 자료에는 매우 짧고 간단히 나오는 것이다. 그런데 이 글에서 이것을 중시하는 것은 뭍의 무속 신앙 및 설화 내용에 많이 나오는 바, '떠도는 원령'의 이야기가 이것과 상관 있는 것이 아닌가 해서이다.

4) 윤회적 삶에 대한 인식

최후의 심판 내용은 무속 집단의 생사관을 알 수 있게 한다는 점에서 중요성이 있다. 여기에 나타난 특징을 크게 대별하면, 무속 집단은 첫째, 인간은 사후에 저승에서 영원히 산다고 관념했다는 것이고 둘째, 인간은 죽은 후에 종을 달리하여 이 세상에 다시 태어날 수도 있다고 생각했다는 것이다. 전자를 영생, 후자를 환생 관념이라고 편의상 정의한다면 무속 집단은 곧 이 둘을 다 가졌던 셈이다. 저승에서의 영생은 새로운 세계에서 새로운 삶을 다시 시작한다는 점에서 볼 때 이것은 나아가 재생의 의미도 가진다 할 수 있다.

죄 없고 공덕 있는 사람만 저승에서 영생한다는 생각은 이것을 좋은 것으로 인식했음이 드러난다. 환생에의 관념은 다시 두 차원으로 나누어 볼 수 있는데 좋은 의미의 것과 나쁜 의미의 것이 있다.

우마, (혹)구렁이, 지네 등으로 다시 인간 세상에 태어나는 것은 나쁜 의미의 환생이다.13) 이것은 이승에서 지은 죄가 워낙 많아 저승지옥의 벌로도 다 갚을 수 없는 자에게 해당되는 벌이기 때문이다. 그러므로 이것은 귀양의 성격을 가지고 있다. 반면에 새나 나비로의 환생은 아주 좋은 의미를 가지고 있다. 이것은 죄 없고 공덕 있는 사람만이 선택할 수 있는 삶의 양상이기 때문이다. 신화 자료를 중시하면 무속 집단은 저승에서의 영생이나 새나 나비가 되어 이승으로 환생하는 것을 같은 차원에 두고 좋은 것으로 인식했다. 이것은 그만큼 무속 집단이 새나 나비를 신성시했다는 사실을 암시한다.14)

인간이 죽어 우마, 지네, 새, 나비 등이 될 수 있다는 것은 역으로 이들 생명 있는 것을 죽은 인간의 환생물로 관념했다는 것을 함축

---

13) 큰굿 집단은 뱀에 대해서 이중적으로 생각했다. 그것은 색에 의해서 구별하였는데 흰색의 뱀(백사)은 신성한 것으로 관념하여 풍농 및 부를 담당하는 신으로 나타냈다. 반면에 흑구렁이 등은 싫은 것, 혐오의 대상으로 생각했음을 이 자료를 통해 알 수 있다. 백색을 신성시했던 것은 우리 민족의 특색인데, 백사를 신성시했던 것은 이런 사상과 맥이 닿아 있다 할 수 있다. 또 뱀에 대해서는 '선·악'의 이중적인 것으로 생각했던 것이 인류 보편적인 것이라 하는데, 우리 신화도 역시 이러한 양상을 보인다.

14) 우리 설화에는 죽어서 새나 나비가 되었다는 이야기가 많다. '아랑형전설'의 아랑도 죽어서 나비의 형체로 범인 앞에 나타나고, '축영대설화'에도 축영의 옷자락이 나비가 되었다는 이야기도 유명하다.
　우리 민족(변한)은 장례 때 새깃을 사용했던 특징이 있는데, 이것 역시 이상의 내용과 접맥되는 부분이 있다 하겠다. 새를 신성시했던 것은 우리 민족뿐만 아니라 몽고 초원지대에 살았던 민족도 이런 신앙이 있었다 한다. 황용훈, 『동북아시아의 암각화』 (서울: 민음사, 대우학술총서, 1987), 187쪽.

한다. 그리고 이것은 또 무속 집단이 새나 나비를 신성시하여 후생에서라도 한번 이처럼 되어 보기를 희구했다고 추론할 수도 있다.

반면에 우마 따위는 그렇지 않다. 새나 나비 등은 공중을 나는 것들이기에 신성시되어 열망하는 대상이 되었고, 구렁이나 지네 등은 땅위를 기거나 땅 속에 있기에, 그리고 우마는 노역으로 힘든 일생을 보내는 것이기에 이렇게 생각되어졌다고 보여지는데, 이러한 관념은 공간 분할상 상방(上方)을 성(聖)으로, 하방(下方)을 속(俗)으로 관념했던 것과 일치한다.

앞서 살핀 것을 중시하면 무속 집단은 인간이 죽은 후 이승으로 환생할 수 있는 것은 동식물로만 가능하고, 인간의 형체로서는 가능하지 않은 것으로 보았다. 이것은 곧 인간으로서 이승에 사는 것은 단 일회적인 것으로 관념했음을 뜻한다. 그런데 이러한 인식은 현생의 인간 삶을 보다 긍정적으로 보고 적극적으로 살아 갈 수 있게 한 정신적 기반이 되었을 것으로 본다.

프래저(J. G. Frazer)는 애니미즘을 연구하면서, 아시아의 원시 민족이 행하고 있는 윤회의 교리가 불교에서 비롯되었다고 생각하는 것은 사실이 전도되었다고 말하고 있다.[15] 이것은 윤회의 인식이 인류 보편적으로 생겨날 수 있다는 것을 의미하면서 윤회와 관련된 모든 저승 개념을 불교와 관련지어서만 이해하려 하는 것을 경고하는 것이다. 무속 자료에 나오는 앞서의 환생 내용을 윤회적 개념의 범주 속에 넣을 수 있다고 보기에, 본고는 무속 집단도 일찌부터 이러한 인식을 했던 것이 아닌가 생각한다.

---

15) J. G. Frager, 『황금의 가지』, 김상일 역, (서울: 을유문화사, 1976), 162쪽.

4. 무속 고유소로서의 저승공간 상정에 대한 문제점 검토

인간의 죽음이 이승에서의 삶의 종말이라는 일회적 단절로 끝나는 것이 아니라 저승에서 영생하거나 또는 새롭게 다시 부활한다고 믿었던 것은 무속 집단만 가졌던 것은 아니었다. 이것은 바빌로니아나 이집트 등 여러 문명국의 고대인(古代人)들도 가졌던 사고다.

프래저(J. G. Frazer)는 이집트의 '오시리스' 신화를 분석하면서 인간이 불사(不死)의 징조를 발견하게 된 것은 곡물의 발아(發芽)로부터였다고 보고했다.16) 그리고 또 이러한 원리에서 많은 민족이 같은 희망을 내세웠을 것이라고도 했다. 이 학설을 중시하면 저승에서의 영생 또는 재생 개념은 적어도 농경의 시작과 함께 나타날 수 있었던 인류 보편적 관념일 수 있는데, 이미 살펴본 대로 무속집단이 가졌던 앞의 내용들도 이것과 연관지어 이해할 수 있다고 본다.

시왕맞이제는 큰굿 열두거리 중 여섯 번째 제차였다고 생각되므로 이것은 큰굿을 이루는 전체 내용과 결부지어 살펴야 한다. 큰굿속에 나오는 신화 내용들을 분석해 보면, 무속 집단은 인간의 생명 체계에 유추해서 생각했던 특징이 있다.

'서천꽃밭'이라는 특수한 생명 원천의 신화적 공간도 이런 사고속에서 생겨난 것인데, '인간 생명 체계＝식물 체계'로 사고하는 인식 체계는 바로 우리 인간도 식물처럼 재생하거나 영생, 또는 환생할 수 있다는 믿음을 가질 수 있도록 했다고 생각한다.17) 그리고

---

16) J. G. Frazer, 앞의 책, 475쪽.

17) 서천꽃밭은 인간의 생명을 잉태시키기도 하고(생불꽃), 죽이기도 하는(악심꽃) 꽃들이 피어 있는 신화적 공간으로서의 꽃밭이다. 큰굿 속에는 이러한 생명꽃 및 서천꽃밭이 여섯 편 이상이나 나오고 있어, 이것을 통해서 이들 신화들이 같은 시대에 형성되었다는 것을 알 수 있다. 그런데 이 서천꽃밭은 큰굿

이러한 사고를 기저로 형성된 것이 바로 큰굿 속의 시왕맞이제이며 여기에 나오는 저승 및 지옥에 관한 내용들이라고 본다.

그런데 이처럼 앞의 내용을 무속 고유의 것으로 보고자 하는 데에는 문제가 있다. 저승에 있는 지옥의 시왕 중 (1)왕부터 (10)왕까지의 내용은 현재 흔히 불교(佛敎)적인 것으로 이해되고 있기 때문이다. 그렇다면 이것은 불교적인 것이 무속에 수용되어 있는 것이라 할 수 있으며, 이것을 토대로 무속의 죽음관을 논할 수는 없는 것이다.

필자는 이 문제에 대해 다음과 같이 생각한다. 이것은 원래 무속 고유의 것이었으며, 이것이 절에 남아 있어 오늘날 불교적인 것으로 이해될 수밖에 없게 된 것은 나름대로의 이유가 있기 때문이라는 것이다. 필자가 이 문제를 이렇게 보는 이유는 다음과 같다.

첫째, 저승의 시왕 중 열두 번째 대왕인 생불대왕에 관한 내용에서는 서천꽃밭이 언급된다. 그런데 이 꽃밭은 큰굿 속의 신화 중 여섯 편 이상에나 나오고 있는 것이다. 이러한 사실은 곧 시왕맞이제 및 앞의 내용들이 큰굿 속의 신화들이 형성될 때 함께 창조되었다는 것을 암시하며 또한 큰굿의 형성과 동시에 나타났다는 것을 시사한다.

둘째, 시왕맞이제는 큰굿 제의 전체와 관련 있는 것인데, 큰굿 속에 저승에 있는 시왕들을 맞이하여 행하는 제의가 있었고, 또 저승사자까지 있었다고 한다면, 그들이 미물 구체적 공간으로서의 저승 공간이 형상화되지 않았을 리가 없고, 또 무속 집단이 죽어서 가야 할 세상이 있다고 믿었다면, 그들 또한 자신들이 가야할 저승에 대

및 큰굿 속의 신화들을 창조한 집단이 인간의 생명 체계를 식물 체계를 빌어 생각하고, 인간 생명의 원천이 되는 장소로서 형상화해낸 특수한 신화적 공간이다.

해 구체적으로 그 모습을 그려보지 않았을 리가 없는 것이다. 이런 점에서 볼 때, 자료에 나타난 앞의 내용은 바로 무속 집단이 형상화해낸 저승의 모습 그것일 수도 있다고 본다. 무속 자료에 나타난 것이라면 일단은 무속적 측면에서 중시해 볼 필요가 있기 때문이다. 구비 전승되어 오는 동안의 변모를 인정해야 하기도 하지만, 또 한편 구비 전승되어온 자료라 해서 무조건 먼저 내용이 변모되었을 것이라는 선입견을 가지고 자료를 대하는 태도 역시 배제되어야 한다.

세째, 불교에서 말하는 시왕은 열 명인데, 우리의 무속 자료에 나타나는 시왕은 열네 명의 대왕과 한 명의 판관이다.[18] 그리고 이들이 맡은 직능은 매우 구조적으로 짜여 있다. (1)부터 (15)까지 중 어느 하나가 빠지면 이것은 구조적인 짜임이 되지 못한다. 이런 점에서 볼 때, 이것은 원래부터 어떤 논리성과 체계성을 바탕으로 이처럼 될 수 있었다고 할 수 있다. 그러므로 이것은 오히려 무속적인 것이 불교적인 것에 영향을 미친 것이 아닌가 한다.

네째, 그래도 어떤 사람은 앞의 열 대왕이 불교적인 것을 수용했을 것이라고 말할지 모르겠다. 구비 전승이란 원래 구전되어 오는 동안 변모와 변화를 거치는 것이기 때문에 이 의견도 전적으로 배제할 수만은 없다고 본다. 그런데 이런 경우는 본토의 무가 자료가 참고가 될 수 있는 것이다.

본토의 무속 의례 중 인간의 죽음과 관련된 의식은 씻김굿이나 지노귀굿, 해원풀이 등인데, 여기에서 읊어지는 무가 중에도 대부분

---

18) 시왕에 관한 구체적인 내용은 『佛設預修王生七經』에 들어 있는데, 이것은 9세기경 성도부 대성사의 사문 藏川이 찬술했다고 한다. 이 책은 주로 중국과 한국에서 널리 유포되었다 하는데, 여기에 나타나는 지옥 장면의 구체적인 내용은 우리의 무속 자료에 나타나는 것과 약간 다르다. 지옥 시왕의 이름은 대체로 비슷하나 징치하는 죄의 내용은 많은 차이가 있다.

은 앞서의 열 왕, 또는 이들을 포함하여 좌도대왕 우도대왕이 언급되고, 혹은 심판받는 내용도 나오며 간혹 강님도령의 이름이 불리기도 한다.[19] 각각의 무가에 나타나는 이와 같은 공통적인 흔적은 이것이 원래 무속적인 내용이었음을 시사하는데 이중 앞부분의 내용은 육체적인 형벌과 관련되어 그 전승력이 강했던 반면, 뒷부분은 성격이 약화되었다. 인간 존재에 있어 죽음이란 그 누구를 막론하고 넘지 않으면 안된다는 점에서, 무속 집단도 일찍부터 죽음에 관한 의례를 베풀어 왔다고 생각할 수 있는데, 이와 같이 본토를 포함하여 제주도 지방에까지 내용이 공통된다는 것은 이것이 원래 무속적인 것이었기에 가능했다고 생각된다.

다섯째, 우리 설화 중에는 죽은 인간이 저승에 가 최판관 앞에서 재판을 받는다는 이야기가 많다. 그리고 또 아이가 재판하는 이야기도 역시 많다. 그런데 제의와 관련된 신화들은 그 민족의 문화를 형성하는 힘이 있다는 것을 감안하면[20] 이와 같은 이야기와 이 이야

---

19) 이들 내용이 나타나는 자료는 아주 많은데, 몇 가지만 예를 들면 다음과 같다.
 *『朝鮮の 巫歌』, 285쪽. 『시흥지방 무가』, 「死の 語」 중 초입 말.
 『관서지방 무가』, 265쪽, 11쪽, 수왕굿.
 『한국무가집』 2, 해남, 160쪽. 안동, 196~225쪽.
          3, 화성, 218쪽. 광주, 373~380쪽.
 『한국민속종합보고서』, 서울 편, 121쪽.
 『한국구비문학대계』, 1-6 안성 255쪽, 2-2 강원 춘천 306쪽, 5-4 전북 군산
          357쪽, 1-9 용인 342쪽, 3-1 충북 충주 125쪽, 7-9 경
          북 안동 231쪽.
 『충청도 무가』, 328쪽.
 * 죄판관은 대체로 최판관으로 말해지는데, 열시왕과는 구별되어 나타난다.
 『한국구비문학대계』, 2-5 663쪽, 2-9 729쪽, 3-1 125쪽 등 참조.
 * 심판 내용이 나타나는 것은 『한국무가집』 2, 318쪽, 3, 97쪽 등
20) Thomas A. Sebeok, *Myth a Symposium*, (Indiana University Press), 122~135쪽. "Myth and Ritual"이란 글에서 Lord Raglan은 W. J. Gruffydd학설을 빌어 신화는 나중에 전설이나 민담, 또는 문학적인 이야기들로 바뀐다고 설명하고 있다.

기를 구성하고 있는 사고의 기반은 바로 앞의 저승 심판 내용이 있었기에 가능할 수도 있었던 것이다. 이렇게 보면 이들 내용은 원래부터 무속적인 것일 수도 있는 것이다. 지옥의 형벌 중에 나타나는 내용이 민속과 일치하는 점 및 우리 설화에 죽은 후 새가 나비가 되었다는 내용이 많이 나타나는 것도 이상과 같은 맥락에서 이해될 수 있다고 본다.

여섯째, 저승지옥의 형벌 중 맨 처음에 나타나는 형벌은 무속 집단이 가장 큰 시련으로 생각했던 형벌일 수도 있는데, 앞선 내용을 중시하면 이것은 '칼선다리타기'로 되어 있다. 그런데 칼날을 위로 세우고 그 위를 걷는 것은 오늘날의 무속 사회에서도 행하고 있는 것이다. 신내림굿과 관련하여 이러한 의식이 행해지고 있는 것은 곧 무속 집단이 이것을 매우 독특한 형벌로 생각했었음을 나타내는데, 이것은 앞의 지옥의 형벌 내용에 나타난 사고와 일치하는 것이다.

큰굿 속에 나오는 신화 중 세경본풀이(농경기원 신화)에도 지상적 존재인 자청비는 칼선다리를 무사히 타고 난 후에 하늘의 존재로 인정을 받는데 이것까지 포함하여 보면, 이와 같은 형벌은 특히 무속 집단과 관련 있음이 보다 분명해진다. 그런데 지옥의 형벌 내용 중 맨 앞부분에 이것이 나온다고 하는 것은 본 내용이 무속과 관련 있다는 일말의 단서가 되지 않을까 생각한다.

일곱째, 앞의 열 시왕과 이들이 징치하는 내용이 불교적인 것이라 하지만, 사실은 인도 종교와 관련된 불교에서 이와는 전혀 다른 사후 세계를 설명하고 있다. 즉 불교의 세계관은 천의 세계, 인의

- 김열규, 『한국민족과 문학연구』, (서울: 일조각, 1971), 6~10쪽. 참조.
- 조동일, 「신화의 유산과 그 변모과정」, 『우리 문학과의 만남』, (서울: 홍성사, 1978), 87쪽. 참조.
- B. Malinowski는 신화를 실재로 파악하는 동시에 문화를 형성하는 능력이 있는 것으로 이해하였다.

세계, 그리고 그 밑에 아수라도, 축생도, 아귀도, 지옥이라는 육도를 설정하고 인간이 어디로 갈 것인가는 사자가 생전에 행한 행위에 따라 아귀도의 왕 염라에 의해 내려지게 되며, 천계 혹은 축생도, 아귀도, 지옥 등으로 떨어져 육도(六道)를 윤회하는 것이다.21)

　이와 같은 사실을 중시해 보면, 오늘날 절 속의 명부전에 남아 있는 앞서의 열 시왕의 존재는 인도불교로부터 전래해왔다고 생각하기 어렵다.22) 성격상 연계가 되지 않고, 어쩐지 이질감과 괴리감이 있기 때문이다. 그렇다면 이들 존재는 어째서 오늘날 절에 남아 있고, 또 이들은 왜 불교적인 것으로 이해되지 않으면 안되었는가, 이것이 문제라 할 수 있다. 이것은 매우 어려운 것이지만, 조심스럽게 다음의 여덟 번째와 같이 생각해 볼 수 있다.

　여덟째, 큰굿 중 첫 의식인 초감제 속의 베포도업침에는 하늘과 땅의 질서가 잡힌 후 인간 사회의 문물을 마련한 제신들의 이름과 공업이 죽 열거되는데, 이 내용을 중시하면 큰굿이 형성될 당시 이미 오늘날의 절의 전신이라고 할 수 있는 '불당'이라는 것이 있었음이 나타나 있다. 이곳은 인간의 탄생과 복록을 기원하는 장소로서의 성격을 가지며, 불과 관련된 성전이었던 것 같은데, 이점을 중시하면, 무속 고유의 신앙이었던 앞의 내용들이 오늘날 절에 남아 있게 된 이유를 알 수 있게 된다. 절은 곧 인도불교가 우리 나라에 수용되기 이전부터 있어 왔던 우리의 성전일 가능성이 있으며, 그러기에 여기에는 우리의 본래적인 것이 많이 잔존해 올 수 있었다고 보아

---

21) 왕빈, 앞의 책, 1980, 3쪽, 참조.
22) 가령 예를 들면 앞서의 열 명의 시왕이 인도불교와 관련 있고, 그것이 우리 나라 절에 있는 명부전에 있는 것이라 한다면 명부전의 모습은 이러한 六道의 세계를 나타내고 있어야 한다고 본다. 그러나 현존하는 명부전의 모습은 이런 모습을 드러내기보다는 오히려 이 글에서 고찰한 바의 무속적인 양상을 드러내고 있다는 특징이 있다.

진다.[23]

　아홉째, 큰굿의 형성은 시기적으로 매우 거슬러 올라간다. 이것은 뱀을 신으로 관념할 수 있었던 시대, 인간의 생명체계를 식물체계에 힘입어 사고할 수 있었던 시대, 그리고 천지창조신화와 같은 것이 형성될 수 있었던 시대에 되어진 것이다.[24] 시왕맞이제 및 앞의 저승 내용을 큰굿의 전체 맥락 속에서 이해할 수 있다면, 이들의 형성 시기 역시 이렇게 볼 수 있을 것이다. 그러므로 이것은 적어도 인도 불교가 우리 나라에 수용되기 이전부터 있어 왔던, 우리 문화의 뿌리였다고도 볼 수 있는 것이다.

　이상과 같은 여러 이유에서, 이 글이 앞서 살핀 저승의 양상은 무속 고유의 것이었다고 본다. 그리고 무속, 즉 큰굿이란 다름아닌 우리 민족의 고대적 제의 양태라는 점에서 이와 같은 저승 관념은 곧 우리 민족 고유의 신앙이었다고 생각한다. 다만 앞의 여러 이유 중 여덟 번째와 아홉 번째의 주장이 보다 타당성을 얻으려면, 불당의 정체 및 큰굿의 형성 시기가 보다 구체적으로 밝혀져야 한다고 생각하기에, 앞으로 이 문제를 해결하는데 보다 많은 노력을 기울이도록 하겠다.

---

23) 그동안 중이나 대사는 원래 무격적 지도자를 가리키는 말이었을 가능성이 있다는 학설이 있어 왔다. 조지훈, 「신라가요연구논고」, 『민족문화연구 1집』, (서울: 고려대학교 민족문화연구소, 1964), 166쪽, 김석하, 『한국문학의 낙원 사상 연구』, (서울: 단국대학교출판부, 1973), 37쪽. 그리고 현존하는 절에는 수많은 민속적인 양태들이 남아 있다고 한다. 홍윤식, 『불교와 민속』, (서울: 동국대학교 불전간행위원회). 또한 무속적인 양태들이 잔존하고 있음도 연구되었다. 유동식, 『한국무교의 역사와 구조』, (1975), 260~272쪽.

24) 拙稿, 앞의 글, (1989), 참조.

5. 맺음말

이상에서는 제주도 큰굿 중의 하나인 시왕맞이제의 내용을 근거로 무속에 나타난 죽음관을 살펴보았다. 시왕맞이제의 내용을 근거로 하면서 이것을 무속만의 독특한 변별적 요인인 것처럼 이해한 것은, 앞에서 언급한 것처럼, 제주도에서 행해지고 있는 큰굿이 가지는 중요성 때문이다. 그러나 이들 내용이 현재까지 남아 있는 여러 문화 양태와 많은 측면에서 접목될 수 있다는 점을 감안하면 본 논지의 전개도 큰 무리가 없다고 본다. 앞으로 제주도에서 더 많은 자료를 채록하여 비교·검토하고, 또 나아가서는 본토 자료들과 대비하면서 이들 내용 및 논지를 보충한다면, 무속에 나타난 죽음관은 보다 그 면모가 분명해지리라 본다.

불 교

죽음은 곧 삶이요 열반

죽음은 곧 삶이요 열반

鄭 承 碩*

1. 머리말

불교에 대한 선입관은 저마다 다르겠지만, 그 중에서도 흔히 연상되는 것은 '세속으로부터의 초연(超然)'이라는 태도일 것이다. 이런 선입관에서는 불교가 죽음의 문제를 별로 대수롭지 않게 여기고 있을 것이라고 생각하기 쉽고, 따라서 죽음에 대한 불교의 논의도 현실감이 결여되어 있을 것이라고 속단하기 쉽다. 사실 이것은 보는 사람의 입장에 따라 속단이 아닐 수도 있다. 그러나 정작 중요한 것은 죽음의 문제에 대한 추상적이고 관념적인 입장이나 성격을 논하는 데 있는 것이 아니라, 그런 성격이나 입장으로 도출되는 불교 특유의 배경과 의도를 이해하는 데에 있다.

죽음은 인간으로서는 피할 수 없는 현실이다. 붓다는 어느 누구보다도 이 현실의 불가피함을 철저히 인식시키고자 노력했음을 근본 경전들을 통해 쉽게 알 수 있다. 이 현실의 냉철한 자각(自覺)을 통해,1) 죽음이라는 실상(實相)을 초연하는 보다 높은 차원의

---

* 동국대학교 인도철학과 교수

진실을 체득함으로써 현실적 죽음의 문제가 극복된다는 것이 그의 입장이었다고 생각된다. 그래서 이 극복을 통해 자재로움을 추구하는 것이 불교 전반의 목표라고 말할 수도 있다.

결국 '붓다에게 문제가 되었던 것은 사후(死後)의 존재가 아니라, 죽음에 대한 새로운 차원의 인식이었다. 즉 삶에도 번민하지 않고 죽음에도 번민하지 않는 생명에 대한 추구였다. 말하자면 삶과 죽음을 초월하여 살아가는 것이 가능하느냐는 문제였다. 이것이 업과 윤회를 벗어난 경지라고 하며, 번뇌를 불어 꺼버린다는 원의(原意)를 지닌 열반이다. 이 구극적 경지에 대한 명칭은 학파마다 차이가 있다. 그래서 열반, 생사즉열반(生死卽涅槃), 불생(不生), 불멸(不滅), 감로(甘露), 공(空) 등으로 술어화되어 있다.'2)

앞에서 언급한 '속단'과 관련하여 여기서 문제가 되는 것은 생사즉열반(生死卽涅槃)이다. 이런 교의적 입장이 일반인에게는 '죽음은 곧 열반'이라고 이해되고 있기 때문이다. 열반은 불교가 추구하는 목표인데, 여기서 말하는 '죽음'을 불교적으로 이해되지 않은 통속적 개념으로서의 죽음으로 간주해 버리면, 불교는 죽음을 추구하는 종교라는 극히 모순된 결론에 이르게 되고, 허무주의로 나아간다. 흔히 불교를 허무주의라고 파악하는 잘못된 이해는 모두 이와 연관이 있다. 따라서 죽음에 대한 불교의 입장을 바르게 이해하는

---

1) 죽음에 대한 냉철한 自覺의 태도를 중시한 유명한 일화가 있다. 끼사고따미라는 여인은 외아들을 잃고 붓다에게 찾아가 죽은 아들을 살려낼 수 있는 방법을 알려 주길 간청했는데, 붓다는 그녀에게 사람이 죽은 적이 없는 집을 찾아가 겨자씨 한줌을 얻어 오라고 주문했고, 그녀는 그대로 실행하는 과정에서 스스로 죽음의 고통을 극복하게 되었다는 일화이다. Cf. Mrs. Rhys Davids (tr.), Psalms of the Early Buddhists I, Psalms of the Sisters, (The Pali Text Society, 1909), 107쪽.
이 일화는 단순히 죽음의 문제뿐 아니라 다른 종교와 비교하여 불교 전반의 기본 입장을 천명하는 의의를 갖는 것으로 해석되고 있다.
2) 佐佐木現順, 『業の 思想』, (東京: 第三文明社, 1980), 91쪽.

것은 불교의 궁극적 인식인 '생사즉열반(生死卽涅槃)'을 바르게 이
해할 수 있는 하나의 방도가 된다.

2. 죽음에 대한 붓다의 대응

죽음의 문제에 대한 불교의 대응은 죽음을 불가피한 현실로서 철
저하게 인식하는 것으로부터 출발한다. 이의 철저함은 붓다의 설법
을 전하고 있는 최초기의 성전들 중 관련된 내용의 일부를 일독하
는 것만으로도 충분히 짐작할 수 있다. 예를 들면 설법의 대상이 없
이 붓다 스스로의 감흥에서 우러나온 말들을 전하고 있는 문헌
(Udânavarga)에서는 이렇게 말한다.

"아침에는 많은 사람들이 눈에 띄지만, 저녁에는 어떤 사람들의 모
습이 보이지 않는다. 저녁에는 많은 사람들이 눈에 띄지만 아침이면
어떤 사람들의 모습이 보이지 않는다. '나는 젊다'고 생각할지라도 죽
어야만 하는 인간은 누군가에게 자신의 생명을 맡기고 있는 것은 아닌
가? 젊은 사람들도 죽어 간다. 남자도 여자도 차례차례."(1, 7-8)

"늙은 사람들도 젊은 사람들도 그 중간의 사람들도 차례로 사라져
간다. 익은 과일이 가지에서 떨어져 가듯이. 익은 과일은 언제든 떨어
질 우려가 있듯이, 태어난 사람은 언제든 죽을 우려가 있다. 도공이 만
든 질그릇처럼, 사람의 생명도 모두 마침내는 부서져 버린다. 실을 펼
쳐 어떤 직물을 짜내려 할 때, 실타래엔 실이 얼마 남지 않게 되어 버
리듯이, 인간의 생명도 그러하다. 사형수가 한 걸음 한 걸음 형장을 향
해 걸어가듯이, 사람의 생명도 그러하다."(1, 10-4)[3]

---

3) 中村元, 『原始佛教お讀む』, (東京: 岩波書店, 1985), 32~33쪽.

또 최초기의 성전으로서 널리 읽혀지고 있는 『숫따니빠따(經集)』에도 죽음의 문제에 대한 장행(長行)의 설법이 있는데, 역시 동일한 감상(感傷)을 피력하고 있다.

"청년도 장년도 어리석은 자도 지혜로운 자도 모두 죽음에는 굴복해 버린다. 모든 사람은 반드시 죽는다."(578)

"그들은 죽음에 붙들려 저 세상으로 가지만, 아비도 그 자식을 구하지 못하고, 친척도 그 친척을 구하지 못한다."(579)

"보라! 친척들이 애타는 마음으로 지켜보지만, 사람은 하나씩 도살장으로 끌려가는 소처럼 사라져 간다."(580)4)

죽음에 대한 이러한 인식은 비록 감상적인 것처럼 보이지만, 죽음의 극복을 위한 불교 특유의 인식으로 연결된다. 위의 설법은 곧바로 이어지는 다음과 같은 내용에서 그 의도를 드러내고 있다.

"이렇듯 세상 사람들은 죽음과 늙음으로 인해서 해를 입는다. 그러나 슬기로운 자는 세상의 참모습을 알고서 슬퍼하지 않는다."(581)

"그대는 온 사람의 길을 모르고, 또 간 사람의 길을 모른다. 그대는 생과 사의 양극을 보지 않고 부질없이 슬피 운다."(582)

"울고 슬퍼하는 것으로서는 마음의 평안을 얻을 수 없다. 다만 그에게는 더욱 더 괴로움이 생기고 몸만 여윌 뿐이다."(584)

"스스로 자신을 해치면서 몸은 여위고 추하게 된다. 그렇다고 해서 죽은 사람이 어떻게 되는 것도 아닌데, 울고 슬퍼하는 것은 무익한 일이다."(585)

"근심을 버리지 않은 사람은 점점 더 고뇌를 받게 된다. 죽은 사람

---

4) 『한글대장경』 201, 129쪽.

때문에 운다는 것은 근심에 사로잡히는 것이다."(586)

"그러므로 존경하는 사람의 말을 듣고 죽은 사람을 볼 때에는 '그는 이미 내 힘이 미치지 못하게 되었구나.'라고 깨달아 슬퍼하거나 탄식하지 말라."(590)

"이를테면, 집에 불이 났을 때 물로 꺼버리듯, 지혜롭고 총명한 사람들은 걱정이 생겼을 때는 이내 지워 버린다. 마치 바람이 솜을 날려 버리듯이."(591)

"번뇌의 화살을 뽑아 버리고 거리낌없이 마음의 평안을 얻는다면, 모든 걱정을 초월하고 근심이 없는 자, 평안에 돌아간 자가 될 것이다."(593)5)

불교의 현실 인식에 의하면 인생의 모든 고통과 고뇌는 실제로는 변화하지 않는 것이 없음(無常)에도 불구하고, 불변의 고정된 실체가 있는 양 그런 실체를 집착하는 데서 기인한다. 그러므로 그런 불변의 실체가 없음(無我)을 스스로 깨달아 무상을 현상세계의 본래 모습이라고 진지하게 인식함으로써 고통과 고뇌는 불식된다. 죽음 역시 변화의 한 과정일 뿐이며, 이런 사고를 적용하면 죽음은 유(有)의 단멸(斷滅)이 아니다.6) 위에서 말하는 슬기로운 자가 알아

---

5) 위의 책, 130~131쪽의 주석에 의하면 어떤 재가신도가 아들의 죽음을 슬퍼하여 이레 동안이나 식음을 전폐하고 슬퍼하는 것을 동정하여, 붓다는 그의 집을 찾아가 슬픔을 달래기 위해 이 가르침을 폈다고 한다.

6) 상식적인 입장에서 죽음은 滅이라고 표현된다. 그러나 불교에서 죽음을 滅이라 표현하는 것은 그것이 無常임을 달리 표현한 것으로 이해된다. 예를 들어『增一阿含』제12에서는 '죽음을 滅盡이라 한다. 생명이 다하여 머무름이 없고, 무상하여 여러 요소[五蘊]들이 흩어져 파괴되고, 宗族이 別離하여 命根이 단절된다. 이것을 일러 滅盡이라 한다.'고 설해져 있다. 한편『大毘婆沙論』제38에서는 세상 사람들이 죽음과 무상을 다르다고 말하는 것은 인간의 내적인 현상과 외적인 현상을 구별하는 것에 지나지 않을 뿐이라고 지적한다. 즉 인간 내부의 현상으로서의 滅을 죽음이라 하고, 외부에서 멸하는 현상을 無常이라 구별하고

차리는 세상의 참모습이란 이런 것이다. 생(生)과 사(死)의 양극을 진지하게 관찰하면, 그것은 전적으로 상반되는 고정된 실체적 현상이 아님을 알게 된다.

결국 불교에서의 죽음에 대한 고찰은 이런 기본적 인식의 틀에서 벗어나지 않는다. 비록 실재론적인 고찰이라 하더라도, 실재론적인 고찰 자체가 무상과 무아를 실증하기 위한 입장에서 이루어진다.7)

3. 죽음의 현상에 대한 고찰

1) 죽음의 정의와 상태

죽음은 붓다의 설법에서 이미 정의되어 있다. 가장 원초적인 형태로는 '이러저러한 존재 중에서 이러저러한 부류로부터 몰락, 분리, 소멸, 사멸, 시간의 다함, 구성 요소의 분리, 형해(形骸)의 폐기, 이

있다는 것이다. 그러나 죽음은 인간 內의 현상으로서 신체의 기관과 마음에 관련되어 있지만 무상은 內外, 有限無限, 有心無心에 통하므로, 죽음은 결국 무상의 범주 안에 있다. 그래서 『大智度論』 제43에서는 무상을 2종으로 구별하여, 생성되는 모든 것(一切有爲法)이 찰나에 멸하는 것을 念念無常이라 하고, 사람의 수명이 다하는 것과 같은 경우를 相續無常이라 한다. 『望月佛敎大辭典』 Vol. 5, 4860쪽, 참조.

7) 예를 들면 인간 존재를 5取蘊의 존재, 즉 5요소[蘊]가 집합된 존재라고 분석하는데, 여기서 5取蘊이라 불리는 이유는, 우리 인간이 물질면과 정신면으로 이루어지지만, 그것들이 자아에 대한 집착의 원인이기 때문이다. 즉 5온을 취하여 자아를 상정하기 때문이다. 이처럼 인간을 5온으로 분석하여 관찰해 보면, 그러한 상정은 잘못이고 영원한 실체는 어디에도 없음을 알게 될 것이라는 데에 五蘊說의 목적이 있다. 그러므로 5온설은 단지 우리의 존재를 분석하는 것만이 아니라, 우리를 잘못된 자아의 의식으로부터 해방시키기 위해 설해졌다. 우리 인간은 生滅하는 존재이다. 이런 사실을 통해 우리는 無常이라고 규정된다. 『佛敎・インド思想辭典』, (東京: 春秋社, 1987), 121쪽, 참조.

것을 죽음이라 부른다.'8)고 되어 있다. 보다 정리된 형태의 정의에
서 죽음이란 수명과 체온과 의식[識: 정신작용]이 사라져 신체의
기관이 모두 변하여 파괴된 모습을 말한다.『잡아함경(雜阿含經)』
의 제21에서는 이렇게 설하고 있다.

　　"수명과 체온과 의식은 육신이 사라질 때 아울러 사라진다. 그 육신
　　은 흙무더기 속에 버려져 목석(木石)처럼 마음이 없다.　…수명과 체
　　온이 사라지고 기관이 모두 파괴되어 육신과 생명이 분리되는 것을 죽
　　음이라고 말한다."9)

불교에서 죽음에 대한 분석적인 이해는 바로 위의 정의를 근거로
삼아 이루어진 듯하다. 인간과 세계의 구성요소에 관해 매우 실재론
적으로 분석하고 고찰한 문헌으로 정평이 나 있는 구사론(俱舍論)
에서는 바로 위의 내용을 전거로 삼아 논의를 전개하고 있음을 발
견할 수 있다. 즉 거기서는 생명에 관계하는 기관[命根]을 수명이
라 하면서 그것은 곧 체온과 의식을 보존하여 지속하는 것이라 하
는데, 이에 대해 세존이 '수명과 온기와 의식이라는 세 요소가 육신

---

8) Yam tesam tesam sattânam tamhâ tamhâ sattanikâyâcuticavanatâ
　　bhedo antaradhânam maccumaranam kâlakiryâ khandânam bhedo
　　kalebarassa nikkhepo. idem vuccati maranam.
　　이는 불교의 기본 교리인 12인연에서 生死를 실명하는 중에 등장히는데, 이에
　　상당하는 漢譯에서는(『大正』2, 85쪽 중) "彼彼衆生 彼彼種類 沒遷移身壞壽
　　盡　火離命滅　捨陰時到　是名爲死"라고　표현되어　있다.　여기서 '死滅
　　(maccumaranam)'이라는 표현은 붓다가 절멸로서의 죽음을 인정하지 않았음
　　을 뜻한다고 한다.
　　Mrs. Rhys Davids(tr.), *The Book of the Kindred Sayings*, part 2, (Lon-
　　don: Pail Text Society, 1922), n.4, 3쪽.
9) 壽暖及與識 捨身時俱捨 彼身棄塚間 無心與木石 …捨於壽暖 諸根悉壞 身命分
　　離 是命爲死『大正』2, 150쪽 中.

에서 사라질 때, 그것들이 사라진 육신은 생명과 각성이 없는 나무처럼 쓰러져 죽는다.'[10]고 말씀하셨음을 논거로 내세운다.

　이상의 내용을 다시 정리하면, 인간의 생명을 유지케 하는 것은 수명으로서 수명은 체온과 의식으로 이루어지므로 체온과 의식이 육체로부터 사라질 때 수명이 파괴되며, 이 때를 죽음이라 칭하는 셈이 된다. 이런 입장에서 죽음이란 수명을 지닌 생명체가 전변(轉變)하는 과정 또는 시기 중의 하나라는 인식으로 정리된다. 여기서는 수명의 지속과 파괴가 삶과 죽음을 결정하는 셈이 되는데, 불교의 교학에 의하면 수명은 업(業)에 의해 유지되므로,[11] 업력(業力)이 존속하는 동안은 그 업력의 변화에 따라 삶과 죽음도 변화의 과정에 있다. 이런 인식은 인간이 수태(受胎)로써 생명이 결성된 이후 다음 생명이 결성되기에 이르는 기간에 모두 4종의 존재를 경과함을 설명하는 '4유(有)'라는 관념으로 표명되어 있다. 구사론 제9에 의하면, 인간존재(有)의 기준을 오온(五蘊)이라 불리는 5구성요소의 집합체[五取蘊]로 삼고, 생명이 결성되는 찰나를 생유(生有), 이로부터 생명의 임종 직전까지를 본유(本有), 최후에 임종하는 찰나를 사유(死有), 이 사유로부터 다시 생명이 결성되는 생유 사이를 중유(中有)라 한다.[12]

---

10) 壽暖及與識 三法捨身時 所据身僵仆 如木無思覺 (『大正』 29, 26쪽, 上) 여기서 논거로 들고 있는 세존의 말씀이란 앞에 인용한 雜阿含의 내용을 가리키는 것이 분명하다.

11) 「順正理論」 제13(『大正』 29, 404쪽, 中)과 「顯宗論」 제7(『大正』 29, 80쪽, 中)을 참조.
　이렇게 임종 후에는 단지 業力에 의해 다른 삶으로 나아간다고 설명하는 것은 說一切有部 등 소승의 입장이고, 대승에서는 業力 대신 인간의 가장 심층적 의식인 제8識(阿賴耶識)으로써 설명한다.

12) 「大飛義章」 제8본에도 같은 설명이 있고, 여기서는 특히 각 과정의 시간에 대해서 언급하는데, 生有와 死有는 극히 짧은 찰나의 念이며 中有에도 生과 死가 있다고 한다.

　여기서 말하는 중유란 가시적인 임종 이후의 상태, 즉 죽음의 상태를 가리키는 것이 되겠는데 '이 상태를 중음신(中陰身)이라 한다.' 이로부터 불교 신도들에게는 사자(死者)에 대한 독특한 의식이 성립되어 있다. 불교 신자들 사이에서 사자의 명복을 비는 의식으로서 관례화되어 있는 소위 사십구제(四十九薺)는 위의 4유 중 특히 중유(또는 중음)를 설정하는 데서 기인한 것이다. 위의 구사론 제9에서는 중유에 대해 만일 출생의 조건을 만나지 못하면 다시 수 차례 죽고 태어나는 식으로 여러 7일을 경과하는데, 그의 최대기간은 칠칠(七七)일(7×7일=49일)이라 한다.[13] 이런 관념이 유가사지론(瑜伽師地論) 제1에서는 다음과 같은 설명으로 정리되어 있다.

　"그 중유는 출생의 조건을 얻지 못하면 7일이 다하도록 지속되며, 출생의 조건을 얻더라도 다음에 올 삶의 형태가 결정되지 않는다. 7일이 다 지나고서 출생의 조건을 얻지 못하면 죽어서 다시 태어나 7일이 다하도록 존속한다. 이런 식으로 계속 반복하며 출생의 조건을 얻지 못한 상태로 마침내 칠칠(七七)을 존속한다. 이 다음에는 반드시 출생의 조건을 얻게 된다."[14]

　이 중유의 실재(實在) 여부가 대승불교 이전의 교학에서는 상당히 중요한 쟁점으로 부각되었고 또 중유 내에서의 생사 문제에 대한 다양한 설명이 있음을 볼 수 있는데,[15] 어쨌든 이 중유에 대한

---

13) 極多七日 若生綠未合 便數死數生 …極七七日 (『大正』 29, 46쪽, 中)

14) 比中有 若未得生綠極七日住 有得生綠卽不決定 若極七日未得生綠 死而複生 極七日生 如是展轉未得生綠 乃至七七日住 自此已後決得生綠 (『大正』 30, 282쪽, 上 中)

15) 「成實論」 제3에서는 有中陰品無中陰品이라는 주제를 설정하여 양쪽의 주장

84

믿음이 불교 특유의 왕생(往生)사상으로 연결되었다. 대표적인 예를 들면, 대승불교의 범망경(梵網經)에서는 "부모나 형제나 화상(和尙)이나 스승이 죽으면, 그 날은 물론 삼칠(3×7=21일)일이나 칠칠(7×7=49일)일에도 마땅히 대승의 경전과 계율을 독송하고 강설하는 경건한 모임을 가져 복이 도래하길 구하고 좋은 삶을 얻길 구하라."16)고 설한다. 중유에 대한 그러한 믿음으로부터 불교 신도에겐 사람이 죽으면 7일마다 사자의 복을 기원하며, 특히 그 기간이 마감되는 49일째엔 보다 큰 의식을 치르는 것이 관례로 되어 있다. 티벳불교의 중유에 대한 인식은 소위 『티벳 사자(死者)의 서(書)』로써 잘 알려져 있는데, 이 문헌에서는 사자가 그 49일 동안 거치게 되는 단계를 밀교의 교의를 적용하여 자세히 설명하고 있다.17)

그러나 이 중유 자체에 대한 논의나 인식이 죽음의 문제를 대하는 불교의 본질적인 것은 아니다. 왜냐하면 이미 앞 장에서 언급한 바 있고, 다음 장에서도 다시 강조하겠지만 죽음에 대한 위와 같은 종류의 인식은 보편적인 진실의 체득을 위한 일단(一端)일 뿐이다. 그래서 위의 『사자의 서』를 어렸을 때부터 전수받았다는 티벳인 주석자도 그 가르침을 배우기 위해 죽음의 과정을 계속적으로 접촉함

을 서술하고 있으며, 「大毘婆沙論」 제69에서도 역시 中有의 실재를 인정하는 應理論者와 인정하지 않는 分別論者의 상반된 주장을 소개하고 있다. 「大毘婆沙論」 제70은 아예 中有에 대한 설명으로 할애되어 있다.

16) 父母兄弟和尙阿闍梨亡滅之日 及三七日乃至七七日 亦應讀誦講說大乘經律 齊會求福行來治生 (『大正』 24, 1008쪽, 中)

17) 1927년에 세상에 그 내용이 알려진 이 문헌은 「The Tibetan Book of the Dead」 라는 제목으로 번역되었는데, 일찍이 심리학자인 C. G. Jung이 이에 대해 註譯한 것으로 유명하다. 이 내용을 알 수 있는 국내의 서적으로는 白峰 楚 編譯, 『티벳트 死者의 書』, (경서원, 1984)가 있다. 在美학자 李正勇 교수는 『죽음의 意味』, (展望社, 1980)라는 책에서 그 문헌의 내용을 중심으로 '죽음의 경험'이라는 주제를 다루고 있다.

으로써 '무상의 가르침이 철학적인 견해로 되기보다는 살아 있는 경험으로 된다.'[18]고 말하는 것이다. 또 다른 주석자는 "이 책이 표면상으로는 죽은 자를 위해 쓰여 있지만 사실상 이것은 삶에 관한 것이다. 붓다 자신은 죽은 후에 일어나는 일에 대하여 논하려고 하지 않았다. 왜냐하면 그러한 문제들은 당장의 실재에 대한 탐구에 도움이 되지 않았기 때문이다."고 하면서, 그 문헌은 현세의 생활에 대해 잘 언급하고 있다고 파악한다.[19]

이처럼 4유를 설정하고서 그 중에서도 죽음의 상태라고 말 할 수 있을 중유를 삶과 연관시켜 이해하고 있는 것은, 죽음을 단멸(斷滅)로 인식하지 않는다는 입장을 드러내는 것이다. 죽음이란 삶의 연장선에 있는 하나의 추이(推移)일 뿐이며 불교에서의 죽음에 대한 극복도 이런 입장에서 사즉생(死卽生)으로 귀결된다.

2) 죽음의 종류

일찍이 『밀린다빤하(彌蘭陀王問經)』에서는 죽음의 시기에 대해 논하면서 '때가 된 죽음'과 '때가 아닌 죽음'을 구분한 바 있으나,[20]

---

18) Francesca Fremantle & Chôgyam Trungpa, *The Tivetan Book of the Dead*, (London: Shambhala, 1975), p. x ii.

19) 여기서 말하는 '당장의 실재에 대한 탐구'가 어떠한 입장을 가리키는지 필자의 이런 언급에서 짐작할 수 있다.
"불교는 죄악과 고통의 근본 원인을 살펴서, 자기나 자아가 존재의 중심이라고 믿는 것이 죄악과 고통의 근본 원인임을 발견한다. 이러한 믿음은 타고난 악에 의해 생기는 것이 아니라, 존재의 참된 성격에 대한 무지나 무의식에서 생기는 것이다. 우리는 이와 같이 잘못 집중된 견해로 인생의 전체를 경험하기 때문에, 있는 그대로의 참된 세계를 알지 못한다. 세계는 실재하지 않는다고 말하는 바의 의미가 이것이다. 이것을 치료하는 길은 幻像을 꿰뚫어 보고 호함 즉 잘못된 것이 없음을 통찰하는 힘을 갖는 것이다."(Ibid., p. xvi.)

20) 『한글대장경』 201, 561~567쪽. 여기서 논의의 초점은 죽음 자체가 아니라, 業報의 문제이다. 생활하는 생명체는 모두 전생에 지은 惡業의 과보로 죽는다

여기서 논의되는 내용 자체에서는 당면한 죽음의 문제와 관련지어 특별한 의미를 발견하기 어렵다. 그러나 이후의 논의는 그 양분(兩分)을 기본 구조로 삼아 다양하게 이루어지고 있다.

유가사지론(瑜伽師地論) 제1에서는 죽음을 먼저 수명이 다해서 죽는 것, 복(福)이 다해서 죽는 것, 불평등을 피할 수 없어서 죽는 것이라는 3종으로 구분하고 나서, 2종의 죽음도 있음을 알아야 한다고 말한다. 즉 수명이 다한 탓으로 죽는 '때가 된 죽음[時死]'과 불평등을 피할 수 없는 탓으로 죽은 '때가 아닌 죽음[不時死]'이다. 여기서 말하는 불평등이란 일상생활에서 조화를 이루지 못함을 가리키는 것으로 이해된다.[21] 또 다른 3종의 죽음으로서 선심(善心)의 죽음과 불선심(不善心)의 죽음과 무기심(無記心)의 죽음을 설명하기도 한다. 선심의 죽음일 때는 안락하여 난잡스런 형상이 보이지 않으나 불선심의 죽음인 경우에는 이것도 저것도 아닌 중간이다.

『대비바사론(大毘婆沙論)』 제21에서는 4종의 죽음을 설명하는데, 이를 요약하여 소개하면 다음과 같다.

① 수명이 다해서 죽는 것이고 재산이 없어진 때문이 아니다. 단명(短命)의 업과 다재(多財)의 업이 있더라도, 그가 나중에 수명이 다한 탓으로 죽은 것이지 재산이 다한 탓으로 죽는 것은 아닌 것

는 주장에서 파생되는 문제, 즉 '그렇다면 惡業을 쌓지 않은 자는 죽지 않는가?'라는 문제를 해명하기 위해 때가 아닌 죽음을 구분한 것으로 이해된다.

21) 붓다가 설한 것으로 인용된, 불평등을 피하지 못하고 때가 아닌데도 죽은 9원인은 양을 헤아리지 않고 먹음, 먹을 만한 것이 못되는 것을 취함, 소화시키지도 않고 다시 먹음, 날것을 취하고 뱉어내지 않음, 익힌 것만을 고집함, 의약을 멀리함, 자기에게 이로운지 해로운지 알지 못함, 시기와 양이 적절치 않은 행동, 전반적으로 관례에 어긋나는 행동이다. 食無道量 食所不宜 不消復食 生而不吐 熱而持之 不近醫藥 不知於已若損若益 非時非量行非梵行. (『大正』 30, 281쪽, 中)

과 같다.

② 재산이 몽땅 없어져 죽는 것이고 수명이 다한 때문이 아니다. 소재(少財)의 업과 장수(長壽)의 업이 있더라도, 그가 나중에 재산이 몽땅 없어져 죽는 것이지 수명이 다한 탓으로 죽는 것은 아닌 것과 같다.

③ 수명이 다한 탓으로 죽고 또 재산이 다한 탓이다.

④ 수명이 다해서 죽는 것도 아니고 재산이 다해서 죽는 것도 아니다. 그가 나중에 수명과 재산이 아직 다하지 않았더라도 악연(惡緣)을 만나 때가 아닌데도 죽는 것과 같다.

이처럼 죽음은 다양하게 분류되는데, 대반열반경(大般涅槃經) 제12에서는 죽음의 종류를 종합적으로 정리하여 제시한 것으로 보인다. '죽음이란 주어진 육신이 사라지는 것'이라는 통념을 전제하면서 전개되고 있는 이의 내용을 요약하면 죽음은 다음과 같이 분류된다.

(1) 2종의 죽음
① 수명이 다한 죽음[盡命死]
　㉠ 복이 다해서가 아니라 수명이 다한 죽음
　㉡ 수명이 다해서가 아니라 복이 다한 죽음
　㉢ 복과 수명이 모두 다한 죽음
② 외적 요인에 의한 죽음[外緣死]
　㉠ 무분별한 자해(自害)에 의한 죽음
　㉡ 남을 위한 죽음
　㉢ 위의 둘이 어우러진 죽음

88

(2) 3종의 죽음

① 방일(放逸)함으로 인한 죽음[放逸死]: 예를 들어 대승의 가장 보편적 덕목인 반야바라밀을 비방하여 이르게 된 죽음

② 파계로 인한 죽음[破戒死]: 과거·현재·미래에 부처들이 제정한 금계(禁戒)를 해치거나 범하여 이르게 된 죽음

③ 생명기관의 파괴로 인한 죽음[壞命根死]: 오온으로 구성된 육신이 사라지는 것.

이 밖에 승만경에서는 죽음을 분단사(分段死)와 부사의변역사(不思議變易死)의 2종으로 구분한다. 즉 "2종의 죽음이 있다. 말하자면 분단사와 부사의변역사이다. 분단사란 허위의 중생이다. 부사의변역사란 아라한과 벽지불과 대력(大力) 보살의 의생신(意生身) 또는 구경무상보리(究竟無上菩提)이다."고 말한다. 여기서 분단사란 육도(六道)의 중생이 업력에 따라 느끼는 바의 육신의 죽음으로서 곧 수명의 한계가 있고 육신의 형태에 단락이 있음을 말한다. 부사의변역사란 아라한과 벽지불과 대력보살 등의 육신은 일찍이 생멸변역(生滅變易)을 받지 않음을 말하는데, 그들이 취하고 있는 현실의 육신은 자신들의 의지에 따라 성립된 것(意生身)일 뿐이다.22)

이 구분에서는 일상적으로 논의되어 온 죽음을 분단사로 총괄해 버리고, 그런 죽음이 극복된 단계를 부사의변역사라 칭하고 있음을 엿볼 수 있다. 여기서 죽음을 논하는 불교의 의도가 드러난다. 즉 아라한이나 벽지불이나 보살 등처럼 불교의 궁극적 목표를 나름대로 달성하게 되면, 일상적 죽음의 판단 기준이 되는 육신의 존속이 임의로 결정되기 때문에 죽음의 문제는 저절로 극복된다.

---

22) 『望月佛教大辭典』 Vol. 2, 1709쪽, 참조.

3) 죽음의 과정

유부(有部)의 교학에서는 죽음이 육체의 기능이 사라지는 과정으로 파악되고 있지만, 이에 대한 세부적인 논의는 불교에서도 유부라는 한 입장의 독특한 견해를 대변하는 것이기 때문에, 이를 당장의 문제와 결부시켜 상세히 다루는 것은 당면한 문제의 초점을 흐리게 하고 번쇄한 관념론으로 빠지게 할 우려도 있다. 그러나 이의 핵심 내용을 참고 사항으로 소개하여, 불교적 인식과 접근의 일단(一端)을 먼저 엿보도록 한다. 구사론에서 논의의 근간이 되는 것은 근품(根品)[23]의 제15송과 제16송이다.

15송: 오염된 또는 무기(無記)인 마음을 지닌 자가 죽을 때, 무색계(無色界)에서는 명(命)·의(意)·사(捨)의 3근(根)을 멸한다. 색계(色界)에서는 앞의 3근 및 안(眼) 등의 5근으로 된 8근(根)을 멸한다.

16송: 그러나 욕계(欲界)에서 점차로 죽는 경우, 생(生)의 마지막에 4근을 멸한다. 선한 마음을 지닌 자가 죽을 때에는 어떤 세계에서나 앞에서 열거한 근(根)과 다시 5근도 멸한다.[24]

---

23) 불교에서 흔히 사용되는 根(indriya)이라는 말은 포괄적으로 '육체의 기능'을 가리키는 것으로 이해된다. 根은 力 또는 肉體力을 의미하는 어원에서 파생된 것으로 파악되어, 감각기관을 가리키는 의미로 쓰이는 것이 가장 일반적이다. 기반이 이보다 넓은 의미로 쓰이는 경우도 있어, 특히 俱舍論 같은 경우에는 還滅의 기빈이 되는 곳[所依], 還滅의 生·仹·受用을 뜻하는 것으로 해석되기도 한다. 櫻部建, 『俱舍論の 硏究』, (京都: 法藏館, 1969), 119~121쪽, 참조. 본론에서는 육체의 기능을 담당하는 器官이라는 의미로 이해하는 것이 무난하겠다.

24) nirodhayaty uparamann ârûpye j ï vitaṁ manan upeksâm caiva rupe stau kâme da ś na navâsta ṽa. (15)
正死滅諸根 無色三色八 欲頓十九八(바르게 죽어 諸根이 멸하는 것은 無色界에서는 3, 色界에서는 8이고 欲界에서 갑자기 죽는 경우는 10, 9, 8이다.)
kramamrtyau tu catvuâri ŝubhe sarvartra panca ca… (16)

전후의 내용을 연관시켜 이를 해석하면,[25] 사람이 죽을 때 육체의 기관이 사라지는 과정은 그가 처하고 있는 세계에 따라 다르다. 먼저 무형의 존재와 아라한과 같은 성자(聖者)가 거처하는 최고의 세계인 무색계에서는 명(命)과 의(意)와 사(捨)[무관심·평정]의 3근이 멸한다. 유형의 존재가 거처하는 천계(天界)인 색계(色界)에서는 명(命)·의(意)·사(捨)의 3근에 다시 안(眼)·이(耳)·비(鼻)·설(舌)·신(身)의 5근을 포함한 8근이 멸한다. 욕구의 지배를 받는 인간 세계인 욕계의 경우엔 다시 두 가지 경우로 나뉘는데, 두 가지 경우란 돌연히 죽는 것과 점차로 죽는 것이다. 먼저 돌연히 죽는 경우에 일반적으로 앞의 8근에 남근(男根)·여근(女根)을 포함한 10근이 멸하지만, 8근에 남근과 여근 중의 어느 한쪽을 포함하는 9근이 멸하거나 단지 앞의 8근이 멸하는 두 가지 형태가 있다. 다음 점차로 죽는 경우엔 앞에서 제시한 3계의 경우마다 각기 신(信)·근(勤)·염(念)·정(定)·혜(慧)의 5근을 더하여 멸한다.

이상의 구분은 죽을 때 육체의 기관이 선(善)·오염(汚染)·무기(無記)라는 3성(性)과 욕(欲)·색(色)·무색(無色)이라는 3계에 따라 다른 내용으로 사라짐을 설명하는 것이다. 죽을 때 사라지는 육체 기관의 내용을 종합적으로 요약하면 다음과 같이 정리될 것이다.

(1) 오염과 무기의 마음을 지닌 자가 죽을 때

무색계: 명·의·사의 3근

漸四善增五(점차로 죽을 경우엔 4根을 멸하게 되고, 선한 사람의 경우는 5根이 더하여 멸한다.)

25) 復原亮嚴 監修, 『阿毘達磨俱舍論本頌の研究』改訂版, (京都: 永田文昌堂, 1986), 200~203쪽.

색　계: 명·의·사·안·이·비·설·신의 8근
욕　계: ① 돌연히 죽을 때: 명·의·사·안·이·비·설·신·
　　　　　　남·여의 10근
　　　　　　㉮ 명·의·사·안·이·비·설·신·남 혹은 여의 9
　　　　　　근
　　　　　　㉯ 명·의·사·안·이·비·설·신의 8근
　　　　② 점차로 죽을 때: 신·명·의·사의 4근

(2) 선의 마음을 지닌 자가 죽을 때
무색계: 명·의·사·신·근·념·정·혜의 8근
색색계: 명·의·사·안·이·비·설·신·신·근·념·정·혜
　　　　의 13근
욕　계: ① 돌연히 죽을 때: 명·의·사·안·이·비·설·신·
　　　　　　신·남·여·근·념·정·혜의 15근
　　　　　　㉮ 명·의·사·안·이·비·설·신·남 혹은 여·
　　　　　　신·근·념·정·혜의 15근
　　　　　　㉯ 명·의·사·안·이·비·설·신·신·근·념·
　　　　　　정·혜의 13근
　　　　② 점차로 죽을 때: 신·명·의·사·신·근·념·정·
　　　　　　혜의 9근

　　이상에서 욕계의 내용은 보통 사람의 죽음에 관한 것으로서, 인간이 죽을 때 소멸되는 육신의 내용을 구체적으로 제시한 것이라고 이해할 수 있다. 그러나 이미 언급했듯이 이상의 논의는 우리의 당면한 문제와 직접 연관 짓기에는 너무 번쇄한 감이 있다. 위의 내용에서 짐작할 수 있듯이 불교가 생각하는 죽음이란 육체의 기능 중

에서 전적으로 정신적 기능의 소멸이다. 보다 간명하게 말한다면 마음의 문제이다. 이런 점에서는 다음과 같은 구사론 세간품의 제43송이 주목된다.

> 마음을 집중[定心]한 자와 무심자(無心者)에게는 그 양자[죽음과 출생 — 역자]가 없다. 앞의 제38송에서 말하고 있듯이 사유(死有)는 3성[선, 오염, 무기]에 통하지만, 예외로서 아라한은 일상의 동작에 관계하는 것과 이숙인(異熟因)으로부터 생기는 것(역자 주)의 2종의 무기심(無記心)에서 열반한다. 점차로 사망하는 경우, 하방(下方)의 악취(惡趣)로 나아가는 자들과 인간으로 나아가는 자들과 천계(天界)로 나아가는 자들과 다시 태어나지 않는 자들의 의식은 순차적으로 두 발과 배꼽과 심장에서 소멸한다.26)

위의 원문을 해석하면27) 4유 중 사유[죽음의 찰나]와 생유[생명 결성의 찰나]는 산란한 마음에만 있다. 무심은 결코 생명을 손상하지 않는다. 생명이 끝날 때에는 반드시 의지하는 바의 신체에 따라 다니며 종속하는 마음이 일어난다. 생명을 받는 데에는 번뇌가 원인이 되기 때문에 번뇌가 없는 무심에서는 생명을 받지 않는다. 이 때문에 무심에는 죽음과 출생이 있을 리가 없다. 따라서 사유와 생유는 유심에만 있다. 그러고 생명이 끝날 때는 신체의 부분[발과 배꼽과 심장]에서 최후의 의식이 멸한다. 돌연히 죽는 자는 신근(身根)과 의식이 동시에 멸한다. 점진적인 죽음에서 아래로 가는 자, 즉 악취(惡趣)로 떨어지는 자는 발에서, 인간계로 향해 가는 배꼽에서,

---

26) naikâgrâcittayor etau nirvâty avyâkrtadvaye kramacyuttau pâdan-âbhihrdayesu manaŝcyutih. 非定無心二 二無記涅槃 漸死足齊心 最後意識減.

27) 앞의 책, 『阿毘達磨俱舍論本頌の 硏究』, 402쪽.

천계에 태어나는 자는 심장에서, 태어나지 않는 자 즉 아라한도 마찬가지로 심장에서 의식이 멸한다.

여기서 중요한 것은 죽음의 문제가 정신의 집중이나 적정(寂靜)의 경지로써 해결될 수 있다는 불교 특유의 인식이다. 그래서 성유식론(成唯識論) 제3에서도 "갖가지 유정(有情)이 생명을 받는 경우나 생명을 마치는 경우는 반드시 찬란한 마음에 머무르고 무심정(無心定)에 머무르지 않는다."28)고 한다. 또 유가사지론(瑜伽師地論) 제80에서는 "아라한들이 유여의열반계(有餘依涅槃界)에 주재하는 것은 어떠한 마음으로 있기에 무여의열반계(無餘依涅槃界)로 들어가는가? 일체의 상(相)에서 사유하지 않고 진정한 무상계를 사유하여 점차로 멸정(滅定)에 들어가 전식(轉識) 등을 멸하고, 다음에 이숙식(異熟識)은 의지하는 바를 버린다. 이숙식(異熟識)이 취하는 일이 없기 때문에 여러 전식(轉識) 등도 다시 생(生)을 낳지 않는다."29)고 설한다.

4) 죽음의 극복

인간이 현실적으로 죽음을 피할 수 없는 존재임이 분명한 이상, 죽음에 대한 불안을 극복하기 위해선 죽음의 의미를 철저히 이해하는 것보다도 더 좋은 방도가 없을 것이다. 불교에서는 죽음의 불안으로부터 해방되기 위한 수행으로서 염사(念死)라는 것이 중시되어, 특히 선종(禪宗)의 수행으로 활용되었던 것도 그러한 입장의 반영일 것이다.30) 그렇다면 이제까지 살펴본 불교에서의 죽음에 대

---

28) 『大正』 31, 16쪽, 下.
29) 『大正』 30, 748쪽, 上. 여기서 轉識과 異熟識이란 唯識學의 용어로서 轉識은 제8識 이외의 제7識의 활동을 가리키고, 異熟識은 종자에 의해 어떤 세상에서 새로운 삶을 받게 하는 제8識을 가리킨다.

94

한 고찰 자체가 염사(念死)이며 이는 곧 죽음의 극복으로 이어진다. 그런데 엄밀하게 살펴보면, 불교에서의 죽음에 대한 논의는 결코 죽음의 문제 자체로 한정되어 있는 경우가 없다. 그에 대한 논의는 항상 보다 더 보편적인 진실의 세계를 밝히는 한 부분으로 이루어져 있다. 예를 들면 근본 불교에서는 12인연(因緣)이라는 생명체의 보편적 질서를 설명하는 중에 죽음이 해명되어 있고 구사론에서는 죽음이 언급되는 전체의 주제로써 알 수 있듯이 세간(世間)이나 육체 기관[根]의 진실을 밝히는 과정에서 취급되고 있다. 사실 죽음을 극복하기 위해 죽음의 의미를 이해한다는 것도 죽음이라는 현상을 둘러싼 외연(外延)과의 관련하에서 이해된 것일 때 진실한 것이 된다.31) 따라서 죽음이라는 현상이 포함되어 있는 전체 현상의 진실[實相]을 철저히 이해하는 것[正覺]은 곧 죽음의 문제를 극복하는 것이 된다.32) 불교에서는 그렇게 철저히 파악된 전체 현상의 실상을 고(苦)·무상(無常)·무아(無我)라고 표현한다. 불교에서 말하는 열반이나 해탈은 그런 실상을 체득함으로써 죽음을 포함한 모든 문제가 극복되어 있는 상태이다.

---

30) 中村元, 『佛敎語大辭典』, 縮刷本, (東京: 東京書籍, 1981), 535쪽, 참조.

31) 죽음의 의미를 이해함으로써 얻고자 하는 것이 不滅이라 할 때, "不滅은 우리의 自我나 한정된 개성의 보존에 있지 않고, 우리의 現生은 덧없는 찰나에 지날 뿐인 實在의 저 거대한 흐름을 깨우치는 데에 있다. 불멸의 체험과 실현으로 이끄는 죽음으로부터의 해방은 이 지혜 속에 있다." Lama Anagarika Govinda, *Creative Meditation and Multi-Dimensional Consciousness* (London: George Allen & Unwin Ltd, 1977), 190쪽. 이 인용에서 말하는 지혜는 '實在의 저 거대한 흐름'을 깨닫는 지혜인데, 이는 불교적으로 말하면 우선 無常을 깨닫는 지혜이다.

32) 죽은 자가 최후의 심판을 피할 수 있는 어떤 방도가 하나라도 있느냐는 질문에 대해, 그것을 피할 수 있는 유일한 방법이 覺이라고 대답하면서, 이 覺을 통해 진정한 자아가 완전히 해방된다고 설명하는(李正勇, 「죽음의 意味」, 앞의 책, 80~81쪽.) 것은 여기서 말하는 正覺이 죽음의 문제를 극복한다는 불교의 입장을 그대로 적용한 것이다.

위의 논리를 삶과 죽음의 문제로 한정시켜 보면, 우리의 현실세계에 이미 전제되어 있듯이 삶은 죽음을 내포하고 있으므로[生卽死], 죽음을 내포하고 있는 이 삶의 진실을 이해하는 것은 곧 죽음을 극복하는 것이 된다.[死卽生] 즉 죽음이 필연적일 수밖에 없는 삶의 실상을 아는 것은 곧 영원히 사는 것이 된다는 생즉사 사즉생의 논리가 성립되는 것이다. 이 생즉사 사즉생 논리에서 핵심은 동일성이다.[33] 그런데 이런 동일성은 절대적으로 비객체이고 절대적으로 객체화시킬 수 없는 것이라 한다. 만일 어떤 관점에서 그것을 객체의 영역으로 받아들인다면, 그것은 곧바로 절대적 동일성을 상실할 것이고 개념적 사고의 대상이 될 것이다. 그리하여 주체와 객체의 이원성으로 떨어질 것이다. 생과 사처럼 본질적으로 대립되는 요소들의 본질적인 불가분리성 즉 '절대적 동일성'은 그들의 비객체적 성격에 주의를 기울이지 않고서는 이해할 수 없다. 이해는 인간 존재 내에서 즉각적인 경험을 통해 실존적으로만 가능하다. 그리고 기본적으로 종교의 영역에서 이루어진 경험을 통해 가능하다.[34] 이는 곧 죽음의 극복이 각자의 내적 체험에 달려 있음을 뜻한다. 즉 '불멸성이나 죽음의 극복이라는 문제는 객관적이 아니라 순전히 주관적인 것이며, 따라서 직접적인 내적 체험을 통해서만 해결될 수 있다. 객관적 견지에서 우리는 신체적 기능의 정지와 이 기능을 가능케 하는 물리적 기관의 쇠퇴에 대해서만 말할 수 있다.'[35]는 것

---

33) 이 동일성이 중요한 이유는 죽음 하나만을 개념화하지 않기 때문이다. 즉 죽음을 삶에서 떼어내어 특수화하지 않기 때문이다. 죽음의 심리학적 국면을 극복하는 문제에서는 죽음을 개념화하지 않는 일이 특히 중요하다. 죽음의 공포를 일으키는 원인이 죽음을 개념화하는 것이기 때문이다. 위의 책, 109~110쪽, 참조.

34) Jan Van Bragt(tr.), *Religion and Nothingness*, (University of California Press, 1982), n.8, 289쪽.

35) *Govinda*, op. cit., 188쪽.

이다.

　불교에서는 그와 같은 내적 체험에 의해 동일시된 생과 사가 열반이라고 표현되기도 한다. 그러므로 여기서 말하는 생사는 가시적인 현상 세계 또는 객체가 아니라 내면에서 인식된 진실 세계이다. 본론의 취지에서 말하면 죽음이 극복된 세계이다. 그렇기 때문에 불교적 용어로서의 불사는 열반과 동일한 의미인 것으로 이해되기도 한다. 그러나 일상적인 사에 대립되는 평면적인 불사는 열반을 의미하지 않는다. 인도의 사상적 전통에서는 불사가 사의 대극으로서의 불사였다 하더라도, 그것은 본래 죽음의 단순한 부정이 아니라 절대 안주의 경지를 달리 표현한 것일 뿐이다.36) 이런 의미에서의 불사 번뇌를 멸함으로써 부상되는 경지로서의 열반 또는 해탈인 것이다. 그러므로 생사즉열반이라 할 때의 생사란 사실은 불사의 의미를 함축하고 있는 셈이다. 그러나 교학의 전개에 따라 이 생사가 하나의 용어로서 평범한 우리가 살고 있는 현상 세계 자체를 가리키기도 하는 것은 당연하다. 왜냐하면 앞에서 말한 동일성의 논리를 계속 따라가면 진실상(眞實相)에서는 현상 세계와 진실 세계는 동일한 것으로 인식될 것이기 때문이다. 윤회의 세계를 의미하는 개념으로서의 생사가 곧 열반이라는 인식도 그런 진실상(眞實相)에서 성립하는 것이다. 또 이처럼 윤회하는 우리의 일상적인 삶의 모습[生]을 뜻하는 용어가 생사이기도 할 때, 대립 요소의 불가분리성 또는 동일성이라는 점에서 생사즉열반은 생즉사와 상통하는 관념이다.

　불교에서 죽음을 극복하기 위해 일차적으로 추구해야 할 목표는 앞 장의 말미에 제시되어 있듯이 무심(無心)이다. 그런데 위의 고찰에 따르면 그 무심이란 '생즉사 사즉생'이라는 방식으로 표현되는 평등심(平等心)이고, 그의 보다 구체적인 내용은 '고(苦)·무상

---

36) 雲井昭善, 『佛敎興起時代の 思想硏究』, (京都: 平樂寺書店, 1967), 419쪽.

(無常)·무아(無我)'로 대표되는 현상 세계의 진실이다. 이 진실을 체득함으로써 생사의 원인이 제거된다. 즉 생과 사를 분리하여 각각 특수화함으로써 고통을 초래하는 원인은 무명무지인데, 생사의, 진실을 체득하게 되면 번뇌[욕구]의 원인인 무명이 사라지므로 더 이상은 번뇌가 있을 수 없고 업을 형성하지 않게 된다는 것이 불교의 일관된 사고방식이다. 이런 의미의 무심을 얻기 위해서는 부단한 정신적 수련[禪定]이 필요하다. 그래서 불방일만은 불사의 도이고 방일만은 사의 도라 하며, 완성의 방도로서 가장 중시되는 8정도(正道)가 불사의 길이요 열반이라는 등식이 성립하는 것이다.37)

4. 맺음말

이제까지의 고찰에 의하면, 불교에서는 죽음을 단순한 물리적 현상으로서는 파악하고 있지 않다. 불교에서 죽음에 대한 해명은 '체온과 의식이 육체로부터 사라질 때 수명이 파괴된 것'이라는 정의로부터 출발하고 있듯이, 물리적 현상이라 하더라도 거기에는 가장 중요한 역할을 담당하는 의식이 개재되어 있다는 입장으로부터 그 문제에 접근하고 있다.38) 그래서 단적으로 말하면, 죽음의 문제는 마음의 문제인 것으로 귀결되고, 그의 해결도 마음의 자세를 통해 이루어진다.

이상의 고찰을 단순화시켜 죽음의 문제란 곧 마음의 문제라고 하

---

37) 위의 책, 420~421쪽, 참조.

38) 예를 들면, 죽음에 직면하고 나서야 비로소 절박하게 죽음의 의미를 묻는 한 젊은이는 결국 '삶은 의식이 있는 죽음을 의미하고 죽음은 의식이 없는 삶을 의미한다.'는 결론에 도달하여 '生卽死 死卽生'의 논리를 수긍하게 된다. 李正勇, 「죽음의 意味」, 앞의 책, 33쪽.

면, 궁극적으로 무심의 상태에 도달할 수 있을 때 그 문제도 해결된다. 더 나아가면 무심이란 적정(寂靜)이며 열반이다. 그러나 이에 도달하기 위한 죽음을 포함하는 불교의 수행도 사실은 그러한 관찰의 수련이다. 그리고 이 수련은 차별상(差別相)이 없는 궁극적인 진실의 세계[無常界]를 사유하려는 것이지만, 근본 불교로부터의 전통에 의하면 현상 세계의 관찰로부터 그 배후에 있는 진실의 세계를 관찰해 가는 과정을 거친다. 수행을 통해 이 과정이 내면에서 즉각적으로 완성된 결과를 정각(正覺) 또는 해탈 등으로 표현하고 있다고 이해해도 좋을 것이다. 불교에서 죽음을 실재론적으로 고찰하는 경우도 바로 그러한 과정 중의 일부일 뿐이다.

만일 죽음에 대한 고찰이나 인식이 물리석 현상의 측면에만 머무르게 되면, 죽음은 무를 의미하는 것으로 이해될 것이고, 이의 극복을 위한 무심 역시 의식의 무화(無化)를 추구하는 것인 양 이해될 것이다. 죽어서 산다는 것은 대개의 종교들이 설해 오고 있는 입장이다. 그런데 종교학자의 지적에 의하면, 이때 삶의 방면이 아닌 죽음의 방면에 중점을 두게 될 경우, 죽음의 방향은 인격이나 정신, 혼 또는 생명을 통해 무생물로 귀착하게 될 것이라 한다. '거기서는 모든 것이 물질성에 기초한 것, 물질성으로 환원된 것으로 보인다. 그리고 과학의 사고방식은 근본적으로 그러한 방향 위에서 성립하고 있다. 또한 그와 같은 방향 위에서 역시 하나의 비약으로서 모든 사물의 근저에, 또한 삶 그 자체의 근저에 무의미함과 허무가 열리며, 그의 자각으로부터 허무주의가 성립한다.'39)

불교에서의 죽음에 대한 논의를 접할 때 뒤의 지적은 특히 유의할 필요가 있다. 불교의 부파시대에 치성했던 실재론적 입장의 이론에 대해 후대의 대승불교가 단순한 과학적 사고로서의 접근을 경계

---

39) 西谷啓治, 『宗教とは何か』, (京都: 創文社, 1961), 103쪽.

하는 이유도 거기에 있다. 불교는 항상 허무주의에 대항하여 왔다고 한다. 붓다는 시대의 허무주의를 극복하고 초극하였으므로, 대승(大乘)은 불교의 허무주의에 대한 극복이었다. 대승불교가 허무주의를 극복한다고 할 때, 그 근본 원리가 된 것은 공의 사상이었다. 공(空)의 사상은 무(無)를 주장하는 것이 아니다. 연기(緣起)의 본래 모습으로 있는 세계, 이런 현실 세계의 모습을 달리 표현한 것이 공이다. 연기(緣起)의 세계에서는 저 혼자서 존재할 수 있는 것은 아무 것도 없고, 언어에 대응하는 개개의 실체가 있다고 생각하는 것은 잘못이다.40) 이런 의미에서도 '생즉사사즉생(生卽死死卽生)'은 연기(緣起) 또는 공(空)으로 표현되는 진실상(眞實相)의 다른 표현이다. 허무주의 극복이라는 불교의 전통에서, 공(空)사상을 표방하면서도 그 공(空)을 무(無)로 잘못 이해하기도 했던 대승불교 자신의 허무주의화에 대한 극복이 대승불교 내의 유식설(唯識說)이다.41)

이렇듯 허무주의 극복이라는 불교 전반의 사상적 흐름 속에서 죽음의 문제도 이해되어야 한다. 죽음에 대한 다양한 논의가 있는데도 단적으로 도달한 '죽음은 곧 삶이고 열반'이라는 인식의 대전환도 불교 전반의 그런 기조를 이해할 때 가능하게 될 것이며, 그 대전환 자체가 곧 죽음의 극복이다.

---

40) 필자 역, 『유식의 구조』, (민족사, 1989), 14쪽.
41) 위의 책, 21쪽, 참조.

힌두교

윤회와 불사의 길

윤회와 불사의 길[*]

이 지 수[**]

1. 머리말

죽음은 예나 지금이나 인간을 가장 곤혹스럽게 하는 문제의 하나이다. 생명에 대한 애착은 인간의 본성 깊이 뿌리 박힌 강한 본능인 반면, 죽음은 어느 누구도 피할 수 없는 필연적 사건이기 때문이다. 그러므로 생명에 대한 애착이 강할수록 죽음에 대한 두려움도 강해질 수밖에 없다.

달을 정복하고 원자를 파괴하는 현대 과학도 죽음만은 정복하지 못하고 있으며, 죽음 앞에서 무력하기는 원시인과 다를 바 없다. 의학의 도움으로 수명을 얼마간 연장하려고 온갖 노력을 다하지만, 역시 죽음은 언제 우리를 불러갈지 모르며, 죽음의 그림자는 언제나 삶 위에 드리워져 있다.

죽음 외의 다른 재앙과 불행은 무슨 수로든지 피할 수도 예방할 수도 있고, 또 그것이 주는 긍정적인 면도 있지만 죽음이라는 재난

---

[*] 원제는 「힌두이즘에 있어서 죽음과 不死의 길 ─ 우빠니샤드를 중심으로」이다.
[**] 동국대학교 인도철학과 교수

만은 그 성격이 전혀 다르다. 죽음의 요구는 전체적이고 최종적이다. 우리가 가진 모든 것을 요구하고, 박탈해 버리며 아무 것도 죽음의 문턱을 넘어서 가져갈 수 없다.[1] 우리가 삶 가운데서 추구하는 세속적 가치를, 이른바 부귀와 권력, 건강과 쾌락 등 모든 것이 죽음 앞에선 일시에 그 의미를 상실하고 만다.

언제 어떻게 찾아올지 모르며, 또 살아 있는 한 직접 체험할 수도 없는, 그러나 또한 반드시 오고야 마는 이 죽음을 극복하는 문제는 종교의 가장 중요한 과제의 하나가 되어 왔다. 죽음은 바로 종교의 존재 근거이고, 죽음이 없다면 종교는 그 타당성을 상실할 것이다.[2] 힌두교도 그 예외는 아니다.

『까타 우빠니샤드』에서 우리는 죽음에 직면하여 그 정체를 밝히고, 더 나아가 그것을 정복하여 불사(不死)를 획득하려는 인간의 노력을 읽을 수 있다. 전통적 제식주의의 추종자인 아버지 와쟈스라와스(Vajasravas)에 의해 제물로서 죽음의 신 야마(Yama)에게 보내진 나찌께따(Naciketa)가 야마에게 죽음의 본질에 대해 묻는 장면이 나온다.[3] 제식주의(ritualism)는 제사(yajña)를 통해 지상에서의 부귀와 장수, 또 사후에는 하늘나라(svarga)에서의 행복한 삶의 지속[그러나 제사의 공덕(dharma)이 다 하면 다시 죽어서 지상에 떨어진다고 믿었다.]을 목적으로 하지만, 혁신적인 사고방식을 가진 나찌께따는 단지 생명의 더 많은 연장이나 지속이 아니라 죽음으로부터 영원히 벗어나는 불사(不死)의 길을 야마에게 물었다. 야마는 이 지상에서 누릴 수 있는 모든 부귀와 영화, 장수

---

1) Rohit Mehta, *The Call of the Upanishads*, (Bombay: Bharatiya Vidya Bhavan, 1970), 50쪽.
2) 라즈니쉬, 『죽음의 예술, 영원으로 가는 피리소리』, (서울: 홍원출판사, 1990), 65쪽.
3) K.U. I. 1. 20.

와 쾌락을 모두 누릴 수 있게 해 주겠으니 죽음의 본질에 대해서만
은 묻지 말아달라고 간청한다.4) 그러나 나찌께다는 "지상의 그 모
든 것은 무상하고 소멸되는 것이며, 수명 또한 잠깐 뿐입니다. 인간
은 재물만으로 만족하지 못합니다. 당신(=죽음의 신)을 보고서도
우리가 재물을 즐길 수 있겠습니까? 당신의 지배하에서만 살라는
말입니까?"5)라고 강경하게 항의하며, 계속 가르침을 요구한다. 이
일화는 힌두교에 있어서 죽음의 문제의 중요성을 시사해 주고 있다.
　다시 『브리하드아-란야까 우빠니샤드』에서는 속세의 삶을 정리
하고 숲으로 은퇴하려는 철인 야냐왈꺄(Yájñavalkya)와 그의 뒤
를 따르려는 마이뜨리(Maitri)부인 사이의 대화도 이와 관련하여
흥미있는 내용이다.

　　마이뜨리; "만일 재보로 가득 찬 전 대지가 저의 것이라면 그것으
로 제가 불사를 얻겠습니까?"
　　야냐왈꺄; "그렇지 않소. 많은 것을 가진 사람들과 같은 생활을 하
겠지만, 부귀를 통해서는 불사의 희망을 가질 수 없소."
　　마이뜨리; "불사를 얻을 수 없는 재물이 제게 무슨 소용이 있겠습
니까? '불사의 길'에 대해 아시는 것을 제게 가르쳐 주십시오."6)

　같은 텍스트에서 발견되는 아래의 기도문은 힌두교 뿐 아니라 모
든 종교의 기원이머 모티브를 표현해 주고 있다.
　　"비실재로부터 저를 실재로 인도하소서.
　　어두움에서 저를 빛으로 인도하소서.

---

4) K.U. I. 1. 23~25.
5) K.U. I. 1. 27. 'na vittena tarpaṇīyo manuśyaḥ, lapsyāmahe vittam
　adrākṣma ce tvā. Ĵiviṣyāmo yāvad īśiṣyasi tvam…'
6) B.U. V. 3, 4.

죽음에서 저를 불사로 인도하소서."7)

여기서 비실재와 어두움은 죽음을 뜻하며, 실재와 빛은 불사와 같은 의미라고 텍스트는 부연하고 있다.8)

종교는 실존의 유한, 무상, 고통을 절감한 인간의 무한, 영원, 행복의 새로운 존재 양식으로 변혁하려는 모색이고 동경이다. 종교의 목적은 구원(salvation)이며, 구원이란 죄악과 고통, 죽음 등 모든 제약 조건을 초극하는 궁극적 존재의 차원을 실현함이다. 힌두교는 변화무상하고 어둠과 죽음, 고통이 있는 이 세계를 윤회(saṁsāra)라고 부르며, 무한, 불사, 광명, 행복의 궁극적 무조건적 존재의 차원을 브라흐만(Brahman), 아-뜨마(Ātman), 혹은 열반(Nirvā-ṇa)이라고 부른다. 태어남과 죽음의 순환적 반복을 특징으로 하는 윤회의 근원은 무지(avidyā) 혹은 마-야-이며, 윤회를 지배하는 인과법칙이 까르마(karma)이다. 무지가 있는 한 욕망(kāma)과 까르마가 있고, 그로부터 생사의 윤회가 지속된다. 윤회가 속박으로부터 벗어나 불사의 브라흐만을 실현하는 것이 해탈(mokṣa)이며, 해탈을 이루는 방법과 수련이 요가(yoga)이다. 힌두교의 기본 구조는 이상에서 언급한 ①무지, ②까르마, ③윤회, ④브라흐만(= 열반), ⑤해탈, ⑥요가라는 개념들로 기술될 수 있다.

---

7) B.U. I. 3. 28.
　'asato mā sad gamaya,
　tamaso mā jyotir gamaya,
　mṛtyor māmṛtam gamaya'
8) B.U. I. 3. 28.

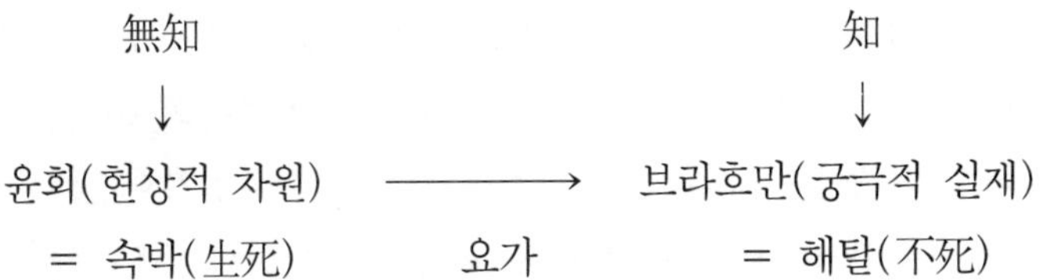

힌두교9)의 핵심을 이상과 같이 간략히 도식화하긴 했지만, 힌두교는 타종교와 달리 특정한 교조나 성전, 교리나 교단 조직이 없으며, 그 내용도 토속적, 원시적인 애니미즘, 주술, 자연신 숭배로부터 다신교, 일신교, 신비주의적 일원론, 고도로 발달된 형이상학적 체계에 이르기까지 광범한 영역을 포괄하므로 간단히 규정할 수 있는 종교는 아니다. 다시 말해서 힌두교는 3천여 년을 흐르는 동안 힌두들이 축적해 온 종교적, 신비적 체험과 그 표현의 총체이며, 지금도 살아서 움직이고 변화해 가고 있는 거대한 유기체로서, 그 특징은 관용성과 통합성이다.

그러나 그같이 다양하고 융합적인 힌두교에서도 골격과 심장을 이루는 요소는 베다의 절정(Vedānta)으로 불리우는 『우빠니샤드』, 힌두교의 바이블이라고 불리우는 『바가와드기-따』이며 그리

---

9) 힌두교는 학계에서 일반적으로 힌두이즘(Hinduism)으로 통칭되는 말의 국역이다. 힌두이즘은 헬레니즘, 쥬다이즘과 더불어 민족명에 접미사 -ism을 합성한 단어이다. 헬레니즘이 헬라민족의 생활방식을, 그리고 쥬다이즘이 유대의 민족종교를 가리킨다면, 힌두이즘이라는 말은 힌두의 생활방식과 종교를 포괄하는 넓은 의미로 사용되어 왔다. 힌두 자신들은 그들의 종교를 sanātana dharma(영원한 진리)라고 부른다.
힌두(Hindu)라는 말은 본래 대하(大河)를 뜻하는 Sindhu의 페르시아식 발음으로서, 희랍에 전해져 그들에 의해 전 인도를 가리키는 말로 사용되었다. 어원을 같이 하는 'India'는 서양식의 발음으로서, 오늘날은 인디아가 좀더 地政學的 개념에 가깝다면, 힌두는 민족적, 문화적 개념으로 사용된다. 그러나, 좁은 의미에서의 힌두는 불교나 쟈이나교와 같이 베다의 권위를 부정하는 비정통적 종교를 배제한 것이다. 이 글도 '힌두교'라는 말은 이런 의미에서 사용하고 있다.

고 우빠니샤드를 해석하고 체계화하려는 베단-따 철학은 힌두교의 바탕이 되는 사상을 함장하고 있다. 힌두교의 죽음의 문제를 다룸에 있어서 이 글은 우빠니샤드를 중심으로 하여 지엽적으로는 『바가와드기-따』와 베단-따의 문헌에 의거하고 있다.

2. 힌두교의 자아 개념

칸트의 표현을 빌리면 '모든 종교와 철학은 우주가 실재(물자체, Ding an sich)가 아니라 다만 현상'이라는 생각에 그 뿌리를 두고 있다.[10] 우리에게 경험적으로 인식되는 세계는 끊임없이 변화하고 생성, 소멸하는 현상계 혹은 경험적 실재에 불과하다는 회의에서 종교와 철학은 일찍부터 현상계 너머에, 혹은 그 배후에 감추어져 있을지 모르는 우주의 제1원리, 혹은 궁극적 실재, 초월적 실재를 모색하기 시작했다.

서양의 경우 플라톤은 감관에 지각되는 세계란 이데아의 모사이자 그림자이며, 현상계의 원형인 이데아만이 참다운 실재라고 생각하였고, 파르메니데스도 변화하는 우주는 단지 현상적이며 그 너머에 현상의 근원으로서 불변의 존재가 있다고 믿었다. 이런 생각은 칸트에 와서 인식론적으로 더욱 치밀하고 명료하게 근거지워졌다.

현상과 실재를 구분하는 철학적 지혜의 삶은 인도의 경우 이미 B.C. 1500년경 『리그·베다』에서 '단일한 실재(Ekam sat)를 현자들은 여러 가지 이름으로 부른다.'[11]라는 말속에 엿보이며, B.C.

---

10) Paul Deussen, *The Philosohpy of the Upanishads*, (New York: Dover Publications, 1966), 40쪽.
11) R.V. I. 164. 46.
　'Ekaṁ sad viprā bahudhā vadanti

8세기경 우빠니샤드기에는 감각에 나타난 이 세계의 다양한 모습이 단지 마-야-(māyā), 혹은 이름과 형태[名色(nāma-rūpa)]에 불과하며, 참다운 실재는 요가 수행자의 직관적 통찰[三昧]을 통해서만 드러나는 브라흐만, 혹은 아-뜨만이라고 확신하였다. 그리하여 궁극적이고 참다운 실재(Sat)인 브라흐만에 대한 탐구(Brahma-jijñāṣā), 혹은 아-뜨만의 인식(Ātma-vidyā)이 우빠니샤드의 중심과제로 자리잡게 되었다.

『우빠니샤드』의 또 다른 특징은, 마치 서양철학이 '너 자신을 알라'의 소크라테스와 더불어 그 이전의 외향적·자연철학적 탐구로부터 인간과 자아의 탐구로 방향을 전환했듯이, 우빠니샤드에 이르러 그 이전의 자연신 중심의 기도와 예배(=리그·베다의 종교), 제식 중심의 종교[=브라흐마나, 범서(梵書)의 종교]로부터 자아(自我)중심의 신비주의적 철학으로 전환되었다는 점이다. 참다운 존재로서의 브라흐만을 바깥의 신이나 제사의식의 수행 가운데서가 아니라 바로 인간의 내면 속에서 찾기 시작했다는 것이다.

그리하여 우빠니샤드는 인간의 자아에 대해서 두 가지 차원을 구분하였다. 하나는 현상적, 경험적, 상대적 자아(jīva, jivātman)이며, 다른 하나는 궁극적, 초험적, 절대적 자아(paramātman)이다. 전자는 나의 참다운 본성(svabhāva)이 아니어서 태어나서 늙고 병들며, 감각, 사고, 의지, 행동하며, 선악의 행위(karma)에 따라 즐거워하고 괴로워하는 등 끊임없이 변화하는 자아(jīva)이며, 불생불사, 무한, 영원한 본래의 나(Ātman)가 아니라는 것이다. 그러나 이 둘은 서로 분리된 두 존재가 아니라 하나의 자아의 두 특성이며, 현존하는 나를 떠나 따로 아-뜨만이 바깥에 있는 것이 아니라고 우빠니샤드는 강조한다. '그대가 바로 그것이다.(Tat-tvam-a-

____

Agniṁ yamam mātariśvānam āhuḥ'

110

si)',12) '이 개아(個我)가 곧 브라흐만이다.(ayam-ātmā Brahma)',13) '내가 곧 브라흐만이다.(Ahaṁ Brahrmāsmi)',14) 따위의 말[=大聖言 Mahā-vākya]은 바로 개아와 보편아의 근본적 불이성(不二性)을 가르치며, 이 문장의 의미에 대한 깨달음, 혹은 체득(vidyā)과 더불어 현상적 자아의 속박으로부터 벗어나 불사의 진아(眞我)가 실현된다는 것이다.

그러나 무지와 또한 현상적, 부분적인 것에 대한 집착, 욕망이 소멸되기 전에는, 마치 어둠 속에서 새끼줄을 뱀으로 착각하여 스스로 부여한(adhyāropa, adhyāsa) 이미지에 집착하듯이15) 진아(眞我)는 무지에 은폐되고 현상적 가아(假我)가 '나'로서 집착된다는 것이다. 그러므로 진아(Ātman)와 현상적 나(anātman)의 구분(ātmānātma-viveka)은 힌두교와 베단-따 철학에서 근본적인 중요성을 갖는 것이다.16) 상-캬 학파의 진아(puruṣa)와 물질(prakrti, 현상)의 이원론적 형이상학에 근거한 빠딴잘리의 라-쟈 요가(Rāja-yoga)도 그 최종적 목적이 뿌루샤(=self)와 쁘라끄리띠(=non-self, 현상)의 분별지(分別知, viveka-jñāna)를 통해 진아(眞我)의 독존(kaivalya)을 실현코자 하는 것이다.

그런데 이 둘을 구분하기 위해서는 먼저 우리가 일상적으로 접하고 있는 현상적 자아에 대한 탐구로부터 시작할 수밖에 없다. 이 현상적 자아는 변하는 것이고 태어나고 죽으면서 윤회하는 자아이고,

---

12) C.U. VI. 8. 7.

13) B.U. IV. 4. 5.

14) B.U. I. 4. 10.

15) Sadānanda Yogindra, *Vedānta-sāra*, (Calcutta: Advaita Ashrama, 1974), 18쪽.

16) '至高我인 그대가 非我의 속박에 놓이는 것은 無知 때문이며, 그로부터 生과 死의 윤회(saṁsrti)가 시작된다. 이 둘(我와 非我) 사이의 분별에 의해 사루어진 지혜의 불이 무지라는 뿌리와 결과를 태워버린다.' *Vivekacudāmaṇi*, 47.

각성, 꿈, 숙면 등 경험적 인식의 대상이다. 또 경험적 자아(jīva·개아)는 마치 꿈속의 사물이 깨어남과 동시에 소멸되듯이 종국적으로는 진아에 의해 파기되는 것이다.

베단-따 철학에 따르면, 현상적 자아는 무지(혹은 마-야-)의 두 가지 힘(śakti), 즉 은폐력(āvaraṇa-śakti)과 투사력(vikṣepa-śaktī)에 의해 참다운 실재(vastu)인 아-뜨만 위에 부가(adhyāsa)된 비실재(avastu)로서,[17) 마-야(=prakṛti)의 세 가지 요소(sattra, rajas, tamas)의 변형이므로 시간과 공간, 인과율에 제약된 것이며, 따라서 몸(śarīra)이라고 불리운다. 'śarīra'는 '소멸하다, 파괴되다'라는 뜻의 어근 √śṛ에서 파생된 명사로서 이 말 가운데는 '썩는다, 죽는다'는 뜻이 포함되어 있다. 현상적 자아는 미세하여 오관에 지각되거나 지각되지 않거나 모두 물질적인 것(prakṛti)이며 'śarīra'(몸)라고 불리운다. 따라서 śarīra를 신체(body)로 번역할 때 주의해야 될 것은 이 말이 우리가 일반적으로 말하는 몸통(physical body)뿐만 아니라 심리적인 것도 모두 포함하는 신체와 심리의 복합체(body-mind complex)를 뜻한다는 점이다.

현상계(prapañca)는 다양성(nānātva)을 특성으로 하며, 이 다양성은 '상-캬'나 베단-따 학파에서 원질(原質)이나 '마-야-'가 갖는 '사뜨'와, '라쟈스', '따마스'라는 세 가지 요소(tri-guna)와 그들 사이의 역동적 비례 관계에 의해 설명된다. 그러므로 현상적 가아(假我)도 쁘라끄리띠의 선개 상황에 따라서, 또 깨이 있는 상태(Jāg-rat), 꿈꾸는 수면(svapti), 꿈 없는 깊은 수면(suṣupti)이라는 인간의 경험과 관련하여 ①조대신(粗大身, sthūla-śarīra), ②미세신(微細身, sūkṣmaśarīra), ③원인신(原因身, kāraṇaśarīra)의 중층적 구조를 가진 것으로 분석된다.[18)

---

17) Sadānand, *Vedānta-sāra*, 37~38쪽.

이중에서 먼저 조대신이란 5관으로 지각되는, 부모에게서 받은 몸으로서 지(地), 수(水), 화(火), 풍(風), 공(空)의 5원소(五大)로 이루어진 소위 육체(Physical body)이다. 뼈, 살, 피, 지방, 골수 등으로 구성되며 태어나서, 늙고, 죽을 때는 버려지는 몸이다. 건강, 허약, 유년, 청년, 장년, 노년은 이 몸의 여러 가지 상태이며, 신분과 계급, 가문 등의 제약이 가해진다. 또한 이 몸은 아-뜨만의 경험의 매체(bhoga-āyatana)이며, 각성 의식의 토대가 된다. 죽을 때 개아(jīva)는 이 몸을 버리고 다른 조대신을 찾아간다.

미세신은 5관으로 인식되지 않는 미세한 물질적 요소로 이루어진 몸으로 다섯 행동 기관(karma-indriya),[19] 다섯 인식 기관(jñāna-indriya),[20] 다섯 가지 호흡(生氣, prāṇa)[21] 그리고 마나스(意, manas)[22]와 지(知, buddhi),[23] 모두 열일곱 요소로 구성된다. 몽면의식(夢眠意識)의 토대가 되는 것이며, 그 자체로는 의식이 없으나 미세하므로 아-뜨만의 빛을 반사하여 개체 의식을 갖게 한다. 이것은 윤회의 매체가 되는 몸으로서, 사후에 어떤 육신으로 태어나는가는 이 미세신에 기록된 과거의 까르마와 경험의 잔재물

---

18) Vidyāranya, *Pañcadasī* I, 38~41쪽. *Vedānta-sara*, 45~66쪽.
19) 발성기관, 손, 발, 생식기관, 배설기관(*Vedānta-sara*, 75쪽)
20) 시각기관, 청각기관, 미각기관, 후각기관, 촉각기관(앞의 책, 76쪽)
21) prāṇa : 위로 올라가는 生氣로서 코끝에 자리한다.
　　apāna : 아래로 내려가는 生氣로서 배설기관에 자리한다.
　　vyāna : 모든 방향으로 움직이는 生氣로서 전신에 퍼져 있다.
　　udāna : 올라가는 生氣로서 임종 때에 몸으로부터 빠져나가는 것을 돕는다. 목구멍에 자리한다.
　　samāna : 음식물을 동화시키는 生氣로서 신체 중간에 자리한다. (앞의 책, 78~82쪽)
22) 어떤 주체에 대해 확정짓지 못한 상태에서 이리저리 생각하는 내적 인식기관 antaḥkaraṇa이다.(앞의 책, 66쪽)
23) 사물의 본성을 결정짓는 내적 기관의 하나.(앞의 책, 65쪽)

에 의해 결정된다고 한다.

원인신은 미세신과 조대신이 그로부터 나타나는 근원이며 바로 현상계를 생성시키는 원초적 무지, '마-야-'이다. 미세신의 활동이 중지된 꿈 없는 깊은 잠의 기초가 되는 것이며, 이때 조대신과 미세신이 귀입되는 처소(laya-sthāna)이다.

현상적 자아는 또 아-뜨만을 은폐시키는 다섯 개의 중층적 덥개(五藏, pañca-kośa)[24]로 분석된다. 이들은 밖으로부터 ①식소성장(食所成藏, annamaya-kośa), ②생기소성장(生氣所成藏, prānamaya-kośa) ③의소성장(意所成藏, manomaya-kośa), ④식소성장(識所成藏, vijñānamaya-kośa), ⑤환희소성장(歡喜所成藏, ānandamaya-kośa)의 다섯으로서, 안으로 갈수록 더욱 미세한 물질로 이루어지기 때문에 항상 더 안쪽의 것이 바깥쪽의 것에 침투하여, 그것에 활동력을 부여한다. 아-뜨만이 가장 미세하므로 오장(五臟) 모두에 침투되어 있으며, 미세한 덥개일수록 아-뜨만의 빛을 더욱 많이 반사한다.

식소성장(食所成藏)은 뼈와 살, 피 등 지(地)·수(水)·화(火)·풍(風)·공(空)의 다섯 원소로 이루어진 것으로서 조대신에 해당된다. 이것은 음식물로 보양되므로 그와 같이 불리워진다. 생기소성장은 신체와 감관을 활동케 하는 힘이며, 수태의 순간에 신체에 들어와서 죽을 때 신체를 떠나간다고 한다. 의소성장(意所成藏)은 감관(indriya)을 통해 외계를 지각하며, 그에 대해 다양한 개념적 사고를 만들어 낸다. 욕망에 사로잡힌 마나스[意]에 속박이 일어나므로 영적 수련에 의해 이 마나스를 정화해야 한다. 식소성장(食所成藏)은 그 자체로는 의식이 없으나 아-뜨만의 순수의식을 반사하여 개아로 나타나며, 자의식을 특성으로 한다. 이상의 세 가지가 미

─────────────

24) *pañcadasi* 제3장, 『現代와 宗敎』 제9집, 「Advaita-vedānta의 아뜨만 觀」

세신을 이룬다. 마지막으로 환희소성장은 특히 꿈 없는 깊은 수면상태에서 경험되는 것으로서 환희를 특성으로 한다. 그러나 깊은 수면에 든 사람은 자신도 외부 세계도 모르는 원초적 무지 속에 있으므로 브라흐만 경험에서의 환희와는 다르다. 또 그 환희는 일시적이어서 잠이 깨면 의식의 근본적 변화가 없이 전과 같은 상태로 돌아오게 된다. 이것은 원인신에 상당하다. 이상의 세 가지 신체(śarīra), 혹은 다섯 가지 덮개(kośa)로 분석되는 신체, 감관, 쁘라-나, 마나스 따위는 모두 아-뜨만이 아니다.

3. 죽음과 재생[윤회]

'사후에 인간은 어떻게 되는가?'라는 질문에 대해 ①완전한 소멸, ②천국이나 지옥에서의 영원한 축복이나 저주, ③윤회의 세 가지 대안이 가능하다.25) 이 중 첫 번째는 인간성 깊이 내재한 자기애에 어긋날뿐더러, 형이상학적 실재에 대한 힌두의 확신과도 충돌된다. 환경과 교육 등 여러 가지 운명적 요소에 의해 영향받는 불완전한 인간으로서 짧은 일생에서 저지른 실수나 잘못, 혹은 선행 때문에 개전의 기회도 없는 지옥의 영원한 저주를 받아야 한다거나, 반대로 천국의 영원한 행복을 누린다는 것은 신의 섭리로서는 너무 무자비하고 불공평하게 생각된다. 그러므로 힌두교는 자신이 지은 까르마에 따라 다시 태어난다는 윤회설을 가장 합리적인 것으로 수용했다.

윤회설은 반드시 인도에서만 특유한 사상은 아니어서, 고대 희랍의 오르페우스교와 그에 속하는 파타고라스학파도 영혼의 윤회설을 믿었고, 기타 다른 지역에서도 비슷한 믿음이 있었다. 그러나 윤회

---

25) Paul Deussen, *The Philosophy of the Upanishads*, 313쪽.

설이 철학적으로 합리화되고, 또 그것이 전체적 교리 체계에서 결정적인 중요성을 갖는 것은 다른 종교, 특히 셈계의 여러 종교에 비한 힌두교의 두드러진 특성이다.

윤회사상은 리그 베다[26]나 브라-흐마나[27] 가운데서도 씨앗의 형태로 발견되기는 하나, 전체의 맥락에서 볼 때 지엽적 가치밖엔 갖지 못했으며, 그것이 뚜렷한 형태로 부각되기 시작한 것은 우빠니샤드에 이르러서이다.

윤회(saṁsāra)란 태어남과 죽음(janma-maraṇa)의 순환적 반복을 의미하며, 영어로는 흔히 'transmigration', 'reincarnation', 'rebirth' 등으로 번역된다. 이러한 윤회의 의미 속에는 육체가 해체되어도 변치 않는 뭔가가 있다는 신념이다.

이미 머리말에서 언급된 『까타 우빠니샤드』에서 죽음의 신 야마에게 보내진 나찌께따가 아버지를 위안하고자 한 다음의 말엔 윤회사상이 잘 나타나 있다.

"조상들이 어찌 되었는지 생각해 보십시오. 또 후대인들이 어떻게 될 지 보십시오. 산사람은 곡식과 같이 익어서, 곡식과 같이 다시 태어납니다."[28]

힌두교의 바이블이라고 할 정도로 대중적인 『바가와드기-따-』에서 윤회사상을 나타내 주는 시를 인용해 보자.

---

26) '누가 뼈 없는 영혼이 뼈 있는 거처로 오는 것을 자세히 본 적이 있는가?'(R.V. I. 164. 4.)
27) Ś. B. X. 4, 3, 10.(B. R. Sharma, *The Concept of Ātman in the Principal Upanishads*, 98∼99쪽, 참조.)
28) '…sasyam iva martyaḥ pacyate sasyam ivajāyate punaḥ (K.U. I. 1. 6)

116

"사람이 헌 옷을 벗어버리고 다른 새 옷을 입듯이, 육신의 소유주도 낡은 몸들을 벗어버리고 새로운 몸들로 옮겨간다.29) 왜냐하면 태어난 것은 반드시 죽고, 죽은 것은 반드시 태어나기 때문이다. 그러므로 피할 수 없는 일을 위해 그대는 슬퍼해서는 안 된다."30)

죽음과 재생에 대해 비교적 상세히 다루고 있는 우빠니샤드는 『브리하드 아-란야까(B. U.)』와 『찬-도갸(Ch. U.)』이다. 그러나 『Ch. U.』의 견해는 『B. U.』와 큰 차이 없이 그에 따르고 있으므로 『B. U.』의 내용만을 고찰해 보기로 하자.

여기서 주목을 끄는 대목은 철인 야-냐왈꺄(yājñavalkya)와 비데하국의 왕 쟈나까(Janaka)의 대화이다. 야-냐왈꺄는 왕에게 "신체로부터 벗어나면 당신은 어디로 갈 것입니까?"31)라고 물음으로써, 죽을 때 신체를 두고 떠나는 무엇인가가 있음을 시사하고 있다. 이어서 그는 육신과 다른, 그러나 심장 가운데에 있으면서 깨어 있을 때 육신을 활동케 하는 미세한 기능(=jīva)이 있으며,32) 또한, 이들과도 동일시될 수 없고, 경험적으로 파악되지 않는 아-뜨만이 있음을 말하고 있다.33)

아-뜨만은 모든 것으로부터 독립하여 홀로 빛나는 순수 의식 (svayaṁ-prakāśa)이며, 감관(indriya), 마나스, 지성(buddhi) 등 미세신이 이 빛을 반조하여 개체의식(jīva)을 일으킨다. 아-뜨만의 반사 매체인 미세신이 육신과 갖는 관계의 양태에 따라서 개체는 ①깨어 있는 상태(覺醒位, jāgrat), ②꿈꾸는 수면상태(夢眠

---

29) B.G. Ⅱ. 22.
30) B.G. Ⅱ. 27.
31) 'ito vimucyamānaḥ kva gamiṣyasīti.' (B.U. Ⅳ. 2. 2.)
32) B.U. Ⅳ. 2. 2~3.
33) B.U. Ⅳ. 2. 4.

位, svapna), ③깊은 수면상태(熟眠位, suṣupti), ④죽음의 상태 (死位)의 네 가지 경험상태를 갖게 된다. 야-냐왈꺄는 이 세계의 상태(idaṁ-loka-sthāna)와 저 세계의 상태(para-loka-sthāna)를 구분하여 다시 그 둘을 매개하는 중간의 황혼 지대로서 수면상 태를 설정했다.34) 이 세계의 상태란 곧 각성위(覺醒位)이며, 저 세 계란 영혼(puruṣa)이 육신을 떠나버린 사후의 세계를 뜻한다. 태 어난다는 것은 영혼이 육신을 가지고 이 세계에 들어오는 것이고, 죽는다는 것은 그것이 육신을 떠나 저 세계의 상태로 가는 것이 듯35) 우리는 꿈꾸는 수면 상태에서 이 세계와 저 세계에 양다리를 걸치고 두 세계를 함께 보는 것이라고 한다.36) 마치 큰 물고기가 강의 양 뚝 사이를 이리저리 움직이듯이, 영혼은 각성 상태와 죽음 상태 사이를 왔다갔다 한다.37) 죽음과 수면의 이런 유사성으로부터 우리는 수면을 일시적 죽음이라 한다면 죽음은 영원한 수면이라고 생각할 수 있다.

  깨어 있는 상태란 신체에 속하는 눈, 코, 귀, 혀, 피부 따위에 미 세신의 기능력(indriya)이 확충되어 그들을 통해 외부 세계와의 접 촉이 이루어지는 상태이며, 수면 상태는 감관의 기능력이 마나스 (manas)로 후퇴함으로써 신체가 외계를 경험할 수 없는 상태이다. 그러나 꿈꾸는 수면상태[夢眠位]에서는 아-뜨만의 순수 의식의 빛 을 반조하고 있는 마나스가 활동하므로, 잠복상태의 감각력으로부 터 각성 시의 인상을 모아 스스로 여러 가지 모습을 조합해 내고,

---

34) 'tasya vā etasya puruṣasya dve eva sthāne bhavataḥ: idaṁ ca para-lokasthānaṁ ca; sandhyaṁ tṛtīyaṁ svapna-sthānam.(B.U. IV. 3. 9.)
35) B.U. Ⅳ. 3. 8.
36) B.U. Ⅳ. 3. 9.
37) B.U. Ⅱ. 1. 18.

118

그에 집착하여 즐거워도 하고 괴로워도 한다는 것이다.[38] 그에 비해 꿈 없는 수면상태[熟眠位]에서는, 감각력을 함장한 마나스조차 심장 속의 한 곳으로 잠복함으로써, 마치 독수리나 다른 새들이 공중을 날다가 피곤해지면 날개를 접고 둥지에서 휴식을 취하듯이,[39] 우리의 의식은 아무런 욕망도 꿈도 개체 의식도 없는 몰아경에 든다. 마치 성적 결합 상태에 있는 남녀처럼 안과 밖도, 주관과 객관의 대립도 소멸되며, 모든 갈구와 고통도 사라져 버리고, 깊은 만족감(ānanda)을 경험한다.[40] 그러나 숙면 상태는 몽면 상태와 각성 상태로 돌아오는 일시적인 것이므로 해탈과는 다르며, 베단-따에서는 숙면 상태의 근저에 있는 것은 무지이므로 지(知)를 특성으로 하는 삼매(三昧)의 체험과도 구분한다.

이 글의 주제와 직접 연관되는 것은 네 번째 사위(死位)이다. 죽음이란 노년이나, 질병, 사고 등으로 육신이 더 이상 미세신의 활동을 담보할 수 없을 때 마치 망고나무나 무화과나무의 열매가 줄기로부터 떨어지듯이 미세신이 육신으로부터 벗어나는 현상이다.[41] 임종 때 호흡이 곤란해지는 것은 마치 짐을 가득 실은 수레가 힘겹게 삐걱거리듯이, 육신 속의 미세신이 육신을 떠나고자 움직이고 있는 것이라고 한다.[42] 다른 비유를 들면, 왕이 마을을 떠날 때 경호원이며 대신, 촌장들이 그 주위로 모이듯이, 임종시에 호흡이 가빠질 때 모든 쁘라-나(호흡, 生氣)와 감관력이 아-뜨만 주위로 모인다고 한다.[43]

38) B.U. IV. 3. 13.
39) B.U. IV. 3. 19.
40) B.U. IV. 3. 21.
41) B.U. IV. 3. 36.
42) B.U. IV. 3. 35.
43) B.U. IV. 3. 38.

좀 더 상세한 기술이 그 다음에 이어진다. 즉, 마나스가 모든 감각력을 신체로부터 거두어 다시 쁘라-나와 한 덩어리가 되어 심장에 모인다. 이 미세신은 아-뜨만에 의해 비추어지며, 감관, 마나스, 식(識, vijñāna)이 모두 쁘라-나에 감싸여서 눈이나 머리의 끝, 혹은 신체의 다른 구멍을 통해 신체로부터 벗어난다. 이때 과거의 경험과 까르마도 그를 따라간다.44)

신체를 떠난 영혼(jīva)은 '마치 풀벌레가 풀잎의 끝에 오면 '다른 풀잎으로' 접근한 후에 그것을 향해 자신을 당기듯이, 이 몸을 버린 후 '다른 몸으로' 접근한다.45) 다른 비유를 들어 마치 금세공인이 금조각으로 아름답고 새로운 모양을 만들 듯이 개아(個我)도 이 몸을 버린 후 다른 몸으로 바꾼다.46)

이 때 미세신에 수반된 전생의 선악의 행위와 욕망에 따라 새로운 몸이 결정된다고 한다. 다음은 윤회와 업(業)의 관계를 시사해주는 구절이다.

"우리의 행위 같이 되어진다. 선행자는 좋게, 악행자는 나쁘게 된다. 덕스런 행위에 의해 덕스럽게 되고, 악행에 의해 나쁘게 된다."47)

"혹자는 사람은 욕망으로 이루어져 있다고 말한다. 욕망에 따라 의도가 생기고, 의도에 따라 행위가 일어나며, 행위에 따라 이루어진다."48)

---

44) B.U. IV. 4. 42. 특히 이 7절은 까르마說을 나타내는 의미 있는 부분이다.
45) B.U. IV. 4. 3.
46) B.U. IV. 4. 4.
47) …. yathākārī yathācārī tathā bhavati, sādhukāri sādhur bhavati, pāpakārī pāpo bhavati; puṇyaḥḥ puṇyena karmaṇā bhavati, pāpaḥ pāpena; (B.U. IV. 4. 5.)
48) atha khalu āhuḥ; kāmamaya evāyam puruṣa
bhavati, tat kratur bhavati, yat kratur bhavati, tat karma kurute, yat karma krurte, tat abhisampadyate. (B.U. IV. 4. 5.)

120

야-냐왈꺄는 영혼이 마치 풀벌레와 같이 옛 신체를 버린 후 곧바로 새 몸으로 태어난다고 생각했으나 『브리하드 아-란야까』에는 사후에 곧바로 재생하는 사람도 있으나, 그렇지 않고 전생의 선악의 행위에 따라 다른 세계에서 응보를 받은 후 다시 이 세상에 재생(再生)한다는 설이 있다. 이것이 바로 신화적 사고방식이 깊은 오화이도설(五火二道說)이다.

하늘도 욕망하지 않고 지옥에 떨어질 악행도 저지르지 않은 개아는 오화(五火)의 길을 거쳐 곧바로 재생한다고 한다. 오화설에 따르면 제사로 여겨지는 시체의 화장에서 윤회하는 영혼을 상징하는 신앙(śraddhā)이 신에게 올라가 하늘, 대기, 땅, 남자, 여자라는 제화(祭火)에게 차례로 봉헌되고, 그리하여 소미(Soma) → 비 → 음식 → 정액 → 태아로 바뀌어 마침내 어린아이로 태어난다.49)

하늘의 쾌락을 성취하려는 목적으로 제사를 수행한 개아는 연기의 길(dhūmayāna)을 따라 선조의 세계(pitṛ-loka)에 이른다. 먼저 화장 때의 연기로 가서 그로부터 밤으로, 달이 기우는 15일로, 그로부터 해가 남쪽으로 지나가는 6개월로, 다시 그로부터 선조의 세계로, 그로부터 달로 간다. 그곳에서 음식이 되어 신들과 더불어 즐긴다. 과보를 다 누린 후에 허공과 대기를 지나 오화(五火)의 길을 따르는 자들과 같이 재생한다.50)

지상에 태어나기를 바라지도, 또 하늘나라에서 선조들과 행복한 삶을 누리기를 바라지도 않는 개아들은 신들의 길(Devayāna)을 따라 범계(梵界·Brāhmaloka)에 이른다. 이것들은 먼저 빛을 통해 낮 → 달이 차는 15일 → 해가 북쪽으로 지나가는 6개월 → 신들의 세계 → 태양 → 번개 → 그 다음에 영원히 돌아오지 않는 범

---

49) B.U. IV. 2. 9~14.
50) B.U. IV. 2. 16.

계로 간다고 한다.[51]

이미 앞에서도 언급했듯이 윤회의 원인에 대해 우빠니샤드의 철인 야-냐왈까는 욕망(kāma)을 강조하고, 웃달-라까는 무지(avi-dyā)를 강조하나, 베단-따 학파에선 무지로 통일된다.

"윤회의 나무에서 무지가 씨앗이고, 신체와의 동일화가 그 싹이며, 집착은 잎사귀이며, 까르마는 물이고, 신체는 줄기이고, 생기(生氣)는 가지이고, 감관은 잔가지이며, 감각의 대상은 꽃이고, 까르마로 인한 갖가지 고통이며 열매이고, 개아(個我)는 그 나무 위의 새이다."[52]

"비아(非我)를 나라고 하는 생각이 바로 그를 속박하는 것이며, 그러한 무지로부터 생과 사의 고통이 연속된다. 이 무상한 몸을 실재라고 여기고, 그것과 동일시하여 보양하고 목욕시키고, 감각의 대상으로 그것을 보존하는 것, 그런 것에 의해 누에가 실로 고치를 틀 듯 속박되는 것이다."[53]

4. 불사(不死)의 길[해탈]

현실적이고 낙천적이었던 베다인들은 신들에 대한 찬가와 제사를 통해 현세에서의 부귀, 건강과 장수, 자손의 번영, 전쟁에서의 승리 등을 기원했고, 사후에는 최초의 선주인 야마가 거주하는 하늘나라에 가서 신들과 같이 환락을 누리기를 기도하였다.[54]

---

51) B.U. IV. 2. 15.
52) V.M. 145.
53) V.M. 137.
54) R.V. IX. 113. 7~11.

그러나 윤회관이 확립된 우빠니샤드기에 이르러서는 생사의 순환으로 이루어진 현존 그 자체로부터의 해탈(mokṣa)이라는 개념이 등장하게 되었다. 시작도 끝도 없는 윤회가 견딜 수 없는 속박이자 고통으로 느껴졌다. 『마이뜨리 우빠니샤드』는 윤회의 고통을 다음과 같이 묘사하고 있다.

"뼈와 살, 피, 골수, 고름, 오줌, 똥, 정액, 담즙 등의 덩어리인 이 냄새나고 허망한 육체에서 욕망을 즐긴들 무슨 의미가 있는가? 욕망과 분노, 미혹과 공포, 낙담과 질투, 배고픔과 갈증, 바라는 사람과 헤어짐, 바라지 않는 사람과의 만남, 늙음, 병, 슬픔, 죽음 등으로 고통받는 이 육체 속에서 욕망을 즐긴들 무슨 의미가 있는가?"55)

"파리건 모기건, 풀이건, 나무건 모든 것이 죽는다. 영웅도 왕들도 모두 부귀영화를 버리고 이 세계에서 저 곳으로 가버렸다. …큰 바다도 말라버리고, 높은 산도 무너지며, 땅도 꺼지며, 붙박이 벽도 이동한다. 이런 무상한 세계에서 욕망을 즐긴들 무슨 의미가 있겠는가? 욕망에 시달리는 자들은 반복해서 이 세상으로 돌아오니, 그러므로 부디 나를 구원해 달라. 이 윤회의 세계에서 나는 마치 물이 말라버린 우물 속의 개구리와 같다."56)

인간의 다양한 성향과 요구를 수용하며, 또 그들 사이에 조화를 추구하는 힌두교는 인생의 목적을 쾌락(kāma), 재물(artha), 의무(dharma), 해탈(mokṣa)의 네 가지로 꼽았고, 그 중 해탈에 가치의 서열에서 가장 높고 최종적인 위치를 주고 있다. 또 삶에 대한

---

55) M.U. I. 3.
56) M.U. I. 4.

경험과 성숙의 과정을 배려하여 일생을 학생기, 가장기, 은둔기, 유행기의 넷으로 나누어 생의 후반으로 갈수록 해탈지향적이 되도록 하였다.

힌두교는 실존의 고성(苦性)과 한계를 직시케 하고 받아들이도록 하는 점에선 분명 염세적이나, 그것은 절망과 비관으로 끝나는 염세주의가 아니라, 우리의 실존적 상황을 자각케 하여 그것을 극복하도록 자극하는 발단적인 것일 뿐이며, 종착점은 자유와 지복(至福)과 불사의 브라흐만, 혹은 열반이다.

『우빠데샤 사-하스리-』에서 윤회에 염증을 느낀 제자가 스승을 찾아가 다음과 같이 묻는다.

"스승이시여, 어떻게 하면 윤회로부터 벗어날 수 있습니까? 신체와 감관과 그들의 대상을 의식하는 저는 가끔 경험하는 깊은 수면 속의 휴식을 제하면, 깨어 있거나 꿈을 꾸거나 거듭 고통을 느낍니다. 이것이 저의 본성(svabhāva)입니까? 아니면 원인적인 것(naimittika)입니까? 만일 그것이 나의 본성이라면 본성이란 제거할 수 없는 것이므로 저는 해탈의 희망을 가질 수 없을 것이며, 만일 원인적인 것이라면 그 원인을 제거함으로써 그로부터 벗어나는 것이 가능할 것입니다."57) 그러자 스승은 윤회가 우리의 본성이 아니라 비본래적인 것, 혹은 외래적인 것이라고 답한다.58)

그러면 우리의 본성은 무엇인가? 이미 앞에서 언급되었듯이 힌두교는 우리의 본바탕은 태어나시 고통받고, 죽고, 감각하고, 욕망하고, 행위하는 신체-마음의 복합체가 아니라 영원, 불사의 브라흐만, 혹은 아-뜨만임을 거듭거듭 강조하고 있다. 그러면 아-뜨만은 무엇인가? 이하에서 불사의 근거인 아-뜨만(=브라흐만)의 성격을

---

57) *Upadeśa Sāhasri*, tras by Jagadananda, 31쪽.
58) 앞의 책, 32쪽.

124

나타내는 문구를 대표적인 것만 몇 개 인용해 보겠다.

"…아-뜨만은 이것도 아니고, 저것도 아니다. 그는 인식될 수 없으며, 파괴될 수도 없다. 그는 속박당하지 않고 고통받지도 않으며, 상처받지도 않는다."[59]

"야-냐왈꺄여, 태양이 지고, 달이 지고, 불이 꺼지고, 언어도 중지되었을 때, 사람은 어떤 빛을 갖습니까? 아-뜨만이 그의 빛이다. 그는 아-뜨만을 빛으로 하여 앉고 움직이며, 일을 하고 돌아온다.[60]

"마치 뱀의 허물이 개미무덤에 놓여 있듯이 사자(死者)는 이 육신을 벗어버린다. 그러나 이 신체 없는 불사의 생명이 바로 브라흐만이며, 빛이다."[61]

"이 불가사의하고 영원한 이것은 오직 단일한 것임을 알아야 한다. 아-뜨만은 때묻지 않고, 허공을 넘어선, 불생(不生), 위대, 영원한 것이다."[62]

"이것이 불생의 아-뜨만이니, 그것은 늙지 않고, 죽지 않으며, 불사의 두려움 없는 브라흐만이다."[63]

"처자식과 남편과 재물과 세계… 이 모든 것이 그 자체로 귀중한 것이 아니라 아-뜨만 때문에 귀중한 것이다. 아-뜨만이 알려질 때 모든

---

59) B.U. IV. 2. 4.
60) B.U. IV. 3. 6.
61) B.U. IV. 4. 7.
62) B.U. IV. 4. 20.
63) B.U. IV. 4. 25.

것이 알려진다."64)

"이 모든 사물들은 그 뿌리를 존재(= 브라흐만)에 두고 있다."65)

"이 전세계는 미세한 본질을 아-뜨만으로 갖고 있다. 그것이 진리이며, 그것이 아-뜨만이다. 그대가 곧 그 것이다."66)

"… 그는 결코 태어나지도 죽지도 않는다. …그는 불생, 불변, 영구하며, 태고의 존재이다. 신체가 살해되어도 그는 죽지 않는다."67)

"…그것이 브라흐만이며, 그것이 실로 불사라고 불리우는 것이다. 그 안에서 전세계는 휴식하며, 아무 것도 그것을 넘어서지 못한다. 이것이 바로 그것(= 브라흐만)이다."68)

"인식주체(= 아-뜨만)는 결코 태어나지도 않고, 결코 죽지도 않는다. …그는 불생, 영원, 항구, 태고의 존재이다. 그는 육신이 살해되어도 죽지 않는다."69)

"그것은 움직이면서 움직이지 않고, 멀면서 가깝다. 그것은 모든 것 가운데 있으며, 또한 그것은 모든 것 바깥에 있다."70)

---

64) B.U. IV. 25. 6.
65) Ch.U. 8. 4.
66) Ch.U. VI. 8. 7.
67) K.U. I. 2. 18.
68) K.U. II. 3. 1.
69) K.U. I. 2. 18.
70) I.U. II. 2. 9~11.

126

"뿌루샤(神我)는 실로 지금까지의, 그리고 앞으로 올 전세계이다. 그는 또한 불사의 그리고, 음식으로 자라는 모든 것의 주이다."71)

"그것은 모든 곳에 손과 발을 가지며, 모든 곳에 눈과 머리와 얼굴을 갖고 있다. 그것은 전 세계를 포괄한 채 서 있다."72)

"미세한 것보다 더 미세하고 위대한 것보다 더 위대한 것, 그리고 피조물이 심저에 놓여 있는 것이 아-뜨만이다."73)

이상의 인용만으로 보면 아-뜨만은 시간, 공간, 인과율의 제약을 넘어선 존재이므로 경험적으로 인식될 수도, 또 현상계의 어떤 것과도 동일화 될 수 없는 그 무엇(Tat)이다. 만물이 그로부터 나와서 마침내 그곳으로 귀입되는 우주의 제1의 원인이며, 모든 것에 내재하면서도 모든 것을 초월한 전부이자 하나의 존재이다.

그러면 어떻게 저 아-뜨만을 실현하여 불사를 이룰 수 있는가? 윤회의 원인인 무지(avidyā)와 또 거기서 야기되는 욕망(kāma)인 만큼 무지를 소멸시키고 동시에 욕망을 제멸시켜야 한다.

어둠을 소멸시키는 것은 빛이듯이 무지에 대처하는 것은 지(智)밖에 없다. 무지가 자신의 본성이 윤회하지 않는 불사의 아-뜨만임에도 불구하고, 자신을 윤회하는 현상적 신체로 착각하는 것이라면, 지(智)란 자신의 본성을 바로 불사의 아-뜨만이라고 깨닫는 것이다. 마치 어둠 속에서 뱀으로 보였던 새끼줄이 빛 가운데서 본래의 모습을 드러내듯이, '그대가 곧 그것이다.(Tat-tvam-asi)'라는 지

---

71) S.U. Ⅲ. 15.
72) S.U. Ⅱ. 16.
73) S.U. Ⅲ. 20.

(智)와 더불어 불사의 아-뜨만이 된다는 것이다. 다음은 텍스트로
부터의 인용이다.

　　"…그것(=브라흐만)을 아는 자들은 불사가 되며, 그렇지 못한 자
들은 고(苦)로 간다."[74]

　　"…저 불사의 브라흐만을 알 때 나는 곧 불사가 된다."[75]

　　"이것이 저 위대한 아-뜨만이니 그는 불멸, 불사, 영원, 무공포의
브라흐만이다. 실로 브라흐만은 두려움이 없으니, 그를 아는 자는 바로
두려움 없는 브라흐만이 된다."[76]

　　"만일 그것을 알면 진리가 있으며 그것을 모르면 커다란 손실이 있
다. 그러므로 모든 존재 가운데서 '브라흐만을' 봄으로써 현자는 이 세
계에서 떠나 불사가 된다."[77]

　　"자기의 본성이 바로 무한하고 전 우주를 포용하며, 전부이자 하나
인 브라흐만임을 아는 자는 더 이상 무상하고, 부분적이며, 비실재인
현상적 사물에 애착하지 않게 된다.
　　그를 알게 될 때, 우리는 출가자(muni)가 된다. 그만을 그들의 세
계로서 욕망하면서 수행자는 떠돈다. 왜냐하면 이것을 앎으로써 그들
은 후손을 원치 않았다. 이 아-뜨만, 이 세계를 달성한 우리에게 후손
이 무슨 소용이 있는가. 그들은 아들에 대한 욕망, 재물에 대한 욕망,

---

74) B.U. IV. 4. 14.
75) B.U. IV. 4. 17.
76) B.U. IV. 5. 25.
77) Ke.U. IV. 5.

세상에 대한 욕망을 넘어서서 걸사(乞士, 비구)로서의 삶을 영위한
다."78)

"욕망하지 않고, 욕망이 없으며, 욕망으로부터 벗어난 자, 그의 욕망이
충족되었고, 아-뜨만이 그의 욕망인 자, …그는 브라흐만에로 간다."79)

그런데 우리를 불사(不死)로 인도하는 세속적 욕망의 포기나 아
-뜨만에 대한 지(智)를 획득한다는 것은 결코 쉬운 일이 아니다.
무지는 탐욕을 낳고, 탐욕은 업(業)을 낳으며, 그 결과 우리의 마음
은 오염되고 더욱 무지에 장애되는 악순환이 지속된다. 아-뜨만의
실현을 가로막는 도착되고 오염된 마음을 순회시켜 불사에 이르는
수행 방법이 바로 요가이며, 이에는 상-캬의 형이상학에 근거한 빠
딴쟐리의 라-쟈요가(rāja-yoga), 베단-따 철학에 근거한 지식요
가(jñāna-yoga), 『바가와드 기-따-』에서 중시된 행동요가(kar-
ma-yoga)와 신애(信愛)요가(bhakti-yoga), 딴뜨리즘의 라야요
가(laya-yoga)등 개인의 성향과 기질에 따라 여러 가지 수행의 길
이 제시되고 있다.

이 가운데서도 힌두교 신봉자들에게 가장 인기 있고 대중적인 것
은 박띠요가이다. 이것은 모든 행위와 마음과 몸을 절대자 혹은 아슈
와라(自在神)에게 봉헌드림으로써 그 은혜의 힘으로써 구원받는다
는 것이다. 특히 죽음의 순간에 오로지 신에게 전념하면 죽음과 동
시에 신과 하나가 된다고 한다.

"임종시에 나를 생각하면서 육체를 벗어나 떠나가는 자는 나에게

---

78) B.U. IV. 4. 22
79) B.U. IV. 4. 6.

이를 것이니 여기에는 아무런 의심이 없다."80)

"그러므로 모든 때에 있어서 나를 기억하고 싸우라. 마음과 지성이 나에게 고정되어 그대는 틀림없이 바로 나에게로 올 것이다."81)

"세상을 떠날 때 부동의 마음과 신애와 요가의 힘에 의해 제어되어 호흡을 미간 사이에 바로 몰아 넣으면서 그는 저 지고의 신의 정신에 이른다."82)

"'옴'이라는 한 음절의 브라흐만을 발음하면서 나를 명상하며 육신을 버리고 떠나가는 자는 지고의 목표에 이른다."83)

"나에게 와서 지고의 완성에 이른 위대한 영혼들은 고통의 근원이며 무상한 환생을 얻지 않는다."84)

"나에게 귀의하면, 쁘르타의 아들이여, 천한 태생의 사람, 여자, 와이샤, 그리고 슈드라라 할지라도 지고의 목표로 가기 때문이다."85)

"나를 생각하고, 나를 신애하며, 나에게 제사드리며, 나를 경배하라. 이와 같이 자신을 제어하고 나를 최고 목표로 삼으면 그대는 바로 나에게 이를 것이다."86)

---

80) B.G. Ⅷ. 5.
81) B.G. Ⅷ. 7.
82) B.G. Ⅷ. 10.
83) B.G. Ⅷ. 13.
84) B.G. Ⅷ. 15.
85) B.G. Ⅸ. 32.

　　"나에게 생각을 고정한 이러한 자들에게 나는 곧 오, 쁘르타의 아들이여, 죽음과 윤회의 바다로부터 건너게 해주는 자가 된다."[87]

　　"한번 가면 다시 돌아오지 않는 곳을 찾아야 한다. 온 우주의 태고적 활동이 흘러나온 그 원초적 정신에 나는 귀의하노라."[88]

5. 맺는말

　　인생이란 '모태(womb)에서 무덤(tomb)까지의 여행'이라고 말하지만, 힌두교는 삶을 생사의 윤회로부터 불사(不死)로의 변혁과 해탈의 기회로 본다. 불사(不死)란 단지 수명의 시간적 연장이 아니라, 시간적·현상적 나(ego)의 자발적 죽음을 통해, 초시간적, 절대적인 나(Self)로 다시 태어나는 것이며, 세속적 제약과 조건을 넘어서 새로운 존재의 지평에서 사는 것을 의미한다.

　　불사(不死)는 이와 같이 초시간적 지평에서 실현되는 것이므로 육체적인 나의 생·사(生·死)와 관계가 없다. 불사(不死)는 현상적 나의 비실재성, 허구성을 통찰함과 더불어 본래의 참 나가 드러나는 것일 뿐이며, 육체가 죽은 '다음에'라는 시간적 제약을 받을 수 없다.

　　시간도 죽음도 실재가 아니라 우리의 사고가 만들어 낸 허구이며, 죽음에 대한 공포는 자신이 그린 괴물의 그림을 보고 두려워하는 것과 다름없다고 힌두교는 가르친다. 그러므로 진아(眞我)를 실현

---

86) B.G. Ⅸ. 34.
87) B.G. Ⅻ. 7.
88) B.G. ⅩⅤ. 4.

한 자는 과거-현재-미래의 시간 가운데서가 아니라 영원한 지금 (Eternal Now)으로 살며, 신체를 갖는 상태에서 그대로 불사(不死)를 증득한다. 그에겐 더 이상 생(生)과 사(死)의 대립도, 오고 감도 없으며, 세속적 차원에서 이미 죽어버렸기에 더 이상 죽음도 없다.

힌두교는 그러한 상태를 생해탈(生解脫·jīvan-mukta)이라고 불러 죽은 후의 해탈(videha-mukta)과 구분한다. 그에겐 더 이상 '나'와 '내 것'에 대한 집착이 없으며, 육신을 벗어버린 해탈이 도래할 때까지 남과 세계를 위해 봉사한다는 것 외에는 아무런 이기적 동기 없이 완전한 자유인으로서 살아간다는 것이다.

힌두교의 지혜는 단지 고대 문헌 속의 모호하고 난해한 언어로 굳어져 있는 것이 아니라, 오늘도 서점가에서 흔히 발견할 수 있는 '끄리슈나 무르띠', '라즈니쉬', '마하리쉬', '바바 하리다스', '스와미 무끄다-난다', '스와미 사뜨찟아-난다' 등의 요기, 성자, 현인들을 통해 새 시대에 맞는 새로운 언어로 재해석, 재표현되어 자아 상실과 정신적 혼란, 위기 속에 방황하는 현대인에게 위안과 빛을 던져주고 있다.89)

---

* 텍스트의 약호

B.U. = Brhad-āranyaka Upanisad   **Ch.U.** = Chāndogya Upanisad
K.U. = Katha Upanisad   **I.U.** = Īśa Upanisad
Ke.U. = Kena Upanisad   **M.U.** = Maitri Upanisad
Ś.U. = Śvetaśvatara Upanisad   **V.M.** = Viveka cudāmani
B.G. = Bhagavad Gītā

유가철학

인간적 문화에서의 영생

인간적 문화에서의 영생

柳 仁 熙*

1. 사생(死生)과 귀신

사람은 언제나 스스로를 다른 존재자들과 구별된다고 생각했고 또 그러려고 애써 왔다. 그리고 구별되는 점은, 대체로 말해서 존재론적으로는 물질적 육체 이외에 불멸의 정신이나 영혼을, 기능적으로는 이것이 지닌 이성적 사고력이나 영성(靈性)을 들어 왔다. 결국 사람은 그 개체의 한시성인 죽음을 필연적 현상으로 받아들이지 않으려는 방식으로 자신의 의미를 내세우려고 하였다는 말이 된다.

다시 말하면 태어나서부터 있기 시작한 '나'를 다른 존재자들 뿐만 아니라 다른 사람들과도 분명히 구별이 되는 거의 절대적인 단위로 삼아서, 이 개체가 죽음에 이르러서도 사라질 수 없다는 발상에서 사람의 의미가 따져졌다. 그리고 이러한 방식은 개체의 영속성을 마치 황금의 불변성처럼 말해줄 뿐만 아니라 그 개체의 행동에 대해 영원히 책임을 물을 수 있기 때문에 생시에도 도덕성을 쉽게 확보할 수 있는 유력한 설명처럼 보이기도 하였다.

* 연세대학교 교수 · 철학

동아시아 역사를 오랫동안 주도했던 이념인 유가철학에서 죽음을 어떻게 이해했느냐의 문제는 먼저 개체정신(個體精神)이나 영혼(靈魂)에 대한 일반적인 믿음인 그 영원한 실재성에 대해서 어떻게 생각했느냐는 것으로부터 풀어져야 할 것이다. 유가(儒家)의 여러 의식 가운데에서 먼저 떠오르는 것이 조상에 대한 제사나 사회적 삶에서의 높은 도덕성이라고 할 때에 그들도 영혼과 정신의 실재성에 관심을 가졌을 것 같기 때문이기도 하다. 본격적인 논의에 들어가기에 앞서 정신과 영혼 등 여기서 소개되는 주요 개념들이 우리의 일상 언어의 뜻 때문에 오해되거나 하찮게 취급될까 봐서 먼저 몇 가지 기본적인 설명부터 하기로 한다.

한 마디로 말해서 유가의 영혼론은 바로 귀신론을 말한다. 유가에서 귀신은 유령이나 사탄 등 그야말로 잡귀신을 가리키는 개념이 아니라 매우 중요한 철학적 용어이다. 간단히 말하면 그것은 하나의 존재자가 생겨나거나 사라지는 현상을 설명하는 복합개념으로서 음(陰)과 양(陽)처럼 존재의 변화나 운동 방식을 설명하는 기능 개념이다. 그리고 옛날 어떤 실체를 가리킬 경우에도 귀(鬼)는 사람이 죽어서 되는 특수 존재를 신(神)은 천신(天神) 등 오묘한 공능을 지닌 보편 존재를 뜻하는 역시 복합개념이었다. 이것은 본론에서 자세히 소개될 것이다.

그리고 정신은 유가뿐만 아니라 동양철학 속에서는 육체에 대립하는 비공간적 어떤 실체를 가리키는 개념이 아니다. 정신은 보편적인 실체 개념인 기(氣)가 현상화되는 과정에서 이루어지는 3단계 또는 3실재의 준말이다. 즉 일기(一氣)가 현상화할 때 나타나는 정(精), 기(氣), 신(神)의 준말이다. 굳이 구별하면 정(精)은 육체적 정신, 신(神)은 정신적 정신에 해당한다. 그러므로 그것은 데까르뜨식의 이분법으로 이해한다면 그 양자에 걸친 개념이지 어느 하나를 가리키는 것은 아니다. 그런데 오늘의 주제에서 볼 때 중요한 개념은 귀신이다. 이 개념 안에서 정신이나 사람도 편안히 이해될 수 있을 것이다.

2. 선진유가(先秦儒家)의 귀신론과 죽음관

중국 철학사가들은 공자(孔子) 이전에 형성된 고대 중국사상의 원형으로서 으례 유물유칙(有物有則)의 형이상학적 존재관(하늘관)을 들고 있다. 그리고 그들은 이 뜻을 종교적인 인격천(人格天)이나 천체물리학적인 하늘 관념과 구별한다. 이밖에 '하늘은 우리 백성의 눈을 통해서 본다.'는 등 민본과 인재 중시 생각도 진작부터 있어 왔다고 말한다. 그리고 역(易)의 물극필반(物極必反)의 변화 사상도 빠뜨리지 않는 단골 사례이다.

유가의 영혼관이나 죽음관을 말하기에 앞서 이렇게 서두를 꺼내는 까닭은 이러한 사상이 거의 그대로 처음부터 유가의 관념이 되었다는 것과, 따라서 유가는 공자로부터 이미 자연현상뿐만 아니라 인문 세계도 법칙적으로 이해하려는 합리 정신에 투철하였다는 것을 밝히기 위해서이다. 공자는 이미 계로(季路)가 사후 세계나 일종의 신적 실체로서의 귀신을 섬기는 일을 물어 왔을 때, '사람을 섬기지 못하고서야 이떻게 귀신을 섬길 수 있겠느냐.'라 하고, 다시 죽음을 물었을 때 '삶을 모르고서야 어떻게 죽음을 알겠느냐.'(論語, 先進)라고 반문한 바 있다.

우리는 춘추시대 이전에 벌써 원시 종교적 신앙 대상으로서의 천신(天神), 지기(地示)나 인귀(人鬼)의 실재성에 대한 호기심이 엷어졌다는 것을 공자의 이 반문에서 확인하면서 그 의미를 다음과 같이 정리할 수 있을 것이다. 즉 삶과 죽음 그리고 사람과 신(귀신) 이 별개의 이치가 아니라는 것, 따라서 죽음이나 귀신 같은 경험 가능하지 않는 문제에 대해서는 별도의 관심을 주지 않아도 된다는 것이 그것이다. 공자가 죽어서 이루어지는 귀신 같은 것을 전적으로 부인했다기보다 이를 우리의 경험 세계의 이치에 어긋나는 괴이한 실체나 현상으로는 이해하려 하지 않았다는 것이다. 이것은 '공자는 괴력난신을 말하지 않았다.'(위의 책, 述而)는 말로써도 증명할 수 있다. 괴이와 용력, 난잡과 귀신은 신비스럽게 보일는지 모르나 정리(正理)나 상리(常理)는 아니기 때문이다.

그러면 귀신을 현실의 경험 세계의 이치와 다른 괴이한 것으로 보지 않았다는 것은 무슨 말인가. 이것은 귀신 개념 자체를 풀이해야 대부분 풀어질 문제이지만, 이 설명에 앞서 한가지 인정해야 할 것은 적어도 공자 시대에는 괴이한 존재로서의 귀신을 상리는 아니지만 특칭, 즉 다 그런 것은 아니지만 그런 경우도 있다는 식으로 그 존재 가능성을 부인하지 않았다는 점이다.

귀신은 말한 바와 같이 귀(鬼)와 신(神)의 복합개념이다. 원래 신은 곧 천신으로 상제(上帝)를 최고신으로 삼아 그 아래로 오제(五帝)를 포함하는 뭇 신의 통칭이었다. 그러나 이러한 천신사상도 내세와 신계를 믿는 순수한 종교 사상이라기보다 사람 세상의 국가 조직에 따라서 천국의 모습을 생각한 것으로서 상제는 군왕을 오제는 왕후 및 신하들을 상징하는 것이었다. 그러므로 철학적 개념으로 영글기 이전의 '신'도 사실은 현세적인 인간 계층의 투영으로서 인신(人神)이었다고 말할 수 있다.

귀(鬼)는 처음부터 돌아간다(歸)는 뜻을 지닌 개념이었다. 설문(說文)에서도 '사람이 돌아간 바 귀가 된다.'라 하고, 석언(釋言)에서도 '귀라는 것은 돌아감(歸)을 말하는 것이다.'라고 하였다. 그러

므로 옛날 사람들은 죽은 사람(死人)을 돌아간 사람(歸人)이라고
하였다.

이렇게 보아 고대에는 현세 이외에 다른 한 세계를 인정하고 사
람이 죽으면 현세계에서 귀세계(鬼世界)로 간다는 신앙을 가지고
있었음을 볼 수 있다. 신유가의 이기론(理氣論)이 확립되기 전인
예운편(禮運篇)의 '형기(形氣)는 하늘로 돌아가고 형백(形魄)은
땅으로 돌아간다.'는 말도 사람이 죽으면 소박하게 실제로 다른 세
계로 돌아간다고 생각한 것으로 보아도 좋다. 그러므로 옛날에 귀
(鬼)는 사람이 죽은 뒤에 현세와는 인과적 관계를 맺은 별도의 세
계가 있어 그곳으로 가는 것을 설명해주는 개념이었다고 요약할 수
있다. 그런데 바로 이런 뜻이 뒤에 약화되거나 관심권 밖으로 밀려
난 것이다.

이 밖에도 공자는 여러 곳에서 귀와 신에게 제사를 드릴 것을 말
하고 있지만 근본 뜻은 그러한 의식을 통해서 사람들로 하여금 도
덕 심성을 가꾸게 하려는 데 있었다. 인귀(人鬼)에게 제사드림으로
써 효를, 천신에게 제사드림으로써 경을 마음속에 길러 주려는 것이
었다. 귀신의 존재론적 의미를 그의 인본주의 철학 체계 속으로 끌
어들여 약화시켰다는 말이다. 이것은 공자의 '귀신을 공경하되 그것
을 멀리하면 가히 지혜롭다고 할 수 있다.'(論語, 雍也)는 말로써
충분히 설명된다. 즉 사람들로 하여금 불가지의 세계에 매달리거나
이에 의지하려는 생각을 멀리하게 하고 가지(可知)의 산사람과 현
실 세계를 관심의 영역으로 확정해 준 것이다.

귀신론은 드디어 주역(周易)에 이르러 철학의 문제로서 정착된
다.

　"변화는 천지와 더불어 준칙이 되므로 능히 우주의 도(道)를 두루

엮을 수 있다. 우러러 천문을 살피고 굽어 지리를 헤아리니 이로써 내세와 현세의 이치를 안다. 시초로 말미암아 그 마침을 돌아보니 이로써 삶과 죽음의 원리를 안다. 응집하는 정기(精氣)는 사물이 되고 흩어지는 혼백(魂魄)은 변화가 되니 이로써 귀(鬼)와 신(神)의 정상(情狀)을 안다."(周易, 繫辭上)

내세와 현세, 죽음과 삶, 귀와 신 어느 것도 자연의 큰 법칙으로서 음양의 변역논리(變易論理)에서 벗어날 수 없다는 이 생각은 비단 유가만이 아니라 동양의 보편 정신이다. 그리고 만물은 변역의 기체인 기(氣) 가운데서 생겨나는데 사람도 물론 이에 예외가 아니라는 견해도 동양에서는 상식이다.

우주의 변역 과정이 그렇듯이, 생겨남은 우주 원기(元氣)가 이와 같이 응집하여 펴나오는 것(神, 伸)이고 죽음은 돌아가는 것(鬼, 歸)에 지나지 않는다. 그리고 생겨난 사람의 경우 정신의 인식 작용은 신이 되고 기억 기능은 귀이다. 이것은 몸에서도 마찬가지여서 운동의 펴고 굽는 것이 각각 신귀(神鬼)이니, 귀신은 모든 변화를 설명하는 보통 용어가 된 것이다.

이제 신은 사람이나 자연이 펴나오는 헤아리기 어려운 신묘한 작용을 가리키는 말이지 천신과 같은 실체 개념이 아니다. 그리고 귀는 돌아가거나 수렴한다는 뜻이지 돌아가서 생전의 정신체가 그대로 존속한다는 실체 개념이 아니다.

묵자(墨子)가 공자를 평하여 '귀신이 없다고 하면서 제례를 배운다.'(墨子, 非儒)라고 비판하였는데, 이 말을 뒤집어 보면 공자의 합리적 사고와 자율적 윤리에 대한 신념이 생생하게 떠오른다. 그는 실체로서의 귀신 즉 영생하는 영혼이나 초자연의 신비적인 실체를 인정하지 않으면서도 도덕적 사람으로서의 삶을 자율적으로 이룩하려고 하였다.

사후 영혼의 실재성 문제가 관심권 밖으로 밀려난 것이 유가뿐만 아니라 동양의 보편 현상임은 왕충(王允, 기원전 약 20년~90년)의 다음의 말에 의해서도 확인할 수 있다.

"사람이 살아 있는 까닭은 정기(精氣) 때문인데 죽으면 정기는 소멸된다. 능히 정기가 되는 것은 혈맥에 의해서인데 사람이 죽으면 혈맥은 고갈된다. 고갈되면 정기는 소멸되고, 소멸되면 형체는 썩고, 썩으면 재와 흙이 되는데 무엇으로 귀가 되겠는가. …무릇 죽은 사람은 귀가 될 수 없으며 또한 알 바도 없다. 무엇으로 이를 증명할 수 있는가. 아직 생겨나지 않았을 때를 알 수 없는 것과 같은 까닭이다. 사람이 아직 생겨나지 않았을 때는 원기 가운데 있으며 죽으면 다시 원기로 돌아간다. …달리 말하면 사람이 우주 안에서 생겨나는 것은 얼음과 같다. 음양의 기가 응취(凝聚)하여 사람이 되며 수명이 다하여 죽으면 돌아가 기가 된다."

그러므로 '우주 안에 귀신이 있다는 것은 사람이 죽어 정기가 그렇게 되는 것이 아니라 모두 사람의 생각과 상상력이 이루어 놓은 것이다.'(위의 책, 訂鬼)

뒷날 신유가가 거의 그대로 받아들인 이 주장을 알기 쉽게 다음과 같이 정리해 보자. ①사람은 앎의 기능을 가진 정기체이다. ②정기는 혈맥에 의해 성립된다. ③혈맥이 고갈되면 정기는 사라진다. ④정기가 사라지면 몸도 썩는다. ⑤몸이 썩으면 원기로 돌아간다. ⑥따라서 앎의 작용을 하는 귀는 있을 수 없고, 있다면 상상력의 산물이다.

이를 죽음의 과정에 따라 다시 엮으면, 먼저 혈맥이 고갈되고 다음 정기가 사라지고 다음 몸이 썩는 것이 된다. 이를 다시 존재 구조로 재편하면 몸 위에 혈맥이, 혈맥 위에 정기가 서는 모양이 된다. 이것은 단순히 이질자가 구성적으로 포개지는 것이 아니라 오히려 이들이 연속적으로 자라남과 같은 방식으로 짜여지는 것이다. 그러나 연속선상에 있으면서도 그 기능은 질적으로 달라서 사람의 생명이나 생존 원리는 결국 정기로 설명된다. 그리고 정기의 대표적인 속성을 아는 작용이라고 분명히 밝혀 주었다.

한편 이 견해에 의하면 서구의 정신 개념과 유사한 기능을 가진 정기는 물질적인 몸과 본질적으로 다른 또 하나의 실체가 아니다. 그것은 일원기(一元氣)의 하나의 존재 양태에 지나지 않는다. 따라서 정신과 육체는 분리해서 생각할 수 없는 유기체적 관세에 있다. 그리고 아는 작용을 지닌 개체로서의 정기는 결국 소멸되어 일원기로 돌아간다. 이것이 개체의 죽음인데 이 때에는 살아 있을 때와 동일성을 유지하는 앎을 지닌 어떤 실체는 있을 수 없다. 궁극적으로 존재하는 것은 일원기일 뿐이다.

3. 신유가(新儒家)의 인간론

송대 신유학의 대표자 주자(朱子)는 존재하는 모든 것은 존재 원리에서 예외가 아니라고 한다. 주자가 말하는 존재 원리는 곧 이기론(理氣論)이다. 사람과 귀신 그리고 생사(生死)의 문제도 바로 이 원리에 의해서 설명되어야 함은 물론이다.

신유학에 의하면 사람은 다른 존재자들과 마찬가지로 실체론적으로는 모두 일원기이다. 다만 그 정기의 신묘한 작용력이 다른 존재자들에 비하여 탁월할 뿐이다. 그러나 죽으면 산화하여 일원기로 돌아가는 것은 필연의 법칙이다.

귀신의 개념도 이기론의 지평 위에서 보다 합리적으로 설명된다. 신유가는 괴기하고 이상한 말들을 믿는 것은 먼저 이치에 밝지 못했었기 때문이라고 나무란다. 귀신은 사람이 죽어서 된 인귀(人鬼)가 아니라 음양이 소장(消長)하면 만변하는 큰 변화의 개념이다.

정이천(程伊川)은 제자가 귀신이 존재하지 않는다는 것은 알겠으나 그래도 의구심을 떨쳐 버릴 수 없다고 했을 때에 그것은 스스로 일으킨 것이지 귀신이 정말로 있어 생긴 것이 아니라면서 앞의 주역의 말을 인용해서 설명한 뒤에, '사람이 죽는 경우 이미 변화하니 있던 것은 없어지고 질량을 가지고 있는 것은 부패하여 다시 아무 것도 없게 된다. 귀신의 원리도 다만 이와 같을 뿐이다.'(二程全書, 卷18)라고 하였다. 죽어서 아직도 흩어지지 아니하고 존재하는 영혼의 실재성을 단호히 부정하는 말이다. 존재하는 것이 있다면 그것은 일기와 그 조화 작용일 뿐이다.

이천(伊川)은 사물이 새로 생성되어 나오는 것에 관해서도, '대저 물(物)이 흩어지면 그 기(개체기)는 드디어 다하되 다시 흩어지기 전 본래의 개체기로 돌아가는 이치는 없다. 천지 사이는 큰 용광로와 같아서 비록 살아 있는 생물체라고 하더라도 녹아서 또한 없어지니, 하물며 이미 흩어진 기가 어떻게 다시 우주에서 조화함이 있겠으며 또한 어찌 이미 이 흩어진 기를 사용하겠는가. …예를 들어 딜이 뜨면 밀물이 되는데 이것은 이미 말랐던 그 물이 다시 밀물이 되는 것이 아니다. 이것이 기의 시작과 마침이요 열고 닫히는 것이다.'(위의 책, 卷15)라고 단언하였다.

모든 생명체는 한번 죽어 흩어지면 응취되었던 개체는 다 없어져 진원(眞元)의 기 즉 일원기로 돌아가서 흩어지므로 개체의 몸(形體)이나 정신이 다시 전생(轉生)한다거나 또는 그대로 불멸한다는 것을 그 근본에서부터 인정하지 않는 말이다. 설령 진원기로 돌아가 흩어진 개체기가 다시 응취하여 다른 존재자가 된다고 해도 흩어진 기와 새로 생겨난 기의 외연이 일치할 리가 없고, 따라서 이 때에 사용된 기는 흩어진 개체기가 아닌 진원기라고 해야 옳다는 것이 신유가의 확고한 입장이다.

신유가에서 생사 문제를 포함하여 사람을 존재론이나 기능론으로 설명할 때 등장하는 개념들에는 이미 말한 기, 정기 말고도 귀신, 혼백, 음양, 모골육혈(毛骨肉血), 이목, 사려 등이 있다. 흥미로운 것은 응당 심신 개념이 등장할 것 같은데 실은 그렇지 않다는 점이다.

이것을 우리는 먼저 이렇게 풀이할 수 있다. 사실 유가는 심신보다 더 원자화된 개념으로 사람을 설명하려고 하였다. 그러므로 신유가는 사람에 대한 이해에 있어서 그 어느 철학이나 종교 못지 않게 세밀하고 구체적이었다. 해부학적 설명의 구체성까지 느껴지는 신유가의 이해는 그렇다고 사람을 쪼개어 그 부분의 결합으로 보려는 것은 결코 아니었다. 예를 들어 모골육혈은 사람의 존재론적인 내원(來源)을 보편 원리 층차로부터 정합성 있게 설명하는데 등장하는 예증 개념에 불과하다. 신유가들은 이러한 논의를 통해서 사람이란 존재의 소우주성과 그 탁월한 기능을 유기적으로 설명하고자 하였다. 그래서 개체 존속 시 우주내 한 존재자로서 기능을 성실히 수행케하려는 데 그 목적이 있었다. 이런 점에서 동양철학이 대체로 그렇듯이 부분의 세밀한 연구는 언제나 전체를 반영하고 있음을 여기서도 발견할 수 있는 것이다.

그러면 위의 개념들로 사람은 어떻게 설명되는가. 주자는 원론적으로 다음과 같이 말한다.

"이기(理氣: 陰陽)의 나누어짐이 곧 일기(一氣)의 운행됨이다. 사람을 분석적으로 말하면 정(精)은 음이고 기(氣)는 양이다. 그러므로 백(魄)은 귀가 되고 혼(魂)은 신이 된다. 기능적으로 말하면 스러져가는 것(消)은 음이요 펴 나오는 것(息)은 양이다. 그러므로 펴 나오는 것은 신이 되고 돌아가는 것은 귀가 된다."(性理大全, 卷28)

여기에서 일반적으로 생성 변화를 일원기(一元氣)와 그 기의 음양 작용으로 설명하지만, 일단 사람으로 응취한 뒤에는 '정'과 '기' 그리고 '신'으로 설명하고 있음을 우리는 보다 분명히 볼 수 있다.

한편 황면재(黃勉濟)는 이 정기와 신의 의미 및 상호 관계를 더 자세히 설명한다.

"사람이 생겨남에 오직 정과 기뿐이다. 털, 뼈, 살, 피가 되는 것이 정이고 호흡냉열이 되는 것이 기이다. 그런데 사람이 만물의 영자(靈者)로서 목석이 아니기 때문에 그 정과 그 기에 각기 신이 있지 않음이 없다. 정의 신을 백이라 하고 기의 신을 혼이라 한다. 귀와 눈이 능히 보고 듣고 한 바는 백이 그렇게 하는 것이고, 이 마음이 능히 사려하는 것은 혼이 그렇게 하는 것이다. 백과 혼을 합하면 곧 음양의 신이요 이가 그 가운데 갖추어지게 된다. 혼백의 가운데 이(理)가 갖추어져 있기 때문에 정하면 인의예지의 성(性)이 되고 동(動)하면 측은수오와 공경시비는 정(情)이 되는 것이니 모두 여기에서 나오는 것이다."(위와 같은 책)

이 밖에 신유가는 '혼은 양의 신이요 백은 음의 신으로서 이른바 신은 형기(形氣)의 주(主)가 된다.'(위와 같은 책)라고 설명하기도 하였다.

이를 종합해 보면 일기가 음양으로 분화되면서 일어나는 변화의 작용 가운데서 사람이 생겨났는데 그 처음에 이루어지는 기초물은 정과 기이다. 즉 음의 성질을 가진 정과 양의 성질을 가진 기가 합해져 비로소 생명을 지닌 사람의 모습을 갖추는데 정은 형체적 존재기가 되고 기는 유동적인 생명기가 된다.

그러나 이 둘만으로는 지각하는 사람이라고 할 수 없으니 아직은 일종의 식물인간 단계이기 때문이다. 이제 정기로 하여금 생동하고 능히 생각하는 완전한 사람의 기능을 하게 해야 하는데 그렇게 해주는 것이 바로 신 기능이다. 신은 정과 기에 비하여 더 곱고 신묘한 기작용으로서 이른바 몸이나 마음으로 하여금 지각과 사려 등 정신자용을 나타내는 주체이다.

이와 같이 신 기능이 발휘됨으로써 사람은 완전해지는데 이 신에 의해서 사람으로서 이성 능력이 갖추어지게 된다. 바로 이러한 능력인 신이 정기에 실현되면 혼백이라고 한다. 그리고 혼백 속에서는 도덕성이 비로소 자라나게 된다는 말이다. 다시 말하면 사람의 사람다운 이치는 혼백의 신 기능에 의해서 실현된다는 것이다.

그런데 정(精), 기(氣), 신(神)은 모두 일기이다. 이것이 응취할 때의 청탁, 수박, 경중, 정간의 차이에 따라서 달리 나타날 따름이다. 이렇게 볼 때 서양적 이분법으로서 이른바 육체와 정신은 주 실체가 아니라 일기의 두 표현 양태에 지나지 않는다.

한편 귀신은 사람을 다른 측면에서 설명해 주고 있다. 육체의 동작이든지 정신의 사고이든지 간에 그것은 펴 나오고 굽어드는 귀신 기능이다. 팔다리가 펴지고 오므려지는 것으로부터 시작해서 인식하여 기억하는 것에 이르기까지 그리고 살고 죽는 것도 귀신으로 설명된다. 귀신은 바로 굴신운동(屈伸運動)을 말하는 개념 이외에 다른 것이 아니다.

주자는 이것을 '지금 살아 있는 사람은 그 스스로 반은 신이고 반은 귀이다. 다만 죽기 이전에는 신이 주가 되고 죽은 뒤에는 귀가 주가 된다.'(위와 같은 책)라고 설명한 바도 있다. 살아 있는 사람은 죽은 이에 비하면 펴서 오는 '伸來' 작용 기능이 주가 된다. 그러나 그 안에서도 장년까지는 펴나가는 것이 주가 되고 노년 이후에는 굽어가는 것(屈往)이 주가 되며 이런 식으로 설명하자면 얼마든지 더 세분될 수 있을 것이다.

정과 기도 귀신으로 설명할 수 있는데 정은 귀가 되고 기는 신이 된다. 사람의 경우 정기가 구성적 합체가 아니므로 이 둘은 기가 펴면(神) 정은 그것을 수렴하는(鬼) 식으로 유기적 연관을 맺는 것이다.

이 글의 주제인 사람의 죽음은 결국 정기나 혼백이 분리되어 다시 일원기로 돌아가는 현상에 지나지 않는다. 즉 펴 나오고 생겨나는 과정의 반대 과정이 죽음이다.

4. 신유가의 사생관

공자는 일찍이 삶도 모르는데 어찌 죽음을 알겠느냐고 했다. 이것은 삶을 알면 죽음은 저절로 알 수 있게 된다는 말로 바꾸어 이해해도 좋다. 왜냐하면 삶이나 죽음은 결국 별개가 아니라 하나의 이치이기 때문이다. 그래서 정자는 '죽음의 일이 곧 삶의 일이니 다시 별도의 다른 이치는 없다.'(위와 같은 책)라고 했다. 이제 죽음을 알기 위해서도 삶의 원리와 의미를 거듭 밝힐 필요가 있다.

태어나거나 생겨난다는 것은 곧 기가 응취하는 것을 말한다. 사람의 경우 기(氣) 가운데에서 맑고 곱고 빼어나고 온전한 기로서 응취되었다는 것이 다를 뿐이다. 그렇다면 죽는다거나 사라진다는 것은 응취한 기가 흩어지는 현상일 뿐이다. 그러므로 생사를 같은 이치라고 한 것이다.

정자는 다시 '대저 물이 섞여 화합하여 교감한 즉 생겨나고 나뉘어 흩어져서 화합하지 아니한 즉 죽는다.'(위와 같은 책)라고 하였다. 그리고 주희도 '기가 응취하면 생겨나고 흩어지면 죽는다.'(위와 같은 책)라고 하였다.

좀더 구체적으로 설명하면 이미 밝힌 바와 같이 사람은 기(氣)의 응취 과정에서 생기는 정(精), 기(氣), 신(神)이나 그 결합체인 혼백으로 설명되었다. 그런데 이것들은 일정 기간 존속하다가 그 기운이 다하게 되면 혼은 양으로서 하늘로 돌아가고 백은 음으로서 땅으로 돌아가게 되니 이것을 죽음이라고 한다. 음양은 일기일 따름이다. 그러므로 죽음은 현상계의 개물(個物)의 입장에서 성립하는 말일 뿐, 일기의 측면에서는 단지 개체기가 흩어지는 과정에 지나지 않는다.

유가는 생기는 것이 있으면 반드시 죽는 것이 있으며 시작이 있으면 반드시 끝이 있는 것을 언제나 정리로 여긴다. 이렇게 볼 때 혼과 백이 하늘과 땅으로 돌아간다고 말은 하지만 그것들이 각각 뭉친 채 그대로 가는 것이 아니라 모두 흩어져 가는 것이므로 종국에 개체는 사라져 없어지고 마는 것이다. 사람이 생겨날 때에도 이미 있었던 혼과 백이 합해지는 것이 아님은 물론이다. 따라서 혼백은 생전에 이미 있지도 않았으며 죽음에 이르러 생긴 혼백이 그대로 분리되어 생존하는 것도 아니다.

이제 정(精), 기(氣), 신(神)으로 설명하면 죽음은 처음에 먼저 혼이 분리되어 흩어지고 다음에 기와 정이 일원기로 흩어져 돌아가 개체 인간이 영원히 없어지는 과정이다. 일기는 생기거나 없어지는 것도 아니며 오가는 것도 아니다. 개체기는 없어진다고 할 수 있지만 담연(湛然)한 일기(一氣)는 언제나 존재한다.

정자는 '합하여 생기는 것은 오는 것이 아니다. 다하여 죽는 것은 가는 것이 아니다. 그러나 정기는 하늘로 돌아가고 형백(形魄)은 땅으로 돌아가니 그것을 간다고 하는 것도 괜찮을 것이다.'(위와 같은 책)라고 한 바 있다.

여기서 오거나 가는 것이 아니라는 말은 상당히 중요한 뜻을 지니는데, 이미 있는 어떤 존재자가 저 편에 있다가 이편으로 오거나 또는 이 편에서 저 편으로 가는 것이 아님을 뜻하기 때문이다. 이것은 종교에서 일반적으로 말하는 죽으면 천당이나 극락으로 간다거나 저승에서 이승으로 온다는 식의 개체의 불멸 실체설을 정면에서 부정하는 말이다. 개체 사람이 일단 흩어진 기는 그 개체와 아무런 동일성을 가지지 않는다. 그래서 오거나 간다는 표현 대신에 차라리 없었던 데서 생겨나고 있었던 데서 없어진다고 말한 적도 있다. 있다거나 없다는 것도 가시적인 개체 인물을 중심으로 하는 말에 지나지 않는다.

그러면 생겨나거나 흩어져 죽게 하는 것은 무엇인가. 신유가는 누가 그렇게 해 주는 것이 아니라 스스로의 이치에 의해 이루어진다고 말한다. 이 이치를 이(理)라고 하는데 신유가는 이(理)를 조물주시 하는 것을 방지하기 위하여 '자리(自理)'라고 표현한 적도 있다.

"만물이 생기고 죽는 것은 이(理)이다. 이(理)라는 것은 만물의 곧고 바른 것이다. 생기는 것은 응취하여 볼 수 있는 것이니 있다(有)고 하는 것이요, 죽는 것은 흩어져 볼 수 없으니 없다(無)고 하는 것이다. 보이는 것은 만물의 형체이다. 만물의 이(理)는 일찍이 없는 것이 아

니다."(위와 같은 책)

호오봉(胡五峯)의 이 말에 의거해 보아도 이와 기는 영원히 있다고 할 수 있지만 혼백정기 등 현상계의 개체 인물을 이루고 있던 기는 흩어져 없어지게 마련이다. 따라서 정기든지 영혼이든지 간에 불멸적으로 그대로 존재하는 것은 없다는 것이 신유학의 입장임은 분명해졌다.

그러면 항간의 귀신설은 어떻게 된 것이며, 특히 유가에서 조상에게 제사지내는 것은 무엇을 대상으로 하는 것인가. 귀신이 있다는 속설은 인귀일 경우 불멸하는 개체 사람과 동일한 무엇이 있다는 것이 되고, 제사를 지낸나는 것은 돌아간 선조의 그 무엇이 어떤 형태이든지 간에 항존한다는 것이 아닌가.

이 문제에 대한 답은 간단명료하다. 먼저 귀신의 경우 유가의 입장에서는 한마디로 그런 항존적인 존재는 없다. 즉 생시의 개체 인물과 동일성을 유지하는 항존적인 귀신은 없다. 흔히 귀신을 보았다고 하며 경험적으로 주장하는데 대해서 신유가는 거의 대부분이 전해들은 것일 뿐 직접 본 것은 아니라고 반박한다. 그리고 만일 직접 보았다고 하는 사람이 있다면 그것은 정신이 병들어 헛본 것으로서 이것을 정자는 '안병(眼病)'이라고 하였다.

그러나 유가는 응취한 기가 흩어지는데 있어서 완급의 차이가 있음은 인정한다. 다시 말하면 사람이 죽었을 경우 곧 일원기로 흩어지는 것이 상례이지만 때로는 일정 기간 동안 뭉친 상태로 존속할 수는 있다는 것이다. 예를 들어 원한에 맺혀 죽은 사람의 경우 어느 일정 기간 동안은 그 신의 작용이 나타날 수 있다고 말한다. 그러나 이것도 언제인가는 모두 흩어져 일기로 화하고 만다. 그러므로 귀신의 존재, 즉 항존적 귀신은 궁극적으로 없다는 것이 신유가의 입장이다.

이 문제에 대해서 주자는 다음과 같이 설명한 바 있다.

"'백유(佰有)가 귀신이 되었다는 사건에 대하여', 이것은 특이한 이치이다. 사람이 병들어 마침내 기가 다하면 그 기는 흩어진다. 때로 형을 당하거나 또는 갑자기 죽은 자는 응취된 기(氣)가 아직 흩어지지 아니한 것 같으나 또한 마침내 모두 흩어지게 된다. 몹시 원한을 품고 죽은 자도 그러하니 그 기가 모두 흩어지지는 않았기 때문이다. 백유가 귀신이 된 일은 그 자체 하나의 이치이기는 하나 생가의 일반적 이치(상리)는 아니다. 사람이 죽으면 그 기가 흩어지는 것이 상리이다."(위와 같은 책)

개체기가 흩어지는데 있어 완급의 차이가 있으므로 어떤 개체기의 신이 완전히 흩어지지 않는 것을 보고 귀신이 있다고 주장할지 모르나 이는 기의 취산굴신의 상리를 모르는 심병의 소치이다. 항존하는 것이 있다면 그것은 담연일기(湛然一氣)와 취산의 이치일 뿐이다.

이 답은 제사의 경우에도 그대로 적용된다. 신유가의 입장에서 보면 선조의 영혼이나 정신 또는 귀신은 없다. 설령 조상의 기가 광대하고 응취한 것이 많아 흩어지는 데 더디다고 하더라도 언젠가는 흩어져 일원기로 산화할 것이므로 개제기는 끝내 없어지고 만다. 공자가 제사에 임할 때 '선조가 있는 것 같이' 지내라고 한 것도 엄밀히 말하면 없다는 것을 전제로 그렇게 한 말이다.

그럼에도 불구하고 제사를 드리는 까닭은 무엇인가. 주자의 제자도 이것이 의문스러워 다음과 같이 물은 적이 있다.

"성(性)은 곧 이(理)이니 취산(聚散)으로서 설명할 수 없습니다. 응취하면 생기고 흩어지면 죽는 것은 기일 뿐입니다. 이른바 정신·영혼·지각이 있는 것은 기입니다. 그러므로 응취하면 있고 흩어지면 없어지는 것입니다."(위와 같은 책)

그러니 무엇에 대하여 제사를 지내는 것이냐고 물은 것이다.
이에 대해 주자는 다음과 같이 답하였다.

"오직 이 천지음양의 기(氣)는 사람과 만물이 모두 얻은 기이다. 뭉치면 사람이 되고 흩어지면 귀(鬼)가 된다. 그러나 그 개체기는 비록 이미 흩어졌을지라도 이 천지음양의 이(理)는 생겨나고 생겨나서 궁색하지 않다. 조상의 정신과 영혼은 비록 흩어졌을지라도 자손의 정신과 영혼은 스스로 여기 있으니 조금은 서로 이어지는 것이다."(위와 같은 책)

선조의 그 개체기는 흩어져 없어졌음은 분명하나 우주창생의 이치는 언제나 존재하여 나에게로 이어지고 있다는 것이다. 일기(一氣)로서 보더라도 음양의 기는 굴신작용을 반복하며 그 방향은 생생(生生)이다. 그리고 생겨나기를 그치지 않는 것은 기이지만 그렇게 되는 이치는 언제나 일정하게 존재한다. 조상의 기신도 이 이치에 의해서 그의 자손으로 응취하여 펴 나와 여기에 있는 것이다.
그러므로 자손의 정신과 영혼은 이 이(理)의 실현자인 만큼 그 속에는 조상의 이(理)도 구현되어 있다고 말할 수도 있다. 다시 말하면 이에 의하여 기가 있게 되듯이 선조의 그 이와 기에 의하여 자손의 이와 기가 있게 되는 것이니 그 유관성을 말하지 말라는 법이 없다. 여기에 사람의 정의적 측면에서 볼 때 후손인 내가 존재하는 근거는 선조에게도 있으니 공경지심(恭敬之心)을 발하는 것은 자연스러운 것이요 이것 또한 이치이다. 다시 말하면 조상에 대한 제사는 조상의 혼백을 인정해서 그것에 드린다기보다 차라리 존재와 존재원리가 조상으로부터 나에게 이어지고 있는 그 엄숙한 사실 자체에 대한 경건한 확인 행위이다.

사상채(謝上蔡)는 '음과 양이 교합하여 정신이 있고 형상과 기운이 분리되어 귀신이 있게 된다. 이것을 아는 자는 지혜롭고 이것을 섬기는 자는 어질다. 어짐과 지혜를 미루어 합하는 자가 제사의 의식을 지을 수 있다.'(위와 같은 책)라고 하였는데 제사가 지혜와 어짐의 종합 행위임을 잘 설명해 준 말이다. 그러므로 제사는 조상에게만 지낼 까닭이 없다. 자연의 기(氣)와 나의 기(氣)가 공통되므로 자연에 대해서도 제사를 지낼 수 있는 것이다.

이제 제사는 그 경건성 엄숙성에서는 종교적이지만 그 의미는 매우 형이상학적이며 또한 인간적임이 드러났다. 그리고 어느 경우에도 귀신이나 영혼의 실재성을 믿어 이루어지는 행위가 아님은 분명해졌다. 죽음에 대한 신유가의 확고한 철학적 입장은 다음으로 요약된다.

"죽은 자는 가서 오지 아니하니 그 변하지 않는 것은 다만 이(理)뿐이다. 어느 사물도 항상 존재하여 변하지 않는 것은 있지 않다."(위와 같은 책)

5. 인간적 문화 속에서의 영생

이상에서 유가의 사생관을 인간관과 더불어 주로 존재론적 측면에서 알아보았다. 인도불교가 동양에 들어와서 영혼의 전생과 불멸을 주장하는 교리 때문에 심한 논쟁에 휩싸이고 결국 그것을 수정하거나 지양함으로써 새로운 불교로 태어나게 되는데, 이것이 이와 같은 동양인들의 전통적인 인간관과 사생관 때문이었다고 해도 틀리지 않는다. 분명히 신유가(新儒家)는 죽어서도 영원히 남을 '나'에 대한 미련이 없었다. 이것은 유가만이 아니라 동양의 철학사의 거의 전체에서 만나는 보통 견해이다.

그런데 자세한 존재론적 탐구를 통해서 논증하고자 애쓴 것이 죽어서 '나'는 무화(無化)된다거나 흩어져 일기(一氣)로 돌아간다는 명제라면 궁금해지는 것은, 그럼에도 불구하고 인생을 어떻게 의미 있게 엮어갈 수 있느냐이다. 이제 인생에 대한 유가의 이러한 의미론적 이해의 일단을 조금 소개하기로 한다.

유가는 죽음 자체의 의미나 죽어서 시작하는 또 다른 세계에 대해서 거의 관심이 없었다. 뿐만 아니라 관심을 갖는 사람을 좀 과장하자면 비지성적이거나 비정상적이라고 경멸하였다.

유가는 삶과 죽음을 대자연의 법칙에 의한 신귀과정으로 봄으로써 형이상학적 이해의 문제로 돌렸다. 그러므로 그들은 삶과 죽음 때문에 앞뒤로 연장될 수 있는 상념을 처음부터 단념하고 거의 일회적인 인생 자체에 몰두하게 되었다. 공자가 한 것처럼 귀신과 죽음의 질문을 뿌리치면서 사람과 삶에의 정열적 관심과 사랑을 나타낸 것이 유가였다.

다시 말하면 유가는 영생이나 영원에의 관심을 버림으로써 도리어 인생을 멋있게 엮어가기가 쉬워졌다. 그러나 그들은 존재와 그 합리적 창생(創生)의 질서를 근본적으로 신뢰하고 있었기 때문에 그 빼어난 것으로 이루어진 사람의 능력을 다 발휘하여 살다가 마치기에 편안하였다.

그래서 그들은 삶과 죽음을 시작과 마침의 개념으로 바꾸어 이해하게 된다. 죽음은 인생을 시작해서 엮어가다가 마치는 엄숙한 과정이라는 것이다. 이것은 이미 생사에 대한 생물학적 또는 종교적 관심에서 벗어나서 자기 책임 아래 인생을 엮어 간다는 자율의 도덕론적 관심으로 정착된 것이다.

하나의 동일성을 갖는 개체로서의 인생을 죽음에 이르러 후회 없이 마감한다는 이 생각에는 결국 삶에서 삶으로 이어지는 인간적 문화 속에서 영생한다는 뜻이 담겨 있다. 그러기 위해서 유가는 산 자로 이어지는 책무로서 가치의 순화와 의미의 창조에 전념하는 일에 죽음의 공포도 영원의 꿈도 함께 묻어 버렸다. 여기에 하나 더 보탠다면 존재에 대한 신뢰를 저버리지 않았다는 것이 있을 뿐이다. 이것은 오늘도 이어지고 있는 유가의 죽음의 의미이다.

도 교

신선설에 나타난 장생불사관

신선설에 나타난 장생불사관

최 준 식*

1. 머리말

휴스턴 스미스가 지적한 대로 인도가 진작부터 물질적인 세계에 대해 부정적인 시각을 갖고 있었던 반면 중국은 서양과 같이 삶의 문제에 대한 해결을 물질적인 면에서 찾으려고 했다[1]고 하면 이 점에서 가장 두드러진 중국의 종교는 아마도 도교(religious Taoism)일 것이다. 이 도교 혹은 종교적 도교는 대부분의 학자들이 그 정의를 내리는 데에 있어서 의견이 분분한 것에서도 알 수 있듯이 그 총체적 역사와 내용은 말할 수 없는 다양함과 복잡함을 갖고 있다.[2] 그러나 이러한 다양함에도 불구하고 도교의 전일적 목표는 일반적으로 신선이 되어 장생불사하는 것(成神仙 長生不死)이

* 이화여자대학교 교수

1) Huston Smith, "Accents of the World's Religions," *Introduction to the Study of Religion*, T. William Hall 편저, (뉴욕: Harper and Row, 1978), 128쪽.

2) 도교와 도가의 차이 등을 비롯한 도교의 정의에 관한 문제는 神井康順 편저, 『道敎 Ⅰ』(東京: 平河출판사, 1983)의 제1장에 잘 다루어져 있다. 이 책은 본인이 다음과 같이 번역한 바 있다. 『도교란 무엇인가』(민족사, 1990)

라고 말해진다. 그리고 이때의 장생불사도 그 특징을 다른 종교들과 대비해서 보면 이 육체를 가지고 죽지 않은 채 그대로 끝까지(?) 사는 것을 말한다. 다시 말해 전통적인 도교도들은 시간을 무한하게 연장하면 영생 혹은 불사를 얻을 수 있을 것이라고 생각한 것이다.

그들은 이와 같은 불사를 획득하기 위해서 많은 방법을 고안해냈다. 이 방법은 크게 둘로 나눌 수 있는데 약을 복용해 불사를 얻으려는 외단법(外丹法)과 명상과 같은 내적인 방법에 중점을 두는 내단법(內丹法)이 그것이다. 따라서 이 글에서는 우선 신선설의 발흥과 그 변천 발전에 대해 간단하게 보기로 하고 그 다음으로는 이 신선설을 집대성하고 외(내)단법을 정리한 갈홍(葛洪)에 대해 살펴보기로 한다. 특히 갈홍의 저서 『포박자(抱朴子)』는 장생술의 백과전서라고 일컬어지는 만큼 이 책에는 그 때까지 전승되어 내려온 장생술이 모두 체계적으로 정리되어 있을 뿐만 아니라 후대 및 심지어는 지금까지도 신선이 되는 법에 관한 한 교과서로 간주되는 고전이기 때문에 우리는 이 책을 중심으로 그의 이론을 비교적 상세하게 검토해 보고자 한다. 아울러 그 다음에 빼놓을 수 없는 도사는 도교 교학을 체계화하고 내단법을 완성시켰다고 일컬어지는 도홍경(陶弘景)이다. 도홍경에 대해서는 그가 도교사 전체에서 가지는 중요성에도 불구하고 소수의 전문적인 연구를 제외하고는 연구가 미진한 형편이기 때문에 이 글에서도 간략하게만 다루고자 한다.

그런데 보통 전통적인 도교에서는 불사추구를 말할 때 위에서 말한 대로 육체적인 불사추구법이 전부인 것처럼 말해져 왔다. 그러나 도교는 남송대에 들어오면서 소위 신도교라고 불리는 도교의 새로운 파들이 생겨나면서 굉장한 변화를 겪게 되는데 왕중양의 전진교가 그 좋은 예가 될 것이다. 이 신도교 가운데에서도 당대는 물론 현재 대만에도 남아있는 전진교는 전통적인 도교와 그 불사관에 있어서 맥을 달리하게 된다.

단적으로 말해서 전진교에서는 불교의 강한 영향을 받았던 때문인지 단약을 통한 불사추구가 정면으로 부정되며 그 지향하는 목표가 선불교와 용어만 다를 뿐 내용은 별 차이가 없는 정도까지 된다. 이러한 경향은 전진교보다 약간 후대에 생겨나는 금단도의 개혁파인 신금단도에서 더 두드러져 여기서는 외단적인 가정을 모두 사람의 몸안에서 일어나는 것으로 해석해 전체적으로 볼 때 도교의 불사추구 과정은 일반적으로 끊임없이 내면화되는 경향을 띠게 되었던 것을 알 수 있다.

2. 신선설의 발전

중국인 고유의 독특한 사상인 육체불멸에 대한 믿음은 그 연원이 꽤 오래된 것 같다. 학자들에 의하면 중국인의 육체 불멸사상은 대체로 춘추전국시대 무렵에 생겨났고 그 이후에 쓰여진 몇 가지 문헌에 이와 관련된 용어가 보인다고 한다. 우선 현재 그 저작 연대가 학자에 따라 현저한 불일치를 보이고 있는 『산해경(山海經)』[3]에만 보아도 이미 신선과 관계되는 많은 설명들이 눈에 뜨인다. 즉 고대의 신무(神巫)인 무팽(巫彭)이 불사약을 갖고 있다든가, 죽지 않는 불사민(不死民)이 존재한다든가 불사의 세계로서의 낙원을 묘사하고 있는 것은 모두 신설설과 직결되는 내용들이라 아니할 수 없다.[4]

---

3) 그 저작 연대의 차이는 서주(西周) 초기(B.C. 12세기)로부터 위진(魏晋)대 (A.D. 3~4세기)까지 큰 차이를 보이고 있다. 정재서, 「신선설화 연구」, (서울대학교 박사학위논문, 1987), 43쪽.
4) 정재서, 앞의 논문, 43~54쪽. 그 외의 『산해경』에 대한 포괄적인 설명은 정재

그런데 신선에 대한 관념이 초보적으로 형성되는 것은 시기적으로는 위의 설명대로 (춘추)전국시대로 잡을 수 있으며 그 초기의 모습은 일단 『장자』와 『열자』에서 그 편린을 찾아볼 수 있을 것 같다.5) 먼저 『장자』에는 다음과 같은 신인(神人)과 진인(眞人)에 대한 묘사가 있다.

"묘고야산에 신인이 사는데 피부는 눈과 같고 아리땁기가 처녀와 같다. 오곡을 먹지 않고 바람을 들이마시며 이슬을 마신다. 구름을 타고 용을 부리며 사해의 바깥에서 노니는데 그가 정신을 집중하면 만물이 병들지 않고 곡식이 풍년이 든다."6)

"옛날 진인은 잠을 자도 꿈을 꾸지 않고 깨어 있어도 근심이 없으며 음식에서도 맛을 취하지 않고 그 숨은 깊고 깊었다. 그래서 진인의 호흡은 발뒤꿈치로 쉬나 보통 사람의 숨은 목구멍으로 쉰다."7)

위에 인용된 것들은 장자의 신선관을 이야기할 때 그가 신선의 실재를 믿었는가의 여부를 놓고 항상 논쟁 거리가 되는 대목이다. 그러나 여기서는 이 논쟁이 본 논문의 주제와 관계가 없기 때문에 미루어 두기로 하고8) 다만 이러한 신선에 대한 묘사가 장자시대에

서 교수가 역해를 한 『산해경』, (민음사, 1985)을 볼 것.

5) 정재서, 앞의 논문, 63쪽.

6) 『장자』, 「소요유」, 藐姑射之山, 有神人居焉. 肌膚若水雪, 淖約若處子. 不食五穀, 吸風飲露. 乘雲氣, 御飛龍, 而遊乎四海之外. 其神凝, 使物不疵癘, 而年穀熟.

7) 『장자』, 「대종사」, 古之眞人, 其寢不夢, 其覺無憂 其食不甘, 其食深深, 眞人之息以踵, 衆人之息以喉.

8) 이 논쟁에 대해서는 다음의 책을 참조할 것. Holmes Welch, *Taoism: the Parting of the Way*, (Boston: Beacom Press, 1966), 91~96쪽. H. G.

있었다는 것으로 만족하기로 한다.

열자에는 장자보다 더 많이 신선과 같은 존재에 대한 기록이 발견되는데 열자에서 우리의 관심을 특히 끄는 것은 후대의 삼신산(三神山)의 원형이라고 생각되는 귀허(歸墟)에 대한 실화이다.9)

"발해의 동쪽, 몇 억만 리인지를 모르는 곳에 큰 구렁이 있다. 실로 이곳은 바닥이 없는 골짜기로 밑바닥이 없기 때문에 귀허라고 부른다. (중략) 여기에는 주간수가 많이 자라고 있는데… 이것을 먹는 사람은 누구나 늙지도 죽지도 않는다. 그곳에 살고 있는 사람들은 다 선인이 아니면 성인으로 밤낮으로 날아 서로 왕래하는 사람들을 이루 셀 수 없다."10)

이 이외에 전국시대까지 불사에 대한 언급이 나와 있는 문헌은 쉽게 발견되지 않고 다만 다음과 같은 약간의 문헌에서 발견될 뿐이다. 즉 기원전 3세기경의 문헌인 『한비자』에는 '불사약', '불사도'라는 용어가, 또 초나라 가요 모음집인 『초사』에는 '연년불사(延年不死)'라는 용어가, 『춘추좌씨전』에는 '무사(無死)', '불사향(不死鄕)'이라는 용어가 아주 단편적으로 나오고 있다. 이것으로 보아 이미 선진(先秦)시대에 불사에 대한 사상이 중국인들의 깊은 관심을 끌고 있었다는 것을 알 수 있다. 아울러 이 책들이 쓰여진 나라들의 위치를 생각해볼 때 ─한(韓)나라는 중국의 중앙에 위지하는 등─

Creel, *What is Taosim?*, (Chicago: The University of Chicago Press), chap. 1, 1~24쪽.

9) 정재서, 앞의 논문, 65쪽.

10) 渤海之東, 不知其億萬里, 有大壑焉. 實惟無底之谷, 其下無底, 明曰歸墟…. 珠玕之樹皆叢生 華實皆有滋味, 食之皆不老不死, 所居之人皆仙聖之種, 一日一夕, 飛相往來不可數焉.

불사사상은 이 당시 중국 전역에 유포되어 있었을 것으로 추측되기도 한다.

그러면 이러한 불사에 대한 추구는 가시적으로 어떻게 나타나게 되는가? 아마도 사람을 시켜 봉래(蓬萊), 방장(方丈), 영주(瀛州)의 삼신산에 있다고 생각되었던 불사약을 찾으려고 했던 전국시대의 제(齊)의 위왕(威王, B. C. 356~320), 연(燕)의 소왕(昭王, B. C. 311~279)에게서 그 구체적인 예를 최초로 찾을 수 있을 것 같다. 그런데 이 불사약은 삼심산에 사는 신선이 가지고 있던 것으로 믿어졌던 모양이다. 따라서 불사에 대한 탐구와 신선설은 불가분의 관계가 있음을 알 수 있다.

신선설의 배경이 되는 제와 연의 문화적 배경을 각각 보면 제는 고대 주왕조의 중심부에 가까우며 용산(龍山) 문화권 속에 포함되는 지역이며, 연에는 주구점(周口店)이 있어 이들 지역에 하나의 문화권이 형성되었을 것이라는 것을 알 수 있다. 『사기』에 의하면 특히 제 선왕이 직하(稷下)에서 추연(鄒衍)이나 전병(田駢)과 같은 방사적 식객들을 모아 놓고 대접했던 것도 이 나라가 하나의 문화권을 형성하고 있었다는 것을 방증하는 좋은 자료가 될 것이다.

신선설의 기원에 대해서는 여러 가지 설이 있는데 가장 널리 알려진 설은 제와 연이 발해만에 인접해 있기 때문에 이 지방(산동)의 바다에 나타나는 신기루에 근거한다고 하는 설이다. 이에 대해 구보(窪) 교수는 신기루와는 무관한 협서나 양자강 유역에서도 신설설과 아주 비슷한 설이 설해졌을 뿐만 아니라 장자에서도 묘고야 산에 산신이 산다는 구절이 있는 것으로 보아 신설설을 굳이 신기루와 연관시켜 생각하는 것에 반대 입장을 취하고 있다. 이런 맥락에서 그는 '신선설은 기원전 4세기 초까지 화북 각 지역의 산악 신앙에 심취된 방사들이 그 지방의 산과 결부시켜 각지에서 퍼뜨린

이야기'11)라고 결론짓고 있다. 그러나 이 주장에 대해 '선(仙)' 혹은 '선(僊)' 혹은 '선인(僊人)'으로 쓰였는데 '선(僊)'은 '가볍게 날아다니는 사람'이란 뜻으로 방술을 통해 하늘을 날아다니던 사람을 선인이라고 했다는 것이다. 그런데 한대 이후가 되면서 '선인(僊人)'은 '선인(仙人)'으로 쓰이게 되는데 '선(仙)'은 '헌(屳)'과 같은 것으로 산 위의 사람을 형상화한 것이라고 한다. 따라서 이 두 가지를 종합해 보면 '신선이라는 말속에는 신은 없어지지 않고 영원하며 죽지 않는다는 관념이 내포되어 있다. 요컨대 불사와 하늘 위를 나는 능력이 바로 신선이 지니고 있던 커다란 특징이었다.'12)

위에서 말하는 대로 신선설의 기원이 어디에 있던 간에 여기에서 말하는 신선들은 보통의 존재가 아니라 이미 선천적으로 불사를 이룬 완성된 존재이다. 이러한 신선관은 진시황제 때에도 그대로 답습되었을 뿐만 아니라 더 구체화된다. 즉 사기의 「진시황본기」에 의하면 즉위 28년에 제나라 사람인 서불(徐市)을 동남동녀 수천 명과 함께 바다로 보내 발해만에 있는 삼신산 등지에서 불사약을 찾게 하고 같은 32년에는 연나라 사람 노생(盧生)으로 하여금 신선을 찾게 하고 같은 해에 또 한종(韓終) 등의 방사를 바다로 보내 불사약을 찾게끔 했다는 기록이 있다. 그런데 이러한 신선관은 모두 위에서 언급한 대로 신선을 인간계와 멀리 떨어져서 사는 완전한 존재로 간주하는 신선관에 기초를 둔 것이다.

이러한 신선관은 전국시대 말이나 한 초가 되면서 서서히 변화하게 되는데 먼저 한무제 때의 방사 이소군(李少君)의 예에서 그러한

---

11) 窪德忠, 『道敎史』, (동경: 山川출판사, 1977), 79쪽.

12) 山田利名, 「神仙道」, 『도교 Ⅰ』, 339쪽. 신선설의 기원에 대한 이러한 설명 외에도 신선의 본체는 원래 중국 고대의 샤먼이었을 것이라는 주장도 특히 중국이나 미국의 학자들에 의해 만만치 않게 주장되고 있다. 정재서, 위의 논문, 108~116쪽, 참조.

변화를 찾아볼 수 있다. 즉 이제는 불사약을 얻기 위해서 신선을 꼭 찾아가야만 되는 것이 아니라 일정한 방술을 통해 신선을 우리가 사는 인간 세계로 끌어들일 수 있다는 것이 그 변화를 말해 준다. 그러면 특히 이소군이 한무제에게 진언한 내용을 직접 들어보자.

"조신을 제사지내면 귀신을 불러올 수 있고 그렇게 되면 단사를 변화시켜 황금을 만들 수 있습니다. 황금이 만들어져 그것으로 그릇을 만들면 장수하고 장수하게 되면 바다 가운데에 있는 봉래산에 사는 신선을 만날 수 있습니다. 이 신선을 만나서 봉선을 행하게 되면 죽지 않게 됩니다."13)

이외에도 소옹(少翁) 만대(萬代)와 같은 주로 제나 연나라 출신의 방사 역시 양생술적 방술을 사용하여 신선을 부르려고 한 예가 눈에 띈다.

그러나 중국인은 여기에서 그치지 않고 한 걸음 더 나아가 이 방사들이 창출해 낸 양생술적 방술을 통해 스스로 신선이 되려고 하는 야무진 꿈을 꾸게 된다. 이 때의 방법은 황금을 인위적으로 만드는 연금술법, 도인행기 등의 체조법이나 호흡법, 방중술 등이 그것인데 이소군의 예나 『회남자(淮男子)』, 마왕퇴(馬王堆)에서 출토된 「도인도」 등을 통해 한대에는 이미 도가적 양생법이 체계화된 것을 알 수 있다.

즉 한대 초기(B. C. 122)에 유안(劉安)에 의해 쓰여진 『회남자』의 「제속편(薺俗篇)」 등을 보면 왕교(王喬)나 적송자(赤松子)와 같은 신선이 신약에 의해서가 아니라 호흡법이나 행기법(行氣法)

---

13) 祠竈則致物, 致物而丹沙可化爲黃金, 黃金成以爲飮食器 則益壽, 益壽則 海中蓬萊 僊者乃可見, 見之以封禪則不死.

에 의해서 신선이 되었다는 기록이 보이며 또 '기를 기르고 정신을 집중시킨다.'와 같은 표현도 보인다. 이 방법들은 각각 후세의 호흡법과 내관법(內觀法)의 맹아가 되었을 것으로 생각된다.14) 아울러 장사(長沙)에서 발견되고 B. C. 2세기 중반경에 제작되었을 것으로 생각되는 마왕퇴의 「도인도」에는 초기의 도인(導引)하는 모습이 자세하게 그려져 있어 벌써 많은 양생술이 행해지고 있었던 것을 알 수 있다.15) 다시 말해 전대에서 유행하던 신선설과 같이 신선을 만나 신약을 받아 장생하려는 사상이 이때가 되면서부터 황금을 만들고 수행을 통해 방사 자신이 신선이 되려고 하는 획기적인 사상으로 바뀌게 된다. 이후의 도교의 근간을 이루는 이러한 신선설은 후한 대에 대성된 것으로 보이며 이것이 여러 방술, 신앙 등과 섞이면서 한대 이후에 복잡하게 전개된다. 그리고 이렇게 전개된 신선사상은 알려진 대로 남북조시대 때 갈홍(葛洪)에 의해『포박자(抱朴子)』에서 집대성된다.

3. 신선설의 집대성 ─갈홍: 외단법의 완성자

갈홍(A.D. 282~343)은 자신의 저서『포박자』의 내편 전체를 통해 열렬하게 신선의 존재에 대한 긍정적 주장을 펴나간 것으로 유명하다. 갈홍과 그의 저서에 대해서는 많은 연구가 발표되었고 비교적 학계에 잘 알려져 있기 때문에 이 글에서는 그가 체계화한 신선설, 즉 그가 제시한 신선이 되는 방법에 대해서 중점적으로 다루어 보고 그의 신선설이 전래의 신선설과 비교해 볼 때 어떤 변화와

---

14) 山田名利, 위의 논문, 356쪽.
15) 坂出祥伸, 「長生術」, 『도교 I』, 252~257쪽.

발전을 가져왔나 하는 점만을 보고자 한다.

갈홍은 신선 즉 불사의 존재가 되는 방법에 대해서 다음과 같이 말한다. "신선이 되고 싶으면 단지 그 지극히 중요한 것만 터득하면 된다. 지극히 중요한 것이란 보정(寶精), 행기(行氣), 대약(大藥)의 복용으로 족하다. 그 외 여러 가지를 할 필요가 없다."16) 여기서 말하는 방법 가운데 보정은 정기(精氣)의 축적과 순환을 통해 장생을 꾀하는 것으로 방줄술(房中術)이라고도 부르며 행기는 호흡법을, 마지막의 대약은 불사약을 지칭한다. 이 가운데에서도 갈홍이 특히 중요시했던 것은 대약의 복용, 즉 금단술이었던 것 같다.

위에 열거한 방법들을 육체를 수련하는 양형법(養形法)이라고 부른다면 갈홍은 이것에 못지 않게 수일법(守一法)과 같은 정신 수련[養神]적 명상법도 중요하게 여겼다. 그런데 이러한 양형술이나 양신술이 제대로 되기 위해서는 몇 가지 선결되어야할 요건이 있다. 그것은 한마디로 '선을 쌓아 공을 세우는 것[積善立功]'이라고 할 수 있는데 대체로 자비심, 용서하는 마음, 어진 마음, 남을 구하는 마음, 욕심을 줄이는 것과 같은 덕목이 그 근간을 이룬다. 갈홍은 신선이 되려고 하는 후보자는 이러한 덕목을 갖춘 총체적 인격자가 되어야 할 것을 주장했다.

"신선이 되고자 하는 자는 반드시 충, 효, 순, 인, 신과 같은 덕목을 근본으로 삼아야 한다. 만일 덕행을 닦지 않고 다만 방술에만 힘쓴다면 장생할 수 없다."17)

---

16) 欲求神仙, 唯當得其至要, 至要者在於寶精行氣, 服一大藥便足, 不用無也. 『포박자』 권8, 「釋滯」.

17) 欲求仙子, 要當以忠孝和順仁信爲本, 若德行不修, 以但務方術, 皆不得長生也. 『포박자』 권3, 「對欲」.

갈홍은 더 나아가서 『역내경(易內經)』과 같은 옛 경전을 인용하면서 인간의 몸에는 삼시(三尸)라는 벌레가 사는데 이 벌레들이 천계의 사명신(司命神)에게 인간의 죄를 보고하면 이 신은 그 죄의 대소를 가려 인간의 생명을 적게는 3일[算] 많게는 3백일[紀]을 빼앗아 간다고 주장했다. 갈홍은 이와 같이 신선이 되는 데에만 높은 인격과 덕성이 필요한 것으로 보았다.

1) 복약법

약을 복용해서 신선이 되는 방법인 복약법 즉 금단술에 대한 것은 이미 한대의 이소군에게서 그 초기의 예를 보았다. 이때 말하는 선약은 상중하 세 가지로 나눌 수 있는데[18] 대체로 상약만이 장생을 가능케 하고 나머지 중하약은 보조적인 기능에만 머물게 된다. 상약 가운데서도 보통 두 가지가 최상의 약으로 간주되는데 단약(丹藥), 즉 단사(丹砂) 혹은 황화수은(黃化水銀)으로 만든 약과 금액(金液), 즉 황금과 여러 광물을 섞어 액체로 만든 것이 그것이다.

단약은 그 주된 재료가 되는 황화수은이 원래의 색깔인 적홍색에서 은색, 백색으로 변했다가 다시 원래의 적홍색으로 돌아오는 강한 환원적인 성질을 가지기 때문에 채택된 약이다.[19] 즉 적홍빛을 띤 황화수은을 불로 태우면 은색인 수은만이 분리되는데 이 수은에 황을 가하면 원래의 황화수은으로 되돌아간다. 이것을 화학방정식으로 나타내보면

---

18) 『포박자』 권11, 「仙藥」.

19) 吉田光邦, 『鍊金術 – 仙術과 科學사이』, 오진곤 역, 『현대과학신서 45』, (전파과학사, 1975), 48쪽.

$$HgS+O \rightarrow Hg+SO, \ Hg+S \rightarrow HgS$$

이 된다. 아마도 갈홍을 포함한 옛 연금술사들에게는 단사가 갖는 이러한 환원성이 검은머리로 바꿀 수 있는, 즉 늙음을 젊음으로 바꿀 수 있는 힘을 가졌던 것으로 보였던 모양이다.

　이것은 금액의 경우도 마찬가지로 결코 변하지 않는 금속인 금을 먹으면 그 금의 속성을 본인의 것으로 만들어 자신도 결코 썩지 않고 영생할 것으로 믿었던 것이다. 갈홍은 황금의 불변성에 대해『금단편』에서 '황금은 불에 넣고 백 번 녹여 봐도 없어지지 않으며 땅에 묻으면 영원히 썩지 않는다.'[20]라는 의견을 피력하고 있고 같은 편에서 이러한 금을 복용하면 몸이 전부 금색으로 변하고 장생불사할 수 있다고 강력히 주장했다. 이러한 식의 사고방식은 제임스 프레이저(James G. Frazer)가 말하는 비슷한 것이 비슷한 것을 낳는다는 모방주술(imitative magic)의 법칙과 그 맥을 같이 하는데 여기서 말하는 논리를 더 밀고 나아가 보면 높이뛰기 선수가 더 높이 뛰기 위해 점프력이 좋은 개구리를 잡아먹는 꼴이 될 터인데 따라서 그 실효성에 대해서는 의문이 간다.

2) 행기법

　두 번째 방법인 행기법은 모든 생명체의 근원인 기를 보존하기 위한 방법이다. 갈홍도 '천지로부터 만물에 이르기까지 어느 것도 기에 의존해 살아가지 않는 것이 없다.'[21]고 말하고 있는 바와 같

---

20) 黃金入火, 白鍊不消, 埋之, 畢天不朽.『포박자』권4,「金丹」.
21) 夫人在氣中, 氣在人中, 自天地至於萬物, 無不順氣以生者也.『포박자』권5,「至理」.

이 기를 잘 보존하는 것이 수명을 연장하는데 필수 불가결한 조건
이 된다. 행기법의 가장 기본이 되는 법은 호흡법이다. 갈홍은 호흡
하는 방법, 호흡하는 시간 등 호흡법에 대해『포박자』에서 자세하게
설명하고 있는데 호흡하는 법으로서 가장 기본적인 것은 가능한 한
가장 느리게 즉 코밑에 새털을 놓더라도 그 새털이 흔들리지 않을
정도로 느리게 쉬어야 한다고 주장했다. 호흡하는 시간으로는 자정
부터 정오까지를 살아 있는 때[生時]로 보아 이때에 수련할 것을
권했다. 그런데 호흡 수련에 관한 한 가장 좋은 호흡법은 태식법(胎
息法)이다. 행기의 효과와 태식법의 중요성에 대해 갈홍은 다음의
의견을 피력하고 있다.

"행기는 그것으로 모든 병을 고칠 수 있고 돌림병이 퍼져 있는 곳에
도 들어갈 수 있다. …배고픔과 갈증을 면하게 할 수 있으며 수명도 연
장시킬 수 있다. 중요한 것은 태식일 뿐이다. 태식을 터득하게 되면 입
과 코를 쓰지 않고 호흡할 수 있는데 마치 태아가 뱃속에 있을 때 처
럼 숨쉴 수 있으면 도가 이룩된다."22)

태아와 같은 순진 무구한 상태, 또 숨을 코나 입으로 쉬지 않으면
서도 호흡을 하는 태아의 (완전)호흡법을 선망한 데에서 태식법의
연원을 찾을 수 있다. 즉 이 태식법은 도의 여러 표현 중에 하나인
어머니(母)에게로 복귀한 상태에서 아무 것도 하지 않는 것 같지만
모든 일이 이루어진다는 의미에서 도가의 이상인 무위자연과 그 맥
을 같이 한다고 볼 수 있을 것이다.23)

---

22) 故行氣或可以治白病, 或可以入瘟疫…或可以辟飢渴, 或可以延年命, 其大要
者胎息而已. 得胎息者, 能不已鼻口噓吸, 如在胞胎之中, 則道成矣.

23) 박승준, 「포박자의 불사추구에 관한 고찰」, (서강대학교 석사학위 논문,
1989), 52쪽.

3) 방중술

　세 번째 방법인 방중술은 남녀의 성적 결합의 조절을 통해 수명의 연장을 꾀하는 방법이다. 특히 남자가 갖고 있는 정액은 글자 그대로 생명의 진수인 정(精)이 가시화된 것으로 이것을 소모하면 그만큼 수명이 줄어든다고 믿었다. 따라서 방중술의 가장 기본적 요강은 성적 접촉을 하되 사정을 하지 않는 법이 되는데 갈홍은 이 방법 가운데에서도 환정보뇌법(還精補腦法), 즉 정액을 사정하지 않고 뒤로 돌려 뇌를 보강하는 법을 역설했다. 이 방법은 하단전을 원리적으로 대표하는 정(精)에 들어 있다고 여겨지는 양기를 인체의 가장 중요한 부분이면서 상단진의 중심부로 표현되는 뇌로 보내어, 뇌의 기를 강하게 하려는 데 그 목적이 있다. 또 방중술의 일반적인 목표를 유존인(柳存仁)과 같은 중국 학자는 주역의 괘, 즉 남자를 상징하는 리(離, ☲)와 여자를 상징하는 감(坎, ☵)괘를 빌어 설명하고 있다. 다시 말해서 남자가 여자와 성적 접촉을 통하여 감괘의 가운데에 있는 ―을 빼앗아 와 자신의 괘 가운데에 있는 --과 바꿈으로써 순양(純陽)이며 모든 것의 절정을 상징하는 건(乾, ☰)괘로 탈바꿈하는데 그 목표가 있다는 것이다.24) 재미있는 해석이라 아니할 수 없다. 그러나 갈홍은 주장하기를 방중술로 장생은 할 수 있지만 불사는 안 된다고 밝혔다.

　이외에도 몸을 깨끗이 하기 위해 곡식 섭취를 금하는 벽곡법과 도교식의 요가라 할 수 있는 도인술에 대해서도 언급하지만 갈홍이 위의 세 가지 방법 못지 않게 중요하게 여겼던 것은 수일법(守一

---

24) Liu Ts'un-Yan, "Taoist Self-Cultivation in Ming Thought," *Self and Society in Ming Thought*, W. Th. de Bary 편저, (뉴욕: Columbia University Press, 1970).

法)이었다. 수일법은 글자 그대로 하나를 지키는 법인데 도, 하늘, 땅, 신이 모두 이 하나에서 나오기 때문에 이 하나를 제대로 알고 지키면 모든 것을 달관하고 통달할 수 있다는 것이다. 다시 갈홍의 말을 빌어 살펴보자.

"하나를 지키고 참을 간직하면 신령과 통할 수 있다. … 하나를 아는 것은 어렵지 않으나 어려움은 그것을 끝까지 하는 데에 있다. 그것을 지켜 잃지 않으면 무궁할 수 있다."[25]

따라서 갈홍은 오래 살면서 수일 혹은 지일(知一)을 해야한다고 강조했다. 방중가들은 이러한 수일적인 명상법을 통해 신선을 간접적으로 혹은 직접적으로 만나 여러 가지 비전을 전수하기도 했다. 어떻든 이것은 후에 내관법(內觀法), 즉 도교의 주요한 명상법으로 정착이 되는데 이것이 제대로 집중적으로 발달하게 되는 것은 곧 보게 될 도홍경의 교학 체계 안에서였다.

이상으로 간단하게 살펴본 것이 갈홍의 신선설인데, 그의 신선설에서 가장 강조된 것은 역시 금단술이다. 아마도 단약과 같은 불사약을 만드는데『포박자』만큼 상세하게 체계화시킨 책은 갈홍 이전에는 없었을 것이다. 그런데『포박자』에서 밝힌 금단을 중심으로 한 이러한 신선설을 이전의 신선설과 비교해 볼 때 두드러진 특징으로서는, 이전의 신선설이 제왕만을 상대로 하고 소수의 방사들이 그 이론을 독차지하고 있었던 것이 반해, 이제『포박자』에서는 누구나 신선이 될 수 있는 길을 열어 놓은 것이다. 다시금 갈홍의 설을 요약하면, 신선의 존재에 대한 확고한 믿음을 바탕으로 해서 그 신선

---

25) 守一存眞, 乃能通神, …和一不難, 難在於終, 守之不失, 可已無窮.『포박자』권18,「地眞」.

이 되는 법을 집대성하고 체계화시켜 모든 사람이 신선이 될 수 있다는 강한 확신감을 심어놓고 신선이 되는 법을 구체적으로 제시함으로써 모든 사람이 신선설에 가까이 갈 수 있게끔 신선설의 보편화를 추구했다.

4. 도교 교학의 체계화 —도홍경: 내단법의 완성자

북위(北魏)의 신천사도가 구겸지(寇謙之)에 의해 설립된 지 반세기 정도 지났을 무렵 강남의 강소성 구용현(句容縣)에는 새로운 도교 즉 모산파(茅山派) 혹은 상청파(上淸派)가 태동하고 있었다. 이 상청파의 대성자는 보통 양(梁)의 도홍경(陶弘景, 456~536)으로 말해지는데 이 모산파의 특색은 특히 천사도와 같은 교파와 비교해 볼 때 '외적이고 집단적인 종교적 수련 형태에서 명상 쪽에 보다 많은 중점을 둔 형태로 옮겨가는 과도기를 대표한다.'26) 예를 들면 상청파의 주요 경전으로 되어있는 『대동진경』이나 『황정경』에서는 명상적 수행에 주로 관심을 쏟고 있는데 여기서 말하는 명상이란 우리의 몸속에 주재하고 있으면서 우리의 생명을 지탱하는 것으로 믿어지는 여러 신들을 지키고[守] 이 신들을 가시화[存]시킴으로써 장수 혹은 불사를 도모하려고 하는 것을 말한다.

이러한 전통을 이어받은 도홍경은 전체 도교사 중에서도 도교 교학의 체계를 세운 도사로 더 유명하다. 특히 육수정(陸修靜)의 삼동설(三洞說)을 이어받아 사보설(四輔說)을 첨가시켜 삼동사보 칠

---

26) Andersen Poul, *The Method of Holding the Three Ones: The Taoist Manual of Meditation of the Fourth Century A. D.*, (London: Curzon Press, 1979), 11쪽.

부(七部)로 도교 경전을 분류하고 체계화시킨 것, 또 불교의 설을 이용해 도경의 설을 체계화시킨 점, 또 갈홍과 같이 금단에 의한 불사의 주장이 아니라 이것을 넘어서 본초학에 기초를 둔 합리적인 체계를 가진 도교를 완성시키려한 점, 또 불교의 만다라에 비교되는 『진령위업도(眞靈位業圖)』를 편찬해 도교의 신들을 체계화한 점 등이 모두 그의 불멸의 공적에 속할 것이다.

도홍경의 일생은 대체로 492년에 모산으로 은퇴하는 것을 기점으로 해서 두 부분으로 나뉘는데 그가 도사가 되는 것은 이보다 약간 이전인 484~486년 사이로 잡는다. 기록에 의하면 그의 양친은 481년과 484년 사이에 세상을 뜨는데 아마도 이러한 갑작스러운 부모의 죽음이 그로 하여금 종교적 회심을 할 기회, 즉 도사로 득도하는 기회를 마련했을 것으로 생각되는데 그의 스승은 송(宋, 420~479)대 제일의 도사인 육수정의 고제(高弟)였던 손유악(孫遊嶽)이었다.27) 그러나 이 글과 관계되는 것은 그의 가족적 배경이다. 즉 그의 할머니와 어머니가 신실한 불교도였다고 알려져 있는데, 이것은 후에 그가 불교의 영향을 받아 도교의 명상 전통을 내면화시킨 것과 결코 무관하지 않을 것으로 생각된다. 도홍경의 사상 체계에 내면적 명상 전통을 강조하는 불교가 영향을 끼쳤으리라는 것은 다른 통로로도 그 추측이 가능한데 가령 그가 꿈에 붓다를 만나 『보리기(菩提記)』라는 책을 받고 승력(勝力)보살이라는 법호와 오계(五戒)를 받았다는 사실이 그것이다.28) 뒤에서 보는 비와 같이 불교 전통이 이와 같이 도홍경에게 흡수될 수 있었던 것은 아마도 이때 이미 불교가 상당한 정도로 중국에 뿌리내리는 과정을 끝

---

27) Michel Striokmann, "On the Alchemy of T'ao Hung-ching," *Facers of Taoism*, Holmes Welch 외 편저, (New Haven: Yale University Press, 1979), 138~139쪽.
28) 神井文雅, 「道敎と佛敎」, 『도교Ⅱ』, (동경: 平河출판사, 1983), 102쪽.

176

냈고 도교도나 지식분자 등 민중 사이에서 큰 인기를 누리고 있었던 때문으로 생각된다.[29]

일단 위와 같은 도홍경의 가족 내지 시대적 배경을 염두에 두고, 도홍경의 불후의 업적으로 꼽으며 이 글의 주제와 맞아떨어지는 것은 그의 저서인 『진고(眞誥)』와 『등진은결(登眞隱訣)』을 통해 내면적인 명상법을 완성시킨 점이다. 이에 대해 일인 학자 아끼즈까(秋月)는 다음과 같이 말하고 있다. '그(도홍경)가 항상 육(수정)과 함께 칭해지는 것은 그가 도교 경전의 정비에 큰 공덕이 있었기 때문이기도 하고 그 중에서도 상청도교학의 연원을 보여주는 『진고』를 교정, 편찬하고 거기에다 갈홍의 금단술에 대응하는 새로운 신선술, 다시 말해 내면적인 성신의 순화에 의해 도(道)와 합일하여 장생구시(長生久視)에 이르는 수일(守一)의 (신)선도 이론을 설명한 『등진등결』을 저술해서 그것에 의해 도교의 교학적인 기초를 확립하고 교단 조직의 일체화에 대한 기반을 정하게 되었다는 점에서 불멸의 공적이라고 말해도 좋다.'[30] 다소 긴 인용이긴 했지만 이것으로 도홍경의 새로운 신선술에 대한 설명은 충분하다고 본다.

이 두 책 중에 『진고』는 대부분이 현존 『도장』에 남아 있어 그 내용을 알 수가 있는데 물론 내적인 명상만을 다룬 책은 아니다. 『진고』가 도홍경에 의해 만들어지는 과정은 상청파가 형성되는 과정과 거의 일치한다. 상청파의 연원은 보통 여선(女仙)인 위화존(魏華存)으로 잡는데 진(晉)대에 그녀가 영매인 양희(楊羲)와 허씨 두 형제(許謐과 許滅)를 통해 여러 해(364~370) 동안 계시

---

29) Charles W. Fu, "Parting of the Taoist Way: Neo-Taoism versus Taoist Religion," (미간행논문), 33쪽.
30) 秋月觀英, 「道敎史」, 『도교 Ⅰ』, 51~52쪽.

전달한 경전이 그후 몇 사람의 손을 거쳐 도홍경의 손에 들어가 정리된 것이 『진고』라고 한다. 이 책은 20권으로 구성되어 있는데 대부분이 진으로부터 계시받은 내용으로 되어 있다.[31] 그런데 여기에는 선술(仙術)의 비결, 본초학에 의거한 선약 만드는 방법, 양생과 금기의 구결, 묘지 고르는 법 등 다양한 신선술이 적혀 있는데 어떻든 금단에 관한 언급은 별로 찾아볼 수 없는 모양이다.

그 실례로 이 책이 후에 송(宋)의 공희선, 휴선(孔熙先, 休先) 형제의 손에 들어갔을 때, 이들은 이 책에 단약을 만드는 법이 쓰여 있지 않는 것에 실망하고 '이 책은 공허한 말만 늘어 놓았다.'고 말했다고 한다. 반면 도홍경은 이 『대동진경』을 읽은 공덕이 금단과 같다고 하면서 금단에 대해서는 별 관심을 갖지 않은 것처럼 보인다. 이런 맥락에서 미야가와(宮川) 박사는 '그러므로 이파(상청파) 갈시(葛氏)의 계통을 이은 갈소보(葛巢甫), 임연경(任延經), 서영기(徐靈期) 등의 동진 말에 유행했던 영보경(靈寶經) 소지자들의 금단지상(金丹至上)설에 반대하고 있는 것이다.'고 말하고 있다.[32]

이러한 내단적인 내관법은 그의 또 다른 저서 『등진은결』에도 자세하게 설명되어 있는데 여기서 그는 앞에서 언급한 『황정경』이나 『대동진경』의 내용을 한 걸음 더 전진시켜 나름대로의 수일적 명상법을 완성시켰다. 위의 『진고』가 제대로 남아 있는 것과는 달리 『등진은결』은 불행하게도 3장만이 『도장(道藏)』 안에 남아 있고 아주 작은 부분이 『태평어람(太平御覽)』에 남아 있나고 힌다.[33] 이러한 단편적 부분에서 추출해 낼 수 있는 도홍경이 말하는 명상법의 내용은 다음과 같다.

---

31) Michel Strickmann, "Mao Shan Revelation: Taoism and Aristocracy," *T'oung Pao*, 27: 1~64(1982).
32) 宮川向志, 『六朝史硏究-宗敎編』, (平藥寺書店, 1964), 138쪽.
33) Michel Strickmann, 앞의 논문, 17쪽.

도홍경은 모산 전통을 가르치는 데에 있어서 장수할 수 있는 음식의 연구나 화학적인 연금술보다는 몸속의 신(神)을 불러냄으로써 소우주인 몸을 비우는 의례의 성격을 띠는 명상법이 장생불사의 추구를 가능케 하는 방법이라고 가르쳤다. 이와 같이 도홍경은 『황정경』의 가르침을 결론에까지 밀고 나아가 결국 도교의 정통적인 '의례적 성격을 띠는' 수련 방법이 형성되는 데에 마지막 손질을 가했다. 도사는 자신의 몸을 정화시키고 가장 높은 하늘의 신마저 비우는 명상을 통해 스스로 초월적인 도와 만날 수 있는 준비를 하는 것이다.34)

다소 긴 인용이기는 했지만 이 글을 통해 도홍경이 추구하던 명상의 대강이 얼마간은 밝혀졌으리라 본다.

그러나 도홍경이 내관법에만 관심이 있고 금단술에 전혀 관심이 없었던 것은 아니다. 그는 말년에 양무제의 부탁을 받고 금단 제조에 들어가게 되나 성공한 것 같지는 않고 따라서 그 극약성의 금단을 먹지도 않았다. 따라서 우리는 스트릭만이 주장하는 것처럼 도홍경의 금단 제조 시기가 그의 한창 시기에 이루어진 것도 아니고 그 금단을 먹지도 않았으며 또 그는 본질적으로 방술적 도사이기보다는 학자였다는 것을 이유로 금단에 대한 그의 관심은 상대적으로 적었다고 결론내려도 크게 어긋날 것 같지는 않다.35)

---

34) Michael Saso, *The Teachings of Taoist Master Chuang*, (Yale University Press, 1979), 44쪽.
35) M. Strickmann, 앞의 논문, 190쪽.

5. 도교의 개혁 - 왕중양

위에서 언급한 바와 같이 외단과 내단적인 방법이 각각 갈홍과 도홍경에 의해 정립이 된 이후 도교에서의 불사추구는 이들이 제시한 방법으로 계속 추구되어 내려왔다. 즉 외단적인 방법으로서는 금단의 복용을 통해 불사를 갈구해 왔는데 그 대표적인 실례로서는 당(唐)대에 적어도 7명의 황제가 영생을 꿈꾸어 도사들이 만들어 준 단약을 먹고 죽은 사건을 들 수 있다. 또 내단적인 방법도 외단을 추구하는 도사들이 겸수했을 것이며 갈홍이나 도홍경에 의해 정리돼 명상 체계를 답습했을 것으로 생각된다. 이러한 도교의 전통적 양태는 송대, 특히 남송대에 들어오면서 크게 변화하게 되는데, 다시 말해 외단적인 것에 대한 추구가 약해지고 현저하게 내단적인 방법을 중요시하게 된다. 나이또(內藤湖南)교수는 이렇게 말하고 있다.

"당대까지는 인공적인 것을 좋아했는데 송대가 되면서부터는 자연적인 것을 존중하게 되는데, 신기하게 생각되는 것은 의학과 양생술에 관한 것도 마찬가지여서 당까지는 외부로부터 약을 공급하는 방법으로 장생하고 싶은 생각에 대단히 자극성이 강한 광물성 약을 사용했는데 송 이후부터는 내부를 중시하는 양생법으로 바뀌었다. 다시 말해 외단에서 내단으로 바뀐 것이다. 내단이란 인미니 체조와 같은 방법을 사용하여 약의 힘을 빌리지 않고 자기 힘으로 행하는 방법이다."[36]

이런 맥락에서 지금까지 외단적인 의미로 해석하던 것을 내단의

---

36) 內藤湖南, 「近代支那 文化生活」, 村上嘉實, 「연금술」, 『도교 Ⅰ』, 297쪽, 재인용.

180

의미로 해석하게 되었는데 주자의『참동계고이(參同契考異)』가 그 대표적인 예라는 것이다.

이런 시대적 풍조에 힘입어 민중도교적 측면에서는 대단한 개혁 운동이 일어나는데 전진교(全眞敎)를 창도한 왕중양(1112~1170)은 그 대표적 인물이다. 왕중양은 정확히 말해 금(金)대의 인물이다. 사실상 금대의 도교 개혁은 왕중양 보다 약 30년 더 앞서 태일교(太一敎)를 창시한 소포진(簫抱珍)과 이보다 조금 늦게 나온 진대도교(眞大道敎)를 창시한 유덕인(劉德仁)에 의해 먼저 시작되었다. 왕중양의 전진교까지를 포함해서 이 세 도교 개혁 교단은 많은 공통점, 즉 삼교동원사상이라든가 실천적 성격이 강한 서민적 교단이라든가 하는 공통전을 공유하지만[37] 본고와 관련이 되는 것은 이 세 교단이 정도는 약간 달리하지만 종래의 도교가 중시하던 부적이나 주술적인 것을 멀리하고 금단을 중심으로 하는 양생술을 배척하고 있는 점이다.

이 가운데서도 금대 이후에 북중국 일대를 석권하면서 중국 종교사상에 큰 영향을 끼쳤던 것은 왕중양의 '전진교'이다. 전체 중국 종교사상사적으로 볼 때 전진교를 도교의 개혁파라고 보는 이유는 불교, 특히 선불교를 받아들여 종래의 주술적 도교를 개혁한 점일 것이다. 이것은 왕이 그의 제자들에게 교시한『입교십오론(立敎十五論)』을 보면 그 점을 명확하게 알 수 있다. 이 점의 이해를 돕기 위해 왕의 전진교가 종래의 도교와 어떻게 달라졌나 하는 것을 간단하게 그의 저서를 중심으로 검토해 보기로 하자.

이 책에 나와 있는 15가지의 조항을 다 검토할 필요는 없고 이 글의 내용과 연관되는 것만을 보면 먼저 제4조에서는 약을 논하면

---

37) 窪德忠 외 저,『中國文化叢書』6,「종교」, (동경: 大修館書店, 1967), 153~161쪽.

서 '약은 산천의 수기(秀氣)이고 초목의 정화(精華)라서 생명을 좌우하니 수행자는 약에 통해야 한다.'고 주장하면서도 종래의 불사약에 대한 언급은 전혀 하지 않고 있다. 제7조에서 말하는 타좌법(打坐法)은 선(禪)의 그것과 거의 흡사한 것을 말하는데 그 내용은, 형(形)으로만 하는 것은 거짓된 것이고 마음을 행주좌와 때 태산과 같이 부동(不動)하게 하고 외경을 끊는 것이 진정한 타좌법이라고 하고 있다. 제14조에 가서는 양신(養身)하는 법을 논한다고 하면서 아예 불교의 법신(法身)사상을 논하고 있다.

"법신이라는 것은 형체가 없는 것이라 빈 것도 있는 것도 아니며 전후도 없고 위 아래 길고 짧은 것도 없어 쓰게 되면 어디에나 통하지 않는 바가 없고 감추면 자취 없이 사라진다."[38]

이와 같이 많은 불교의 영향을 보이는데 이외에도 출가나 운수행각을 종용했던 점, 불립문자를 주장하고 불교적 계율을 받아들인 점, 또 도사의 수행을 불교의 자리이타(自利利他) 사상을 받아들여 진공진행(眞功眞行)으로 나눈 것을 들 수 있다. 그런 까닭에 이 글은 가끔 등장하는 신(神), 기(氣)와 같은 도교의 용어가 아니라면 불교의 문장으로 혼동할 정도로 불교의 채취가 물씬 난다. 바로 이러한 불교의 강한 영향 때문에 전진교는 종래의 주술적 도교를 타파할 수 있었던 것이 아닌가 생각된다.

반면 전진교를 도교사상(史上) 개혁파로 보는 이유는 물론 위에서 열거한 특징도 포함되겠지만 무엇보다도 그가 종래의 도교에서 중요시하던 금단으로 불사를 추구하던 외단법과 관계를 끊은 점일

---

38) 法身者, 無形之相也, 不空不有, 無後無前, 不下不高, 非短非長, 用則無所不通, 藏之則 默無跡. 「重陽立敎十五論」, 『도장』, 楹七部.

것이다. 왕은 자신의 시 가운데에서도 선(仙)이나 금단을 논하지 않는다고 명확히 밝히고 있고 그의 직제자인 마단양(馬丹陽)도 금단, 도인, 벽곡, 방중술 등의 도교적 방술을 거부하고 있다. 한번은 마단양이 병이 걸렸을 때 왕은 '열두자 구결(口訣)'을 주며 이것 외에는 더 좋은 약이 없다고 한 것 역시 그가 단약의 복이법을 부정한 예가 될 것이다. 도장에 있는 그의 저술에 나온 그의 불사관을 직접 보기로 하자. 『중양진인금궐옥쇄결(重陽眞人金闕玉鎖訣)』 제2장에는 다음과 같이 서술되어 있다.

"묻기를, 죽지 않는 사람은 무엇을 말합니까? 답하기를, 죽지 않는 사람은 그 몸이 청정하고 단전에 있는 진기를 아끼고 정혈이 쇠하지 않는 그런 사람을 말한다."39)

이 외에도 『중양진인수단양이십사결(重陽眞人授丹陽二十四訣)』 제4장에는 다음과 같이 되어 있다.

"단양이 또 묻기를 무엇을 장생불사한다고 합니까? 조사가 답하길 진정한 성품이 어지럽지 않고 모든 인연이 걸리지 않아 오고감이 없는 것, 이것을 장생불사라 한다."40)

전통적으로 도교가 추구해오던 신선과 같은 영생불사의 존재에 대한 언급은 전혀 보이지 않는다. 왕중양의 전진교에서 종래 도교의 장생불사관을 완전히 뒤엎은 예는 아마도 왕의 수제자 가운데 한

---

39) 門曰. 不老之人何也. 答曰. 不老者爲其人身淸與垢. 惜眞氣在丹田. 精血不衰. 其人不死也.

40) 丹陽又問. 何者名爲長生不死. 祖歸答曰. 是這眞性不亂. 萬綠不掛不去不來. 此是長生不死也.

사람인 구장춘(丘長春)이 징기스칸과 가진 대화에서 찾아야 할 것이다. 1222년 서역에 정벌나간 징기스칸을 찾아간 구장춘은 징기스칸에게 장생약이 있느냐는 질문을 받는다. 이에 구장춘은 위생의 방법은 있으나 별도로 장생약이라고 칭할 수 있는 것은 없다고 답한다. 여기서 우리는 과거의 도교가 절대적 교지처럼 추구했던 신선이 되어 장생불사하려는 목표가 완전히 부정되고 있음을 발견한다. 실로 큰 변화가 아닐 수 없다.

위와 같은 왕의 금단에 대한 부정에도 불구하고 그는 담단도의 용어를 계속 사용한다. 이것은 왕이 감하(甘河)에서 '후에 여조(呂祖)라고 간주되는' 은사로부터 받은 구결이 금단도적인 용어로 쓰여 있기 때문이지만 그 내용은 모두 내단적으로 해석하고 있다. 가령 한 알의 단이 완성되었다는 금단적인 용어는 깨달음의 경지에 이르렀다는 것을 의미하는 내단적인 의미로 해석된다.

이와 관련해서 비록 왕중양과 직접 관계가 있는 것은 아니지만 이 소고의 주제를 다룰 때 빼놓을 수 없는 것은 북송 중기에 일어나서 원조(元朝) 중기에 전진교 남종(南宗)으로 의도적으로 편입되는 (신)금단도이다. 원래 이 금단도는 도교 교학(특히 내단)의 또 하나의 금자탑이라고 불리는 『오진편(悟眞篇)』[41]의 저자인 장자양(張紫陽) 진인으로 시작되었는데 14세기 전반에 금단도의 도사 진치허(陳致虛)가 당시 융성한 교단을 갖고 있던 전진교와 금단도를 결부시켜 더 포교하려는 의도 이래 전진교 남종으로 스스로의 교단을 부르기 시작한다.

그 연원이나 후의 발전이 어떻게 됐든 이 금단도는 이전의 연금술 중심의 금단도와는 전혀 다른 교의 내용을 갖게 된다. 즉 우리의

---

41) 이 책은 약간 복잡한 형태이지만 다행스럽게도 번역이 되었다. 韓重洙 역저, 『仙藥, 丹道』, (명문당, 1986).

몸을 용광로로 상정하고 몸안의 장기를 각종 약재 혹은 솥[鼎釜]으로 보아 외물(外物)을 이용하지 않고 몸안에서 금단을 연성(鍊成)시켜 금신(金身)을 실현해 불사의 도를 얻을 수 있다고 주장했다.[42] 이때의 금신은 도태(道胎, immortal fetus), 즉 죽지 않는 새로운 자아의 완성으로도 표현될 수 있다. 외면적인 방법으로 불사를 추구해오던 종래의 도교는 이와 같이 완전히 내면적인 방법으로 전환하게 된다.

6. 맺는 말

중국 도교에서의 불사관은, 간단히 요약해보면, 부단히 외면적인 추구에서 내면적인 추구로 변형되어 내려왔다. 가장 초기에는 불사의 신선이 우리와는 전혀 다른 존재이며 그들에게 가까이 가는 것이 거의 불가능한 존재로 상정되다가 곧 신선은 저자 거리로 불러내 올 수 있는 친숙한 존재가 된다. 중국인은 여기에도 만족하지 못하고 급기야는 스스로 신선이 될 수 있다는 자신을 갖게 되어 그 방법으로서 수 많은 방술을 고안해낸다. 이러한 방술은 크게 외적인 방법인 외단과 내적인 방법인 내단으로 가를 수가 있는데 전자는 갈홍에 의해, 후자는 도홍경에 의해 집대성된 것으로 생각된다. 이러한 전통은 남송대가 되면서 크게 격변하여 전진교의 왕중양과 그의 제자들은 아예 외단적인 단약을 부정하기에 이르렀고 반면 (신)금단도에서는 외단적 용어를 철저히 내면화시켜 전혀 새로운 금단도를 만들어냈다. 위의 두 교단의 변화는 아마도 불교에서 영향받은 바가 클 것으로 생각된다.

____

42) 吉岡義豊, 『永生への願い』, (淡文社, 1970), 161쪽.

　그렇다고 해서 중국인의 신선에 대한 추구가 결코 없어진 것은 아니다. 위의 내용은 소수의 엘리트적 도사에 한정되는 이야기이고 대다수의 민중들은 그들의 소원을 들어주는 신인적인 존재로 항상 신선을 갈구해왔다. 가령 단약의 실재를 거부하고 외적인 존재로서의 신선에 전혀 관심없었던 전진교의 총본산인 백운관(白雲觀)에는 극히 최근까지 신선에 대한 도교도들의 소박한 믿음에 얽힌 이야기가 전해 내려온다. 즉 음력 1월 19일이면 신선이 백운관으로 내려온다고 하는데 어느 시각에, 어디로, 어떤 형태로 내려오는지는 아무도 모른다고 한다. 백운관의 도교도들은 다만 한번이라도 이 신선을 만나면 병이 낫고 장생한다고 믿었다고 한다. 이외에도 팔선도와 같은 그림이 있는 것과 같이 팔선(八仙)이라는 이름으로 중국인민들에게 가장 가까운 신선들이 있는 등 중국인들은 항상 신선에 대한 믿음을 지켜왔다.

<u>가톨릭</u>

죽어도 임과 함께
살아도 임과 함께

죽어도 임과 함께 살아도 임과 함께

정 양 모*

사람은 누구나 삶과 죽음과 저승에 관해 나름대로 일정한 관을 지니고 이승을 살아간다. 인생관, 사관, 내세관이 그것이다. 그중 인생관에 관해서는 대체로 당당하고 분명하게 자신의 소견을 피력한다. 그러나 생각이 죽음에 미치면 두려워하기 일쑤요, 생각이 저승에 이르면 전혀 감이 잡히지 않아 말문이 막히기 십상이다. 그러니 앞서간 현자들과 도인들에게서 예지를 익히고, 제2차 세계대전 이후 정립되기 시작한 죽음의 학문[死學]으로부터 가르침을 받고 싶다. 소크라테스, 예수, 바울로, 그리고 요즘의 사학이 제시하는 사관과 내세관을 주마간산 격으로나마 일별하고자 한다.

---

* 성공회대학교 신학과 교수

1. 영혼은 불멸하니 － 소크라테스

기원전 399년 아테네 민회가 소집되었다. 소크라테스의 죄상을 논하려는 것이었다. 그가 공인된 신들을 섬기지 않고 생소한 신들을 수입했다는 것이 첫째 죄목이요, 청년들을 타락시켰다는 것이 둘째 죄목이었다. 배심원 501명 중 과반수가 기소 내용에 찬동해서 우선 유죄판결을 내리고, 곧 이어서 형량을 사형으로 확정하였다.

제자 플라톤은 『파이돈』115~118항에서 스승의 사형 당일 일과를 불세출의 필치로 엮어 놓았다. 플라톤은 당일 현장에 있지 못했지만, 그 자리에 있었던 자기 동료들의 전언을 충실히 옮겨 썼다.

소크라테스의 제자들은 그날 아침 감옥으로 스승을 찾아가 늘 그랬듯이 긴 이야기를 주고받았다. 그날 대화의 주제는 죽음과 영혼불멸. 인간은 소멸하는 육신과 불멸하는 영혼으로 만들어졌다는 것, 자신이 독배를 마시면 육신은 멸하지만 영혼만은 '행복한 이들의 축복들을 누리려 떠나간다는 것'(115항), 그러니 죽음은 흉사가 아니라 고귀한 영혼이 비천한 육신에서 해방되는 경사라는 것, 이런 철리를 다시 한 번 제자들에게 설파하였다. 그리고서 목욕을 하고 세 아들과 집안 부인들과 작별 인사를 나누었다. 아직 해가 지지도 않았는데, 그는 서둘러 독배를 마련하라고 재촉했다.

독미나리에서 채취한 독약을 형리가 가져오자 소크라테스는 '매우 유쾌하고 태연하게 쭉' 마셨다.(117항) 발끝에서부터 차츰차츰 식어 올라와 이미 하반신이 마비되었을 때, 그는 자기 얼굴을 가린 천을 벗기면서 "크리톤, 아스클레피오스(아폴로 신의 아들로서 치유의 신)에게 수탉 한 마리를 바쳐야 하네. 그렇게 해주게. 잊지 말게나."라고 유언하고 곧 운명(運命)하였다.(118항)

당대의 가장 탁월한 현자는 영혼불멸을 확신한 나머지 흔쾌히 죽음을 수락했고, 온 인류는 그 죽음을 잊지 않고 상기한다.

2. 이 잔을 거두어 주소서 −예수

소크라테스는 영혼불멸을 확신하고 아울러 죽음이야말로 고귀한 영혼이 비천한 육신으로부터 해방되는 경사라고 보았기 때문에 기꺼이 죽음을 받아들였다. 죽고 싶어 죽은 사람이 소크라테스 철인이었다.

그러나 예수는 달랐다. 아주 달랐다. 예수는 죽고 싶은 생각이 전혀 없었으나, 서기 30년 4월 7일 처형되었다. 그 전날 밤 게세마니에서 지극히 번민하면서, 제발 죽음의 잔일랑 거두어 주십사고 하느님 압바께 간구하였다.(마르 14, 34~36) 죽기를 싫어하고 좀 더 살고 싶어하는 예수의 인간적인 모습, 너무나도 인간적인 모습이 잘 드러나는 간구이다. 어디 그 뿐이랴. 평소 예수는 하느님의 나라에 집착하였다. 그 나라는 곧 올 것이요, 아니 부분적으로는 이미 왔다고 거듭거듭 외쳤다.(神國宣布) 아울러 한 맺힌 밑바닥 민초들과 어울리고 병자들을 고쳐줌으로써 하느님 나라의 위력을 과시하곤 하였다.(神國實現) 그러면서 살아 생전에 그 나라가 아주 이룩되면 온 누리가 구원될 것을 믿고 바랐다. 그런데 당신이 죽어버리면 신국은 어떻게 도래하지?

이것이 예수가 죽음을 마다한 근본 이유겠다.

가장 오래된 복음서인 마르코 복음서에 따르면, 예수는 십자가에 달려 딱 한 말씀만 했다. "나의 하느님, 나의 하느님, 어찌하여 나를 버리셨습니까?"(15, 34＝시편 22, 2) 프랑스의 문호 앙드레 지드(1869~1951년, 1947년 노벨문학상 수상)는 예수의 저 임종게를 절망적인 절규, 최후발악으로 이해했던가.

철석같이 믿은 하느님 압바로부터 버림받았다는 고독감·절망감이 엿보이는 게 사실이다. 그렇지만 끝까지 하느님께 의탁하는 신뢰감도 있었다. 사실 시편 22는 고난받는 의인이 하느님의 구원을 확신하고 간청하는 기도문인 것이다. 루가복음 작가는 단지 절망적인 절규처럼 들릴 수도 있는 마르 15, 34를 삭제하고 그 대신 "아버지, 제 영을 당신 손에 맡기옵니다."(23, 46 = 시편 31, 5)라고 고쳐 썼다. 그럼으로써 루가는 마르 15, 34 부르짖음에 내포된 긍정적 측면을 밝혔다. 예수는 울적한 고립감(마르 15, 34 = 임종의 네째 단계)을 극복하고, 결국 하느님 압바께 일신을 맡기는 수락(루가 23, 46 = 임종의 다섯째 단계)에 이르렀다고 루가는 해명하였다.

참고로 일러두거니와 루가 복음서의 예수님 임종게(23, 46 = 시편 31, 5)는 유대인들이 바치던 저녁기도문이었다.(바빌론 탈뭇, 브라콧 5a) 서산에 해가 기우는 황혼에 바치던 이스라엘 동족들의 기도문을 예수는 목숨이 다하는 순간에 바쳤다는 것이다.

그런가 하면 서기 36년 경 그리스도인으로서는 맨 처음으로 예루살렘에서 순교한 스테파노 역시 예수님과 매우 비슷한 임종게를 발설하였다고 한다. "주 예수님, 제 영을 받으소서."(사도 7, 59) 예수는 하느님 압바께 의탁한 데 비해서, 스테파노는 주 예수께 의탁한 점이 다를 뿐이다.

예수와 스테파노의 사세구들은 그리스도인들이 어떻게 임종을 맞아야 하는지 명시하는 아주 값진 가르침들임에 틀림없다.

3. 살아도 임과 함께 죽어도 임과 함께 – 바울로

또 한 사람, 도무지 죽을 생각조차 하지 않았던 위인이 있다. 그 이름은 사도 바울로이다. 그는 서기 36~58년 사이에 지중해 동부 여러 지역에서 대대적으로 기독교를 전파한 사람이다.

그는 말세사상에 사로잡혀, 미구에 예수 그리스도가 재림하면 죽지 않고 산 채로 구원받을 줄 믿었었다.(1데살 4, 17; 1고린 15, 51~52; 2고린 5, 1~10) 그러다가 제3차 전도 여행 중(53~58년경) 오늘날의 터키 남부에 자리한 에페소에서 27개월 가까이 예수 그리스도를 선전할 무렵, 에페소 주둔 로마군 부대 감옥에 갇혀 생사를 기약할 수 없는 형편이 되었다.(필립 1, 13; 2고린 1, 8~10) 예수 그리스도 신앙 때문에 순교를 당할지도 모를 처지에 놓였던 것이다. 예수 그리스도 재림 이전에 죽을 것만 같다는 생각을 하면서 생전 처음으로 사후 저승에 관해 언급한다.

그럼 가보지도 않은 저승 이야기를 어떻게 하지? 바울로는 이승의 신앙 체험을 아주 자연스레 저승으로 투사했다. 부활하여 현존하는 그리스도와 함께 나날을 살아가는 이승의 신앙 체험을 고스란히 저승으로 옮겨 놓았던 것이다. 직접 그의 말을 들어보자. "나는 세상을 떠나 그리스도와 함께 있기를 원하니, 사실 그 편이 훨씬 낫습니다."(필립 1, 13) 여기에는 다음과 같은 논리가 깔려 있다. 이승에서 살 만큼 살았다. 이제 저승에 가서 그리스도와 함께 얼굴과 얼굴을 맞대고 살고 싶다. 이승에서 그리스도를 모시고 산 이 몸을 그분이 저버릴 리가 있겠느냐. 이 얼마나 소탈하고 진솔한 명상이요 묵상인가.

바울로는 "내가 죽고 나면 어떻게 그리스도와 공존할 수 있을까?" 하는 문제는 제기조차 하지 않는다. 명상과 묵상은 할지언정 저승을 두고 상상과 공상, 환상과 망상 따위는 아예 할 생각조차 하지 않는다. 천당·지옥·연옥 순례를 즐긴 단테와는 아주 대조적인 처신이라 하지 않을 수 없다.

4. 죽음 연구[死學]

제2차 세계대전 이후부터 본격적으로 죽음을 연구하여 상당한 성과를 거두고 있다. 나는 퀴블러로스, 데에켄(일본 상지대학교 교수), 이경식(강남 성모병원 암 전문의)이 쓴 임종 관련 글들을 흥미있게 읽었나.

1) 엘리사벳 퀴블러로스 지음,『인간의 죽음』, 성염 옮김, 분도출판사, 1979(略 퀴블러로스 Ⅰ).
2) 엘리사벳 퀴블러로스 지음,『죽음과 임종에 관한 의문과 해답』, 이인복 옮김, 고향서원, 1980(略 퀴블러로스 Ⅱ).
3) 소노 아야꼬, 알폰스 데에켄 신부 공저,『먼길 떠나는 날 아침에』, 이송희 옮김, 제3기획, 1988(略 데에켄).
4) 이경식 지음,『사랑이야기』, 성바오로출판사, 1988(略 이경식 Ⅰ).
5) 이경식 지음,『새로운 생명』, 성바오로출판사, 1989(略 이경식 Ⅱ).
6) 이경식 지음,『서로 사랑할 때』, 성바오로출판사, 1989(略 이경식 Ⅲ).

중환자가 임종에 이르는 과정을 학문으로 정립한 공은 퀴블러로스 여사에게 돌아간다. 그는 1926년 스위스에서 태어나 의학을 공부한 다음 미국으로 건너가 수많은 임종 환자를 돌보면서, 중환자들은 대체로 다섯 가지 과정을 거쳐 임종에 이른다는 사실을 밝혀냈다. 이른바 임종의 5단계인데, 이는 사학(死學)의 고전적 도식으로 간주되고 있다. 이인복 교수의 노고로 우리 나라에도 제법 알려졌거니와, 임종의 5단계란 ①부정 ②분노 ③타협 ④우울 ⑤순응이다. 이에 관해 자세히 알고 싶은 분은 여사가 쓴 『인간의 죽음』 65~202쪽을 정독할 것이다. 여기서는 그 뜻을 간추려 소개할 뿐이다.

① 부정: 얼마 못살고 곧 죽을 만큼 중병을 앓고 있다는 사실을 처음으로 알게 되면, 예외야 있겠지만,(퀴블러로스 Ⅱ, 201쪽) 거의 모든 인간은 그럴 리가 없다고 부정한다. 부정은 수초 동안 계속하거나 몇 달 간 계속한다.(퀴블러로스 Ⅰ, 377쪽) 엑스레이 또는 단층촬영사진이 뒤바뀌었거나, 검사가 잘못되었거나, 의사가 오진했을 거라 생각하며 차마 중환자라는 사실을 받아들이지 못하고 이 병원 저 병원을 순례하는 수가 많다.

② 분노: 중병이 분명해지면 새로운 반응을 보인다. 분노와 원망의 감정을 드러내고, "왜 하필 내가 죽어?"하는 말을 내뱉는다.(퀴블러로스 Ⅰ, 82쪽) 그러나 신심이 아주 깊어 언제고 죽음을 받아들이는 마음으로 나날을 살아온 신앙인은 분노의 단계를 거치지 않는다.(퀴블로러스 Ⅱ, 201쪽)

③ 타협: 백약이 무효라 병이 점점 깊어지면 대개 하느님, 부처님 등 초월자에게 매달린다. "이번 한 번만 봐주시면 평생 교회에 봉사하겠습니다. 성당을 지어 바치겠습니다. 다시는 죄를 짓지 않고 열심히 살겠습니다." 등등 초월자와 협상한다.(퀴블러로스 Ⅰ, 128~129쪽) 어느 가톨릭 신자 부부의 사례를 보자. 남편이 위암으로 임종이 임박하자 부인은 이런 반응을 보였다. "남편의 병을 낫게 해주신다면, 아니 얼마 동안이라도 더 살게 해주신다면 저는 우리의

모든 것, 재산, 명예, 생명까지도 다 바쳐 주님의 계명에 따라 살겠어요."(이경식 Ⅱ, 40쪽) 평소 전혀 종교를 믿지 않던 이들도 극한 상황에 다다르면 곧잘 초월자와 협상하는 자세를 보인다. 종교학에서 이른바 '별 볼일 없는 신(Deus otiosus)'이라고 이름지은 최고 신을 불현듯 찾는 것이다.

④ 우울: 곧 인생을 마무리하는 데서 오는 슬픔은 너무나 깊어서 격려나 위안이 아무런 소용이 없다. '말이 거의 필요없다. 오히려 이심전심의 관계가 절실하다. 말없이 손을 토닥거려주거나, 머리를 쓸어주거나, 조용히 곁에 앉아 있는 것으로 마음과 마음이 통한다. 문병객들이 그를 위로한답시고 이것저것 너무 간섭하는 것은 도리어 그의 감성적 준비 태세를 훼방하여 도움이 못된다.'(퀴블러로스 Ⅰ, 134~135쪽)

⑤ 순응: 새로운 치료법이 개발되지 않을까, 기적이 일어나지 않을까 하고 환자들은 모두 어떤 형태로든 치유될 수도 있으리라는 가냘픈 희망을 품고 있다.(퀴블러로스 Ⅰ, 377~379쪽) 그러나 환자들은 결국 죽음을 수락한다. 강남성모병원에서 주로 말기 암환자들을 돌보는 전문의 이경식은 급성 골수성백혈병에 걸려 곧 죽게 된 부인과 부인을 극진히 간호한 세 딸의 순응 단계를 생생하게 전한다.: "그녀는 나에게 감사하다고 말하며 '이젠 모든 것을 하느님께 맡겼어요. 제 생명도요. 집에 살아 돌아가겠다는 애착을 버렸어요. 하느님께서 주신 생명이니 그분 손에 맡기겠어요.'라고 말하는 것이 아닌가? 항상 생명에 애착을 갖고 다시 살아 돌아가 사랑하는 가족과 함께 좀 더 살기를 그렇게도 바랐는데. 그 날 이후로 김씨 부인은 얼굴에 미소를 잃지 않았으며 가득한 평화를 보여주었다. 딸들의 얼굴에서도 똑같은 평화가 보였다. 김씨 부인과 그 딸들은 마치 평화 속에 한 몸이 된 것 같았다. 우리 의료진은 모두 다 그것을

볼 수 있었다."(이경식 Ⅱ, 51~52쪽)

환자들은 대개 자신의 임종이 임박했음을 예견하고 알린다.(퀴블러로스 Ⅰ, 53쪽, 55쪽) 임종의 순간에 이르러 환자가 정신이완의 상태에 들어가면 머나먼 여행을 떠나기 전에 마지막으로 깊은 휴식이라도 취하듯 혼자 있고 싶어한다. 의사들이 부질없이 생명을 연장하려는 것도 가족들이 울부짖는 것도 문병객이 찾아오는 것도 다 싫어한다.(퀴블러로스 Ⅰ, 167~168쪽, 172~177쪽, 380쪽.; 퀴블러로스 Ⅱ, 57쪽)

⑥ 임종: 임종자는 대개 발현을 본다. 하느님, 예수님, 성모님, 천사들이 나타나기도 하고 먼저 돌아가신 이들이 나타나기도 한다. 대장암으로 사망한 50대 부인의 임종 이야기를 들어보자. "우리 의료진이 상태가 어떠냐고 물어보면 놀랍게도 똑똑하고 정확히 대답하곤 했다. 그 상태에 이르면 정신이 흐릿해지는데 그의 정신은 너무나 맑아 우리를 깜짝 놀라게 하곤 했다. 또 그런 상황에서도 항상 몸을 단정히 하여 조금도 흐트러진 모습을 보이지 않고 남에게 하소연하거나 불편한 곳을 호소함 없이, 모든 것을 우리 의료진의 처분에 맡기고 신뢰 속에서 조용히 마지막 날들을 기다리고 있었다.

이제는 자식들에게 유언도 하고 조용히 죽음을 기다리고 있었다. 그러던 중 서씨 부인은 간호하는 딸들에게 '얘야 천사들이 보인다. 예수님이 나를 맞으러 오신단다. 난 내 사랑하는 님을 찾았단다.'하며 기쁨에 차서 밀하였다 한다. 그 후 서씨 부인은 온 가족이 임종경을 외우는 동안 조용히 숨을 거두었다."(이경식 Ⅲ, 55쪽.; 퀴블러로스 Ⅱ, 53쪽)

임종자들의 증언들, 그리고 혼수상태에 빠졌다가 소생한 이들의 증언을 취합하여 함페 교수는 임종 체험의 공통 구조를 다음과 같이 밝혀냈다.: "임종자는 죽음의 순간에 임종을 확인하는 의사의 말을 듣는다. 이어서 임종자는 몸을 벗어나 언젠가 살았던 낯익은 곳에 있다는 느낌이 든다. 거기서, 사람들이 시신을 다루는 행동을 멀찍이 서서 바라본다. 흔히 언짢은 잠음을 듣는다. 깊고 어두운 터널 속으로 들어간다. 몸은 몸이로되 생전의 몸과는 영 다른 몸을 지닌 것 같은, 새로운 상태에 적응한다. 터널 저쪽 끝에서 빛이 비치고 그 빛 속에서 환한 모습들이 나타나는데, 그들은 대개 죽은 친구들 또는 친지들이다. 그들 가운데 하나가 나서서 마치 법정에서 심문하듯 심문한다. 그러면 신기하리만큼 선명하게 일생의 중요한 일들을 마치 전경을 구경하듯 되돌아본다.(퀴블러로스 Ⅱ, 54쪽) 세상에서 보지 못한 빛깔들과 형상들을 보고, 일생 들어보지 못한 음악을 들으면서 기쁨과 평화의 강렬한 느낌에 휩싸인다."(J. C. Hampe, Erfahrungen im Sterben, in: H. A. Gornik (Hg), Das Jenseits, Christophorus Verlag/Freiburg i. Br. 1985, S. 48f)

5. 내 생각 내 믿음

누구나 홀로 죽는다. 아무도 대신 죽어 주지 않는다. 그러니 여러 사관을 살펴보고 내 나름대로 관을 정립할 수밖에 없다.

① 허무론: 죽으면 말짱 헛것이라는 설. 인생 만사는 결국 허무한 무로 막을 내린다는 설이다. 그렇다면 가치와 역가치를 어떻게 구별지을 수 있으며, 인생의 의미와 보람을 거론할 수 있는지 묻지 않을 수 없다.

② 불가지론: 튀빙겐대학교 철학교수로서 『희망의 원리』를 펴낸 에른스트 블로흐가 고령으로 1977년에 작고하기 얼마 전에 한 말

을, 같은 대학교 신학교수 노르베르트 그라이나허는 이렇게 전한다. "그는 파이프 담배를 즐겨 피웠는데, 파이프 담배를 채우면서 이렇게 말했다. '죽음은 흥미롭다. 거기에 무엇이 있을까? 아무 것도 없지 않을까? 거기에 담배가 있을까?'라고"(그라이나허 지음, 『사람답게 살고자』, 이경우 옮김, 분도출판사, 1988, 119쪽)

사육신의 한 사람으로 한강 백사장에서 참수된 성삼문(1418~1456)이 남긴 절명시에도 같은 사상이 들어 있는 것 같다. "북소리 둥둥 인명을 재촉하는데/뒤돌아 보니 해가 기우네/황천엔 여관 하나 없으니/이 밤엔 뉘 댁에서 쉴꼬."

③ 무아론: 개성의 실체 존속을 부정하고 보편적 원리에로의 귀의를 주창하는 불교식 사관과는 다른 견해를 표명한 그라이나허 교수에게 나는 동조한다. 그분이나 나나 기독교적 인격 사상에 길든 까닭이리라. "나는 모든 것을 의미하면서 아무 것도 의미하지 않는 세계정신으로 들어가기 싫습니다. 나의 바람이나 나의 관심사는 내가 노르베르트 그라이나허로서 계속해서 살고 싶다는 것입니다. 그 외의 다른 모든 것은 내 관심 밖의 것이고 내 마음에 와 닿는 것이 아닙니다."(그라이나허, 앞의 책, 133~134쪽)

④ 인격 구원론: 신학의 양대 사관은 영혼불멸론과 종말부활론이다. 잘 알려져 있다시피 영혼불멸론은 소크라테스 같은 분이 내세우고 그의 후학인 플라톤과 아리스토텔레스가 완성한 그리스식 사관이다. 글쎄다. 인간은 한시적 존재인데 과연 그 안에 본질적으로 영원한 영혼이 있을까? 그리고 종말부활론은 기원전 200년경부터 서기 100년경 사이에 이스라엘에 성행한 묵시 문학의 사관이었다. 이는 인류 보편적 사상이 아니고 한 시대 한 장소에서 유행한 난세문학·말세문학 사조였다. 이 사조가 그리스도교에 막대한 영향을 끼쳐, 그리스도인들은 역사의 종말에 육신이 부활하리라고 믿는다.

그리스철학의 영혼불멸론 또는 묵시 문학의 종말부활론에 만족한다면 그만이겠으나, 그렇지 못한 그리스도인은 제3의 관점을 정립할 수밖에 없다. 내가 바로 그런 사람이다. 나의 사관은 이렇다. 내가 숨을 거두면 내 육신은 소멸한다. 쓸 만큼 썼으니 폐품처리된다. 영원하신 분이 나의 생애에서 거두어 가실 만한 것이 있다면 아무래도 그것은 나의 인품·인격·사람됨일 수밖에 없겠다. 그것도 본질적으로는 유한하겠지만, 영원하신 분이 나의 인품·인격·사람됨을 거두어 주리라, 수확하리라, 추수하리라 믿는다. 어느 때에? 역사의 종말에까지 기다릴 것 뭐 있나, 죽는 순간에 거두어 주겠지. 그러니 나는 허무적인 무로 사라지는 것도 아니요, 보편적 원리로 환원되는 것도 아니다. 구상 시인의 말처럼 '찬미만의 모습으로' 영원하신 분을 뵈러 가는 것이다. 어디 그분만일소냐, 먼저 간 친족·친지·친우들, 그리고 아득하면서도 그리운 조상님들을 만나보러 가는 것이다. 성도들의 친교란 이를 두고 하는 말이렸다. 그러자면 시간 속에서 영원을 그리워하고 이룩하는 비결을 익혀야지. 덧없는 나날이 영원에의 예행 연습임을 깨달아야지.

끝으로 죽음과 저승에 관심을 갖는 독자들을 위해서 중요한 글들 몇 편을 추가로 소개한다.

G. 그레사케 저, 『종말신앙―죽음보다 강한 희망』, 심상태 역, (성바오로출판사, 1980).

G. 그레사케 저, 『종말론 연구현황』, 『현대신학 동향』, 정양모 역, (분도출판사, 1984), 219~227쪽.

K. 라너 저, 『죽음의 신학』, 김수복 역, (가톨릭출판사, 1988).

G. 로핑크 저, 『죽음이 마지막 말은 아니다』, 선교선·이석재 옮김, (성바오로출판사, 1986).

H. 포르리믈러 저, 『죽음-오늘의 그리스도교적 죽음 이해』, 심상
    태 역, (성바오로출판사, 1982).
알폰스 데에켄 저, 『제3의 인생·당신도 노인이 된다』, 김윤주
    역, (분도출판사 2판, 1982).
릴리 핑크스 지음, 『죽는 이와 남는 이를 위하여』, 이인복 옮김,
    (고향서원, 1979).
이인복, 『죽음과 구원의 문학적 성찰』, (우진출판사, 1989).
최인호, 『어머니가 가르쳐준 노래』, (문예출판사, 1990).
박완서, 『눈물로 쓴 박완서의 일기』, (생활성서, 1990), 1990. 9
    월호부터 연재.

<u>기독교</u>

영생을 향한 삶의 방식

영생을 향한 삶의 방식

김 경 재*

1. 생명에 대한 이해 －혼과 육체의 근거로서의 영(靈)

그리스도교에서 죽음에 대한 이해는 그리스도교의 경전인 성경에서 증언하는 견해와 복음이 헬레니즘세계로 들어가 그 문화 토양 안에서 토착화되고, 헬라철학과 습합(褶合)되면서 2,000여 년 동안 형성되어 온 역사적 기독교신학(신앙)의 견해 사이에 다양한 차이를 나타낸다. 전자는 ‘유한한 인간 생명의 영원화를 위한 신앙’이라 한다면 후자는 ‘인간 영혼의 불멸성에 대한 신앙’이라고 말할 수 있을 것이다. 이 글은 보다 히브리적 전통의 성경의 증언에 서서 인간의 죽음과 영생에 대한 전자의 신앙을 밝혀 보고, 그것과 기독교의 통속적인 영혼이 불멸성에 대한 후자의 신념을 대비해 보면서 양자가 기독교 신앙의 공통 지반인 생명의 근원자로서 창조주 하나님 신앙 안에서 화해될 수 있음을 밝혀보려고 한다.

인간의 죽음과 죽음 이후의 영생에 대한 이해는 생명을 어떻게 이해하고 있느냐의 다른 측면인 셈이다. 히브리적 전통을 맥맥히 이

---

* 한신대학교 신학과 교수

어오는 성서적 사생관과 영생 신앙은 일반적으로 기독교인들에게 받아들여지고 있는 통속적인 영육이원론적 인간관과 근본적으로 다르다고 생각된다. 히브리적·성서적 전통에서 볼 때는, 인간 그 자체 안에는 불멸적인 어떤 신성한 본질도 갖고 있지 않다. 인간의 영혼 그 자체는 육체와 구별되어 불멸성을 지닌 실체라고 이해되지 않는다. 기독교의 생명관에 의하면 영혼 그 자체는 '혼과 육체의 근거인 하나님의 영'을 말한다. 인간은 영을 지니기 때문에 생명체로서 존재한다. 기독교 신앙에서는, 인간이 영을 지닌다 함은 인간이 하나님에 의해 정초되고, 생명체로서 조성되고, 지탱되고 있다고 설명한다. 인간 생명 그 자체가 하나님의 창조적 입김과 생명력의 바람에 의해 '혼과 육체의 통일체'로서 매 순간 그 아름다움의 생녕을 은총의 선물로서 부여받는다. 창조주 하나님에 의해 인간이 지음받았다는 신학적 인간학의 참뜻은 인간기원에 대한 특정한 과거 역사적 시점에서의 생물학적 기원설을 말하려는 것이 아니라 오늘 현재에서 계속적으로 거듭되는 신적 창조 행위 속에서 인간 생명은 삶을 지탱한다는 생명관을 말하는 것이다.

> "하나님 안에서, 우리는 살고 기동하며 우리 존재를 갖는다. 우리는 그의 소행자이다."(사도행전 17:28)

> "주께서 낯을 숨기신즉 저희가 떨고 주께서 저희 호흡을 취하신즉 저희가 죽어 본 흙으로 돌아가나이다. 주의 영을 보내어 저희를 창조하사 새롭게 하시나이다."(시편 104:29~30)

위와 같은 기본적인 성서적 생명관은 죽음 이해와 영생관에서도 관철된다. 죽음에 임해서도, 죽음 너머에 있어서도, 하나님은 인간의 삶과 죽음 그리고 영생의 존재 근거요, 존재 희망이다.

기독교에 있어서 인간을 혼(영혼)이라고 부를 때, 그 말은 인간의 몸(육체) 이전에, 그것과 별도의 것으로 병존하는 것으로서, 육체성 밖에서, 육체성이 상실된 이후에도 그 스스로 존재를 지속하는 어떤 독립적 실체를 말하는 것이 아니다. 인간 생명은 몸으로서의 생명체이다. 혼과 육체는 인간을 구성하는 독립된 두 실체가 아니다. 이 점에 있어서 데까르트의 실체론적 심신이원론은 히브리적·성서적 인간 생명관과 구별되어야 한다.

성서적 인간 생명관에 의하면 인간 생명체는 근본적으로 '몸을 지닌 혼(bodily soul)'으로서, 동시에 '혼을 지닌 몸(besouled body)'으로서만 인간이기에, 인간 생명은 '하늘과 땅'이라는 종교적 상징어가 지시하는 두 차원의 존재 질서가 한 생명체 안에서 불가분리적으로 통일·통전되어 있다고 본다. 인간 생명의 신비는 단순한 3차원의 공간성, 가시성, 물질성으로 환원시켜 무화시킬 수 없고, 동시에 몸으로서의 인간 생명의 육체성은 인간성을 드러내는 계기이며 방편이므로 몸[육체]은 감옥이 아니라 생명의 외면성이며, 영혼은 생명의 내면성일 뿐이다. 그러므로 히브리적 죽음에 대한 이해는 몸[육체성]으로부터의 해방이 아니다. 도리어 육체성을 상실하고 몸 없는 상태로 그림자처럼 존재하는 몸 없는 벌거벗은 상태로서의 죽음의 두려움이다.

히브리적 전통에 의하면, 영은 하나님 자신을 지시하는 것이고 인간이 곧 영이라고 하지 않는다. 인간은 영이신 하나님과의 관계성 속에서 그의 혼은 '영혼'이 되고 그의 육체는 '영체'가 되는 것이다. '인간이 영을 지닌다(man has spirit)'라고 말할 때 영은 인간에게 임하는 신적인 생명의 현존인 것이지 인간 존재의 한 부분은 아니다. 영은 하나님의 한 존재 양식으로서 하나님의 행위 자체이므로

혼과 육체의 통일체로 인간을 살아 생동하게 하는 총체적 인간으로
서 근거지우고(grounding), 조성하며(constituting), 지탱하는
(maintaining) 신의 현존 행동이다. 그러므로 히브리적, 성서적
전통에서는 하나님의 영적 현존은 인간의 생명이 죽는다는 것을 뜻
한다. 그러므로 영은 혼과 육에 덧붙여진 제3의 첨가물이 아니라 인
간의 혼으로 하여금 몸을 지닌 영혼이 되게 하고 물질적 육체덩이
가 영혼이 깃든 유기체적인 몸이 되게 한다.

『구약성서』의 '네페쉬(nephesh)'는『신약성서』의 '푸슈케
(psche)'와 같이 몸을 지닌 인간 생명을 말하는 것이지 헬라적 영
육이원론이 말하는 의미에서의 영혼이 아니다. 그러므로 헬라적 영
육이원론은 히브리적·성경 전통의 인간 이해와 다르다. 헬라적 영
육이원론에 의하면 영혼과 육체는 각각 독립적이고, 자기 충족적 실
체로서 인간생명을 구성하는 두 부분이 되는 셈이다. 헬라적 영육이
원론에 의하면 영혼은 정신적 실체로서 비공간적(non-spatial), 비
분해적(indissoluble), 불멸적(immortal)인데 반하여, 육체는 물
질적(material), 공간적(spatial), 분해적(dissoluble), 사멸적
(mortal)인 특성을 지닌다. 그리고 영혼은 육체에 비해 가치론적으
로 우월하며 본질적으로 신적인 것이다. 위와 같은 견해는 특히 플
라톤, 고대 교부신학자들, 중세 스콜라신학자들과 개신교의 루터,
칼빈 등 정통 신학자들의 신학적 입장이기도 했다. 이러한 인간 이
해는 성서적·히브리적 인간생명 이해의 헬라철학화라고 볼 수 있
다. 그러한 헬라화된 신학적 인간학의 핵심은 인간 본질 그 자체 속
에 본질적으로 불멸하는 영혼이 깃들어 있다는 영혼불멸설에도 이
어진다. 인간 생명의 영원한 생명에로의 형태 변화가 살아 있는 생
명의 주 하나님의 은총의 역사(役事)로서 가능하는 새로운 생명의
존재 양식으로서가 아니라, 본래부터 불멸적인 영혼이 지니고 있는

속성의 실현, 곧 시간적 연속선상에서의 생명의 지속·연장이라고
이해될 때 히브리적·성서적 사생관과 영생 신앙에서 크게 이탈한
헬라적 영혼불멸설이라는 사후생명에 관한 종교적 신념 체계가 형
성된 것이다. 그 결과, 근세 이후 기독교의 생명관, 사생관, 영생관
은 자기 고유한 정체성을 상실한 대가로, 헬라적 영육이원론에 대항
하여 일어난 일원론적 물질주의와 일원론적 정신주의로부터 양면
공격을 받게 된 것이다.

히브리적 전통을 이어가는 성서적 인간 이해에 의하면 영혼과 육
체는 인간을 구성하는 두 가지 별개의 독립 실체가 아니므로 영혼
과 육체는 상호 공존하거나, 상호 동반하거나, 상호 보충하거나, 상
호 협동하는 것이 아니고, 전일적(全一的) 인간 생명 현상의 두 계
기 또는 두 존재 양태를 말하는 것이다. 영혼과 몸은 항상 전일적으
로, 동시적으로 존재하며 그러한 인간의 생명체에 생명이 지닌 통일
성, 자발성, 생동성, 지향성, 창조성 등을 부여하는 것은 하나님의
영의 현존 사건이다.

2. 히브리적 전통에서 본 죽음의 이해에 대한 구약성서의 증언

구약성서, 특히 B.C. 6세기 이전에 해당하는 포로기 이진 시대까
지 구약 사람들의 죽음 이해는 '수수한 리얼리즘'의 색조에 의해 지
배되고 있다. 그리고 그러한 죽음과 죽음의 세계 이해는 우리가 앞
절에서 살핀 대로 생명의 근원자로서의 창조주 하나님과의 관계에
서 이해된다.

고대 히브리 사람들은 사람이 죽는다는 것을 '열조에게로 돌아갔

다'고 표현하는데 죽은 자들은 완전 무화(無化)되는 것이 아니고 다만 생명을 상실한 상태에로 전위되는 것을 뜻했다. 그러한 히브리인들의 죽음에 대한 이해는 죽은 자들이 가게 되는 스올(sheol, 陰府)사상 속에 나타나 있다.

음부 곧 스올은 '전적으로 힘이 없고, 약하게 되고 도움의 손길이 없는 그림자 같은 상태'(사 14:10), '일도 없고, 계획도 없고, 지식도 없고, 지혜도 없는 곳'(전도서 9:10), '다시 되돌아 올라오지 못하는 곳'(욥 7:9), '하나님도 찬양할 수 없는 곳'(시편 6:5, 30:9)이다. 히브리인들에게 있어서 죽음이란 하나님의 영, 곧 생명의 원천이 떠남을 의미한다. 하나님의 영이 사람에게서 떠나면 영육 통일체로서 인간의 생명체는 곧 생기를 잃게 되고, 산자의 땅에서 누리던 모든 좋은 것들을 누리지 못하게 된다.

이스라엘의 스올(sheol)사상은 매 시대마다 인간이 지니는 특정한 고대 우주론적 장소 묘사적 표현을 차용하고 있지만, 성경에서 강조점은 특정 시공간이 아니라 죽음 그 자체의 실제성이 지닌 특성에 맞춰져 있다. 스올은 '지하의 세계(underworld)', '무덤 같은 곳(grave)', '황량한 광야 같은 곳(wilderness)', '쇠퇴와 조락(decay)', '쓸쓸한 것(loneliness)', '무력한 것(powerlessness, impotence)', '버려진 것(dereliction)' 등으로 상징되었으며 한마디로 생명의 상실이 죽음이었다.

유명한 이사야서 45장 7절의 말씀 곧 "나는 빛도 짓고 어두움도 창조하며, 나는 평안도 짓고 환난도 창조하나니, 나는 야훼라. 이 모든 일을 행하는 자니라."라는 구절 속에 나타나는 것처럼 히브리적 성서 전통의 신앙에서는 삶과 죽음의 상대적인 두 현상의 근원자로서, 주체자로서, 영존하는 하나님을 증언 고백한다. 야훼는 산자들의 땅과 하늘을 다스림같이 음부 곧 승로도 그의 권세 아래 있다.

(아모스 9:2, 시편 95:4, 시편 139:8) 그러나 여기에서 유의할 점은, 성서적 신앙에서 삶과 죽음의 궁극적 주인으로서 야훼 하나님을 고백한다는 신앙이 결코 생명과 죽음의 두 얼굴, 야누스의 얼굴을 지닌 고대신화적 신, 다시 말해서 생명의 하나님이면서 동시에 죽음의 하나님이라는 신의 죽음과 삶을 말하는 것이 아니라는 점이다. 히브리적 전통에서 야훼 하나님은 '죽음의 하나님(God of Death)'이 아니라 '죽음의 주(The lord of death)'라는 고백이다.

이스라엘인들은 거듭 말한다. 죽음이 그들에게 두려운 것은 죽음 그 자체가 아니라 죽음 안에서 하나님이 인간을 버리고, 그 얼굴을 숨기시며, 진노 속에서 인간을 징계하시고, 인간을 잊어버리심 때문이다.(시편 27:9) 흔히 구약성서에서 언급되는 죽은 자의 운명에 대한 성경구절로서 다음 몇 가지를 들 수 있다.

"내가 알기에는 나의 구속자(redeemer)가 살아계시니 후일에 그가 땅 위에 서실 것이다. 나의 이 가죽 이것이 썩은 후에 내가 육체 밖에서 하나님을 보리라."(욥기 19:25)

"죽은 자들은 살아나고 우리의 시체들은 일어나리라. 티끌에 거하는 자들아. 너희는 깨어 노래하라. 주의 이슬은 빛난 이슬이니 땅이 죽은 자를 내어놓으리리."(이사야 26:19)

"또 내게 이르시되 인자야 너는 생기를 향하여 대언하라. 생기에게 대언하여 이르기를 주 야훼말씀이 생기야 사방에서부터 와서 이 사망을 당한 자에게 불어서 살게 하라 하셨다 하라."(에스겔 37:9)

"땅의 띠끌 가운데서 자는 자 중에 많이 깨어 영생을 얻는 자도 있겠고, 수욕을 받아서 무궁히 부끄러움을 입을 자도 있을 것이며, 지혜 있는 자는 창천의 빛과 같이 빛날 것이요 많은 사람을 옳은 데로 돌아오게 한 자는 별과 같이 영원토록 비취리라."(다니엘 12:2ff)

위의 성구들이 반영하는 신앙적 신념들은 아래와 같다. 즉 히브리적 전통의 신앙인들에게 있어서는 죽음의 상태에서는 비록 야훼의 생명의 빛이 거두어진 상태일지라도 야훼의 권능과 지배 아래 있다는 것. 죽은 자들은 살아 생동하는 인간으로서는 죽었으나 하나님에게 있어서는, 즉 하나님 관계에서는 무화(無化)된 것이 아니고 아직 항상 살아 있다는 것. 히브리 신앙인들에게 있어서 사후 생명의 보장에 관한 관심은 자연 생명의 시간적 연장에 관한 중성적 성격이 아니라, 억울하게 죽은 자들 특히 외롭게 살다가 억울하게 죽은 자들의 운명에 관계된 신정론(Theodicy)의 관점에서 인간의 사후 생명이 관심받고 있다는 점. 이러한 맥락에서만 예수의 저 유명한 말씀 즉 "하나님은 죽은 자의 하나님이 아니요 산자의 하나님이시라. 하나님에게는 모든 사람이 살아 있느니라."(누가 20:38, 마태 12:27)는 말씀이 바르게 이해된다.

기독교 신앙은 히브리적 신앙 전통을 그 핵심적 유산으로 물려받았으나, 히브리인들의 구약적 죽음과 영생 이해가 곧 기독교의 그것이라고는 말할 수 없다. 왜냐하면 기독교의 죽음과 영생에 관한 이해는 근본적으로 그들이 그리스도라고 고백한 예수의 죽음 및 부활 체험과 불가분리적으로 관련되고 거기에 뿌리내리고 있기 때문이다.

3. 신약성경에서 증언되고 있는 기독교 신앙의 죽음과 영생 이해

신약성경에서는 죽음을 인간 생명의 자연스런 정상태로 보는 것이 아니고, '죄'라고 부르는 어떤 결정적 요인 때문에 인간 생명 속에 들어온 비정상태라고 본다.(롬 5:12, 고전 15:22, 롬 6:23) 신약성경에서 죽음은 인간의 죄성에 대한 신적 심판으로 이해되고 있으며, 죽음은 죄의 값이며, 죽음이 쏘는 아픈 가시의 힘은 죄가 지닌 힘 때문이다.(고전 15:55) '죄'가 극복되어야 할 것이듯 죽음 또한 마지막 멸망되어야 할 원수(고전 15:26)로서 이해된다.

죽음은 신약성경의 사람들에게 있어서는 아무 해가 없는 중성적인 자연스러운 일이 아니라 극복되어야 할 것, 어떤 부정적인 힘을 지니고 있는 것으로 체험되었다. 그런데 역설적이지만 죽음은 하나님의 창조 질서에서 이질적이고 적대적인 세력으로서 작용하면서도 그것은 동시에 하나님의 권능 아래 있고 하나님의 도구로서 기능한다는 것이다.

그러므로 기독교인의 관점에서 볼 때 참으로 두려워해야 할 대상은 죽음 그 자체가 아니라 죽음에서 대면하는 하나님이다. 죽음의 권세는 하나님의 '부정의 힘, 심판의 힘'이기 때문에 죽음에게 부정적인 권세를 허락하며 동시에 죽음의 권세를 무장해제시키는 이도 하나님으로 본다. 기독교인들의 신잉에서 말하면 죽음의 상태에서 인간 생명이 어떠한 존재 양태로 전환되고 변화되는지 자세하게 알 수 없지만, 인간의 모든 감춰진 비밀과 죄들이, 인간의 행적이 남김 없이 노출되고 벌거벗은 몸처럼 하나님 앞에 드러난다고 생각한다. 인간이 참으로 두려워할 대상과 죽음에서 만나게 되는 대면자는 죽음 그 자체가 아니라 영존하시는 하나님이다. 죽음은 한 계기일 뿐이다. 진실로 죽음은 시간 속에 사는 유일한 인간 생명의 한계이지만, 하나님은 죽음의 한계이기 때문이다.

신·구약성경이 일관되게 증언하고 있는 공통점은, 사후에 인간 생명이 어떤 존재 양태로서든지 보존되는 것은 유한한 인간 그 자신의 본질적 속성의 결과가 아니라 삶과 죽음의 주(Lord)가 되는 하나님의 은총의 개입 사건이라는 것이다. 인간의 죽음 그 자체만을 본다면 그것은 진실로 엄숙한 것, 모든 인간 가능성과 현실성의 끝이다. 그러므로 예수의 죽음에 대한 태도는 소크라테스의 그것과 전혀 다르다. 오직 예수도 마지막 기도에서 '내 영혼을 아버지 손에 맡기나이다.'라고 울부짖을 수 있을 뿐이지, 육체 감옥을 떠나는 영혼의 불멸성을 태연자약하게 노래하고 있는 것은 아니다.

기독교 신앙에서는 죽은 이후 생명의 자동적 연장이거나, 타계로 옮겨가서 지속되는 영혼의 불멸적 부활을 말하는 것이 아니라, 죽음 속에 던져진 인간의 생명을 받으시는 은혜로운 생명의 주 하나님의 생명이 그를 에워싸기 때문에 인간 생명은 무화(無化)되지 않고 하나님 안에서, 하나님 앞에서 보존되고 살게된다고 믿는다. 이러한 신앙적 신념은 인간의 유한성을 극복하려는 인간의 추론이나 가설이 아니고 초대 기독교 공동체 출현을 가능하게 했던 예수·그리스도의 생명 부활의 체험에서 현실로 예시된 것, 그리스도 안에서 하나님이 인간을 향해 행한 '영원한 생명의 약속(the promise of eternal life)' 신앙에 정초하고 있다. 그러므로 기독교인에게 있어서 '영원한 생명'이란 현재 시간 연속선상의 생명 연장이거나, 현재적 생명 양태의 장소 이동이 아니다. 영원한 생명은 생명 자체인 은혜로운 하나님의 생명과의 사귐이며, 교통이며, 참여이며 새로운 존재 양식으로의 창조됨이다. 하나님 신앙, 곧 영존하시는 하나님이 그 피조물을 영원한 생명으로 부른다는 은총의 신앙 안에서 기독교인들은 '죽음'을 상대화시켜 버린다. 그 대표적 표현을 사도 바울의 편지 속에서 볼 수 있다. 이제 생명과 죽음은 서로 대립되는 어떤 실재가 아니고 하나님의 구원 경륜 속에 있는 피조적인 한 실재, 한 계기 곧 상대적인 것이 된다.

"바울이나 아볼로나 케바나 세계나, 생명이나, 사망이나 지금 것이나 장래 것이나, 다 너희의 것이요, 너희는 그리스도의 것이요, 그리스도는 하나님의 것이니라."(고전 3:22)

"내가 확신하노니 사망이나 생명이나 천사들이나 권세자들이나 현재 일이나 장래 일이나 능력이나 높음이나 깊음이나 다른 아무 피조물 일도 우리를 우리 주 그리스도 예수 안에 있는 하나님의 사랑에서 끊을 수 없으리라."(로마서 8:38~39)

죽음은 이제 철저히 상대화하고, 인간의 것으로서 피조물의 한 실재로 재정위되며, 죽음은 그 쏘는 가시의 권세를 잃게 된다.

신약성서의 증언들 속에서 죽음 이후 인간 생명의 존재 양식에 관한 구약성서의 증언들과 비교해서 본질적으로 다른 점은 무엇인가? 구약 히브리인들에게 있어서, 특히 유대교 형성 이전에 있어서 죽은 자의 스올(sheol)신앙은 하나님 안에서, 하나님의 주권 아래 종속되지만 스올은 소극적 관계로 인식되어 있다. 그런데 신약성경에서 죽은 자들과 하나님 관계는 보다 적극적 관계로 고백되어 있다. 특히 사도 바울의 편지 고린도 전서 15장, 고린도 후서 5장, 로마서 6장 등에서 볼 때 죽음 이후의 그리스도 생명 안에 감추어진 새로운 생명의 존재 양태에 관한 보다 발전된 적극적 이해를 발견할 수 있다. 신약성경은 그것을 유한한 인간 생명의 지속·연장이 아니라, 이 한정된 생명이 영원화되는 양식 속에서 읽게 되다.

인간 생명은 죽음 직후에 '혈과 육'으로 표현되는 성질의 존재 양식을 벗어버리고 변화되어 새로운 생명 질서에 참여하는 사건, 하늘의 생명으로 덧입는 사건의 변화가 있다고 신망한다.

"만일 땅에 있는 우리의 장막집이 무너지면 하나님께서 지으신 집 곧 손으로 지은 것이 아니요, 하늘에 있는 영원한 집이 우리에게 있는 줄 아나니, 과연 우리가 여기 있어 탄식하며 하늘로부터 오는 우리 처소로 덧입기를 간절히 사모하나니, 이렇게 입음은 벗은 자들로 발견되지 않으려 함이라. 이 장막에 있는 우리가 짐진 것 같이 탄식하는 것은 벗고자 함이 아니요 오지 덧입고지 함이니 죽을 것이 생명게 삼킨 바 되게 하려 함이라. 곧 이것을 우리에게 이루게 하시고 보증으로 성령을 우리에게 주신 이는 하나님이시니라."(고후 5:1~5)

'부활의 편지'라고 하는 사도 바울의 고린도전서 15장은 근본적으로 유대 묵시 문학적인 임박한 종말 신앙에 의해 지배되고 있다. 그러나 마치 성경의 창조 신앙이 과거 역사 원점에서 일어난 사건만이 아니라 매 순간순간의 창조 사건이듯이, 바울의 종말론적 부활 사건은 미래적 우주사 종점에서 홀연히 일어날 우주적 드라마로서만이 아니라 모든 인간의 삶과 죽음의 사건 계기마다 일어나는 종말적 변화사건으로 이해되어야 할 것이다.

사도 바울에 의하면 '부활의 몸'은 시공 4차원의 세계에서 인간이 지닌 유기체적인 혈육의 몸과 근본적으로 다른 질서의 몸이라고 본다. 그것은 마치 식물의 씨앗이 그 형체를 뿌리는 것은 아니고 다만 알갱이 뿐이로되 하나님이 각 종자에게 그 형체를 주시듯, 한정된 시간의 인간 삶 총체는 씨앗의 알갱이 뿐이로되 '하늘의 형체', '신령한 몸', '하늘에 속한 형상'을 덧입게 된다는 것이다.

　　"죽은 자의 부활도 이와 같으니 썩을 것으로 심고 썩지 아니할 것으로 다시 살며 욕된 것으로 심고 영광스러운 것으로 다시 살며, 약한 것으로 심고 강한 것으로 다시 살며, 육의 몸으로 심고 신령한 몸으로 다시 사나니, 육의 몸이 있은 즉 신령한 몸이 있느니라."(고전 15:42~44)

　　"우리가 흙에 속한 자의 형상을 입은 것 같이 하늘에 속한 자의 형상을 입으리라. 혈과 육은 하나님 나라를 유업으로 받을 수 없고, 또한 썩은 것은 썩지 아니한 것을 유업으로 받지 못하느니라."(고후 15:49~50)

하나님이 만유의 주로서 만유 안에 있게 되는 그 이전에 그리스도인들은 그들의 유일한 질그릇 같던 생명이 영적 몸으로 덧입혀져 변화받기를 신앙하는 것이다. 그리스도인들의 영생 신앙은 인간 존재의 유한성과 사멸성으로부터 구속받기를 신앙하는 것이 아니고 '유한하고 가시적인 인간 존재의 구속'을 신앙 안에서 소망하는 것이다.

그러므로 흔히 신약성경 안에서 신앙인의 죽음을 표현할 때 쓰이는 '삼들었나(to fall asleep; Koimasthai)'는 신약성경의 표현법은 죽음이 두려움으로부터 자유롭게 된 신앙인의 평화로운 죽음맞이의 모습을 서술하는 표현 방식인 것이지 결코 '잠들어 있는 상태' 또는 죽음과 부활 사이의 '중간 상태'를 말하고 있는 것이 절대 아닌 것이다.

4. 맺는 말

결국 그리스도교에서 죽음 이해와 영생 신앙은 헬라적인 영육이원론에 기초한 영혼불멸설이나 영혼윤회설과는 입장이 다르다. 죽음 너머에는 허무가 있지 않고 그리스도 안에서 인간을 영원한 생명에로 초청하는 은혜로운 하나님이 계신다는 신앙 안에서, 유한한 인간 생명이 영원한 생명으로 덧입혀지고 새로운 존재 양식으로 변형되면서 유한하고 가사적인 인간 생명 그 자체가 영원한 생명의 형태로 변화한다는 신앙이다. 만약 그러한 의미에서의 인간 영혼의 불멸 신앙이라 말한다면 그리스도교의 히브리적 전통과 헬라적 전통은 습합되었다고 말할 수 있지만, 본래 헬라석인 의미에서 영혼 실체의 존재론적, 본구적인 불멸설이라면 그것은 그리스도교의 영생 신앙과 다른 것임을 분명히 해두는 것이 좋겠다. 다시 한번 기독교의 죽음과 영생 신앙은 복음서에서 예수의 말씀이라고 전승하는 말 곧 "하나님은 죽은 자의 하나님이 아니요 산자의 하나님이시라. 하나님에게는 모든 사람이 살아 있느니라."(루가복음 20:38) 라는 한마디 말씀 속에 가장 적절하게 표현되었다고 말할 수 있을 것이다.

이슬람교

죽음, 고차원적 삶의 양태

죽음, 고차원적 삶의 양태

李 熙 秀*

1. 머리말

이 글에서는 우주를 정신계(âlam-i arwah), 물질계(âlam-i ajsad) 및 중간계(âlam-i misal)로 나누어 정신을 대표하는 영혼과 물질의 한 형태인 육체의 분리를 죽음이라고 본 이슬람교에서의 죽음관에 근거하여 죽음의 이슬람적 의미를 내세관과 관련시켜 알아보고자 한다. 흔히 유일신 사상에 바탕을 둔 딴 종교처럼, 이슬람교에서 죽음의 본질을 이해하기 위해서는 인간의 창조와 죽음에 대한 정명(定命), 특히 죽음 이후에 나타나는 새로운 삶의 세계인 내세와 부활의 사상을 정확히 파악하는 작업이 필요하다. 이것은 현세와 내세가 죽음을 기점으로 양분된 이원론적인 대칭이 아니고, 상호 밀접히 연관되어 있으며, 현세, 중간계(Barzakh), 내세로 이어지는 일련의 영적 진보 과정에 있기 때문이다.

그러나, 이슬람교에서 죽음의 문제를 다룬 국내 자료가 거의 전무하여, 그 본질 접근이 매우 어려운 실정이다. 그나마 몇몇 국외

---

* 한양대학교 문화인류학과 교수

논문은 이슬람에 대한 신학적 접근 방법이 아닌 타종교적 도그마에 기초한 방법론으로 자의적으로 해석한 경향이 강하였다. 따라서 여기서는 이슬람 경전인 코란(Quran)과 예언자 무함맏(Muhammad)의 언행록인 하디스(Hadith)에 나타난 죽음과 관련된 내용을 분석하면서, 이슬람에서 본 죽음과 내세의 개념을 파악하고자 한다.

2. 죽음의 의미

유일신 알라(Allah)는 무(無)에서 인간의 영혼을 창조하였고, 한 줌의 영혼으로 인간을 창조하였다. 다음에는 똑같은 형태로 배우자를 창조하여 그들로 하여금 남녀 자손을 번성케하였다. 창조주로서 신은 이처럼 지상의 모든 요소를 일시에 생체 조직으로 환원시켜 일련의 정해진 창조 과정을 보여주었다. 진흙의 형태에 생명을 불어넣어 살(肉)이 자라고, 뼈가 생장하여 살로써 그곳을 입히니 궁극적으로 새로운 한 인간 생명체가 존재하게 되었다. 피조된 남녀 인간 생명체는 오감(五感)의 기능과 함께 지혜와 사랑이 부여되니 지상에서 신의 대리자로 군림하다 결국 언젠가 죽음을 맞이하게 되고 다시 부활의 날 소생된다.[1]

따라서 이슬람에서 죽음이란 종말이나 파괴가 아닌, 생명을 손상하는 것도 아닌, 단지 영혼과 육체의 일체감의 소멸이다. 즉, 영혼이 육체로부터 분리되는 계명적(啓命的) 현상이며, 생명이 한 상태에서 훨씬 가치 있고 숭고한 고차원의 다른 상태로 이전되는 계기이

---

1) M. M. Sharif(ed), *A History of Muslim Philosophy*, (Otto Harrassowitz, 1963), 145쪽.

다. 생명이 육체에 대한 영혼의 집중이라면 죽음은 생명열의 소화 상태이다. 육체의 삶은 영혼이 그것을 보살피는 한 유지될 수 있기 때문이다. 그렇기 때문에 죽음은 종말이 아니라 새로운 시작이고, 고통으로부터의 해방이기 때문에 기쁨이다. 알라의 보호 속에서 그와 함께 교통할 수 있는 기회가 주어지기 때문에 이승에서의 삶과는 비교가 되지 않는 은총의 깊은 의기가 함축되어 있다. 이처럼 발전적 사후 세계가 존재한다는 믿음은 이승에서의 삶에 가치를 배가시켜, 죽음이 자칫 무상과 허무의 귀결이라는 자포자기적 현세 삶을 계도해 줄 수 있다.[2]

이러한 죽음의 개념은 경전인 코란(Quran)과[3] 예언자 무함만(Muhammad)의 언행록인 하디스(Hadith)[4]에 명백하게 언급되어 있다.

"너희는 생명의 기원에 대해 생각해 보았느뇨? 너희 가운데 누구에게나 죽음의 운명을 지웠나니, 이로 인하여 좌절하지 말지이다. 그분은 너희의 양상을 바꾸어 너희가 알지 못하는 양상으로 다시 창조하시도다."(56장 58~61절)

"너희가 어디에 있든 죽음이 너희를 뒤따를 것이니, 비록 높고 튼튼한 탑 위에 있을지라도."(4장 78절)

---

2) M. Siddik Gumush, Tam Ilmihâl Séâdet-i Edebiyye, (Istanbil, 1984), 77, 84, 403, 427, 905, 929, 934쪽.
3) 코란은 Abdullah Yusuf Ali, *The Holy Qurán*, (Riyadh: Dar el-Liwaa). 이 판을 모체로, 한글판은 金容善 譯註, 『聖꾸란』 上·中·下, (傳英社, 1983) 판을 참조했다.
4) 하디스는 수백 종의 비슷한 형태가 있으나 Sahih Al-Bukhari와 Sahih Muslim이 가장 정통한 것으로 인정되고 있다.

"누구도 신의 허락 없이 죽지 아니하고, 그 기간은 기록되어 정해졌도다."(3장 145절)

"모든 인간은 죽음을 맛보게 되리라. 그리고 궁극으로 주께 돌아가리라."(21장 35절, 24장 57절)

"심판의 날, 불길을 피한 자만이 천국에 들리라. 그곳에서 너희가 비로소 생의 궁극적 목표에 도달하리니, 천국에서의 생에 비하면 이승에서의 생은 보잘 것 없느니라."(3장 185절)

죽음에 대한 하디스의 귀절들을 보자.

"죽음을 항상 기억하라. 이는 너의 죄를 면하게 할 뿐만 아니라, 이 생에서의 참다운 삶을 인식하는데 도움을 줄 것이다. 풍요로울 때 죽음을 생각함으로써 부질없는 탐욕으로부터 자신을 제어할 수 있고, 가난한 상태에서의 죽음의 기억은 고통스런 삶으로부터 위안을 얻을 수 있을 것이다."[5](Ibni Ahi'd-Dunya/No. 218)

"누구든 죽음을 간구하지 말라. 왜냐면 그가 선하게 사는 자라면 이 생에서 은총과 감사가 충만할 것이요, 악을 행하는 자라면 이생에서 회개의 기회가 주어지리라."[6](Bukhâri, Muslim/No. 963)

"너희 모두는 아무리 선행을 하고 주님을 기쁘게 한다해도 죽음을

---

5) Es-Seyyid Ahmed El-Hâsimi, Muhtâru'l-Ehâdisi'n-Nebeviyye, (Istanbul, 1981), 27쪽.
6) 같은 책, 120쪽, No. 963.

피할 수 없다는 것을 명심하라."7)(Imân-i Ahmad/No. 1374)

"믿는 자의 이생에서의 이별, 즉 죽음은 모태의 어둠과 답답함 속에서 이생의 밝음과 광활 속으로 탄생하는 것과 같은 이치니라."8) (Hâkim/No. 1047)

또한 코란은 죽음이 신에 의해 예시된 정명임을 밝히고 있다. 인간을 비롯한 모든 피조물의 생성·발전은 네 가지 단계를 거친다. 창조(khalq), 완성(taswiya), 정명(taqdir), 인도(hidaya)가 그것인데, 모든 생명의 법칙이 이곳에 명시되어 있다. 인간은 완성을 위해 창조되었고, 이 완성은 정명과 측도에 따라 신의 인도에 의해 작동된다는 것이다.9) 따라서 모든 사물에 대한 정명은 그 자체의 성장·발전·소멸에 대한 법칙이고 규범이다. 인간의 죽음도 이렇게 정명의 규범 테두리에 한계되어 있으며 피할 수 없는 신의 절대 영역에 속한다.

그러나 인간의 죽음에 관한 정명을 기록한 코란이 숙명론을 지지하지는 않는다.10) 숙명론적 입장에서는 악행자의 악행은 미리 하도록 정해졌다는 것을 의미하고, 그런 상태에서는 선악에 대한 선택의 여지가 인정되지 않기 때문에 코란의 사상에 배치된다.

죽음은 인간이 통제력을 상실한 특수한 한계상황에서 발생되지만, 선행과 악행은 코란의 기준에 따른 인간의 완전한 선택의시나

---

7) 같은 책, 159쪽.
8) 같은 책, 120쪽.
9) M. Muhammad Ali, *The Religion of Islam*, (Cairo, 연대미상), 317쪽.
10) 이슬람에서 숙명론에 대한 논의는 위의 책 The Religion of Islam, 324~328쪽. 및 M. Husayn Haykal, *The Life of Muhammad*, tr. Isma'il al-Fârûqi, (U.S.A. 1976), 555~560쪽 참조.

자율기능에 의해 나타나기 때문이다. 또한 신의 미래 지식도 숙명과는 아무 상관도 없다. 신에게서 미래는 열려진 책과 같다. 인간에게 한계되어 있는 시간과 장소의 모든 개념은 신에게 아무 의미도 없다. 사물에 대한 인간의 지식은 시간과 공간적으로 제한될 수 밖에 없는데 비해, 절대자에게는 무한의 공간도 한 점이고, 무한한 과거와 미래의 시간도 한 시점에 불과하다. 신의 미래 지식은 인간의 그것과는 비교될 수 없을 만큼 높고 월등하다. 따라서 신이 인간의 수명이나 불평등을 예지하고 있다는 이론도 타당성이 없다.

이런 면에서 이슬람적 인간은 죽음을 신의 정명에 의한 피할 수 없는 사실로 인정하면서도 이생에서의 숙명적인 좌절이나 자포자기적 삶의 태도를 엄격히 배격한다. 대신 최선을 다한 노력과 선행이 현세에서 강조된다. 코란의 많은 구절에서 죽음을 불가피한 현실로서 철저하게 인식하는 작업과 함께 죽음이라는 절대 명제를, 그것의 보다 고차원적인 본질을 이해함으로써 초월하고 극복하는 삶의 태도를 강조하고 있다.

영혼과 육체의 조화된 상태가 생이고, 분리된 상태가 사(死)라면, 영혼의 본질은 무엇인가. 그것은 정신적인 경험이고 지적인 활력이다. 영혼은 행동을 지시하는 힘의 원천이고 오감을 느끼는 주체이다. 인간의 영혼은 신이 거룩한 한줌 영(靈)을 불어넣어 주었기 때문에 지극히 순수하고 성스럽다. 신의 영으로 하여 육체와 합일되어 생명의 절대적 근거를 갖게 된다. 영의 세계는 미해결의 신비인데, 이는 신의 영역으로 인간의 지혜가 미치는 부분은 극히 미미하다. 영혼이 육체와 분리되면, 이승의 모든 사물에 대한 초월적 지식과 초자연적 형상을 갖게된다. 육체로부터 분리된 영혼은 이성의 세계로 들어가고, 창조주의 빛으로 돌아가서 그와 만나게 된다. 영혼은 불멸이고 결코 잠들지 아니한다. 육체가 수면 상태에 있을 때, 영혼은 단지 감각을 사용하지 않을 뿐이다. 순수한 영혼은 수면중에 훌륭한 꿈을 볼 수 있고, 육체를 떠나 떠도는 다른 영혼과도 교감할 수 있다. 이슬람 철학자 Al-Kindi는 수면중의 이러한 영혼의 기능을 영혼이 감각 사용을 포기하는 대신에 이성을 사용한다고 보았다.11)

영혼의 세계는 크게 3단계로 나누어진다. 첫째 단계는 '충동적 정신(Nafs ammârah)'으로 인간과 동물에게 공통적으로 발견되는 정신이다. 둘째 단계는 '양심과 도덕적 정신(Nafs lawwâmah)'으로 선과 악의 투쟁 단계이며, 악행에 대한 후회를 수반하는 정신이다. 세째 단계는 신의 뜻을 거스르지 않는 정신적 상태로 흔히 '평화 속의 정신(Nafs mutma'innah)'을 가리킨다.12)

영혼과 육체의 분리 과정인 죽음은 이승과 저승 간의 매듭이다. 인간은 현세의 삶을 위해서만 창조되지 않았기 때문에, 죽음은 새롭고 영원한 삶에 이르는 교량이다. 내세에서는 영혼과 육체가 새롭게 부활하여 영적으로 훨씬 고양된 삶의 양태가 형성된다. 따라서 이슬람 교리에서는 죽은 자를 화장하는 경우 영혼의 안식처가 소멸된다고 보아 매장하여 무덤이라는 영혼의 안식 공간을 만들어 주도록 가르친다. 또한 죽은 자의 무덤을 방문하여 엄숙하고 간절하게 그를 추모할 때, 두 영혼의 교감으로 영적인 지도를 받을 수 있다고 믿는다. 영혼이 육체와 합일됨은 강한 사랑의 결실이다. 그러나 영혼이 분리된 후에도 육체와 영혼 간의 사랑은 끝나지 않고 그 후로도 상당기간 지속된다고 보기 때문에 사체(死體)에 대한 손상이나 무덤 위를 밟고 압박하는 행위는 금기시된다.13)

---

11) Sharif, 앞의 책, 432쪽.
12) 같은 책, 146쪽.
13) Tam Ilmihâl, 403쪽, 427~428쪽.

현세는 내세에 비해 짧고 보잘것없는 기간이지만, 현세도 신에 의해 인간이 가치 있게 살아가도록 명하신 기간이기 때문에 축복이고 기쁨이다. 이는 현세에서의 삶과 행위가 죽음으로 단절되지 않고 훨씬 가치 있는 사후 영생의 내세가 있다는 전제에서 미래를 위한 준비기간이다. 그러나 이슬람에서는 현세를 내세만을 위한 시련으로 보아 금욕이나 절제, 수도의 기간으로 보지 않는다. 내세가 있기 때문에 더욱 가치 있는 현세의 삶을 강조한다. 즉, 이승과 저승이라는 분리된 단순한 이원론적인 대칭 개념이 아니라, 죽음을 기점으로 한 상호 교통과 상호 보완의 개념이며, 저승은 이승을 바탕으로 더욱 발전되는 영적 승화의 경지로 본다.

이슬람에서 죽음의 문제나 현세와 죽음의 관계는 내세관과 사후 영생의 이슬람적 의미를 살펴봄으로써 더욱 뚜렷이 부각된다.

3. 내세관

1) 내세의 개념

내세라고 일컬어지는 사후 영생은 아랍어로 'al-akhira'이며, 최후와 미래의 뜻을 갖고 있다. 내세사상은 이슬람의 여섯 기본 신앙 체계의 하나인데, 코란의 교리 관점에서 보면 죽음은 앞서도 강조되었듯이 인간 삶의 종말이 아니라 또 다른 보다 고차원적인 형태의 삶의 문을 여는 것이다.

"우리는 너희 가운데 누구에게도 죽음에 이르게 할 수 있으되, 너희의 양상을 바꾸어 새로운 양상으로 다시 창조하도다."(56장 60~61

절)

"우리가 어떻게 그들 가운데 우열을 두었는지 보라. 내세에서는 그 우열이 더욱 크게 되리라."(17장 21절)

"사람들 중에는, '우리는 하나님을 믿고 내세를 믿나이다.'하고 믿는 척하는 무리가 있으나, 실로 그들은 믿는 자들이 아니다."(2장 8절)

"하나님과 내세를 믿고 선행을 하는 자에게는 주님의 보상이 있으리라."(2장 62절)

사후의 영생에 대해 강한 중요성을 부과하는 이유는 명확하다. 어떤 행실에 대한 좋고 나쁜 보답에 대한 강한 믿음이 인간으로 하여금 악행을 삼가도록 하는 도덕적 제어장치 역할을 할 수 있기 때문이다. 사후의 삶에 대한 믿음은 모든 현세의 행실이 반드시 그 열매를 보리라는 확신을 주어 선하고 고고한 행실을 선도하는 동시에 악하고 무분별한 행실의 억제를 도모한다. 또한 이러한 믿음은 인간이 거의 사심 없는 동기로 선행을 하도록 유도하는데, 그 행위는 내세의 삶과 연계된 보다 고상하고 가치 있는 결과를 위한 삶의 노력이기 때문이다.

코란은 인간에게 이승의 삶이 무의미한 것으로 전락하기 이전에 새로운 세계를 열어 주는 사후의 부활에 대하여 약속하고 있다. 또한 내세에서의 영생의 징조가 이미 이승의 삶에 내재하고 있다는 것을 보여주어, 두 삶이 별개의 이원론적인 대칭이 아니라, 서로가 밀접히 연계되어 있음을 강조하고 있다. 따라서 영생은 사후의 미스터리가 아니고, 이승에서 이미 시작되는 것이다. 이승에서의 인간의 한계로 이를 미처 인지하지 못한다 하더라도 선한 자에게는 천국의 삶이, 사악한 자에게는 지옥의 삶이 이승에서 시작되고 있다.14)

　"너희가 오늘에 무관심했나니, 이제 우리가 그 베일을 거두어 주리라. 그리하여 오늘을 보리라."(50장 22절)

　이것은 인간의 눈에는 물질적인 한계로 인해 숨겨져 있는 영적인 삶이 부활을 통해 명시될 것임을 보여 준다. 인간의 의식은 그때 비로소 명확해지고, 물질적인 한계의 장막은 제거된다. 코란은 의로운 자에게는 두 가지 천국을, 사악한 자에게는 두 가지 징벌을 예기하고 있으며, 천국과 지옥의 삶을 구체화해 주고 있다.

　"주님 앞에 서기를 두려워할 줄 아는 이들에게는 두 개의 천국이 있으리라."(55장 46절)

　"너희 영혼들아, 너희는 완전한 휴식과 기쁨 속에 있으리라. 기뻐하고 즐거워하며 그대 주님께로 돌아가, 나의 종들과 나의 천국에 들리라."(89장 27~30절)

　"너희가 분명 지식을 갖고 있다면, 지옥의 불을 볼 것이다."(102장 5~6절)

　"그것은 하나님의 분노가 타는 불지옥이거늘 그 뜨거움이 심장을 에워싸리니."(104장 6~7절)

---

14) *The Religion of Islam*, 266쪽.

"현세에서 장님이던 자들은 내세에서도 장님이 되리라."(17장 72
절)

"그러함이 현세의 징벌이니, 내세의 징벌은 너희가 알고 있는 것보
다 훨씬 크고 가혹하리라."(68장 33절)

2) 중간계(Barzakh)

죽음에서 부활까지의 중간 상태를 중간계(Barzakh)라 하는데,
문자적 의미는 '두 가지 사이에 존재하는 것' 또는 '장애물'이다.

"'죽음이 그들에게 이를 때, 주여! 저를 다시 돌려보내 주소서, 제가
남겨둔 일에 선행을 할 수 있나이다.'라고 말하나 결코 할 수 없나니
그것은 단순한 말에 지나지 않는다. 그들 앞에는 부활할 그 날까지 중
간계가 있을 뿐이다."(23장 99반 100절)

이러한 중간 상태는 흔히 무덤을 의미하기도 하지만, 넓은 의미
로 죽은 뒤의 상태이다. 부활의 날에 이르러 소생함은 코란의 여러
구절(100장 9절, 22장 7절)에서 무덤 속에 있는 모든 사람의 부활
로 언급되고 있다. 이는 실제로 무덤 속에 묻혀 있는 사실 여부에
상관없이 모든 인류의 부활을 의미한다. 즉 무덤 상태(qabr)는 중
간계와 같은 상태로서 모든 인간의 사후 부활 이전에 놓여지는 상
태이다.15)
코란은 이승에서의 삶에서도 보다 고차원적인 삶을 경험할 수 있
다고 기록하는데, 인간의 영적인 경험이 고차원적 삶의 첫번째 단계

---

15) M. G. Ahmad, *The Teaching of Islam*, (New Delhi, 1984), 131~133쪽.

이다. 그러나 대개 인간은 이렇게 고차원적 영적 경험을 무시하거나, 인식하지 못한다. 이는 영적으로 발달된 사람에게만 가능하다. 중간계는 사실 이러한 고차원적 삶의 발달 과정에서 두 번째 단계이며, 모든 인간은 이 단계에서 완전하지는 않더라도 고차원적인 삶에 대한 어떤 인식을 갖게 된다. 코란에는 육체적인 삶의 발달 과정이 3단계를 거친다고 명시되어 있다. 첫번째는 흙의 단계이며, 두 번째는 모태 내의 단계, 세 번째는 출생단계이다.16)

> "그 분은 흙에서 창조한 너희를 아시며, 또한 태내에 있을 때의 너희도 알고 계시다."(53장 32절)

> "그분은 인간을 흙에서 창조하시기 시작하셨느니라. 이리하여 한 방울의 물로부터 인간의 후손이 있도록 하셨으며, 그후 그것을 형상으로 만드시어 그 안에 그분의 영혼을 불어 넣으셨도다."(32장 7~9절)

인간의 육체적인 발달 과정인 흙의 단계, 태아의 단계, 출생의 3단계에 대해, 코란은 다시 영적인 발달 과정으로서 3단계를 제시하고 있다. 영적인 삶의 첫째 단계는 현세에서 시작되는 것이지만 인간의 육제적인 발달 과정 중 흙의 단계처럼 이승에서의 삶에 대해서는 인식할 수 없는 단계이다. 그리고 죽음에 이르게 되면, 중간계 단계인 둘째의 고차원적인 영적 삶의 단계로 들어간다. 이 단계에서의 삶은 일정한 형태를 갖추고 삶에 대한 의식이 일어나지만 부활과 더불어 존재하게 될 마지막 발달 단계에 대한 완전한 의식은 아니다. 이 단계는 인간이 위대한 진리를 완전히 인식하고 실제적인 전진을 도모하는 인류 출생 개념과 비교될 수 있다. 중간계에서의

---

16) *The Religion of Islam*, 268쪽.

고차원적인 삶의 발달은 영적인 삶에서 필수적인 단계이듯이, 육체적인 삶에서는 태아 단계에 해당된다. 이 두 단계는 동등하게 존재한다.17)

중간계 단계에서의 영적 경험은 코란의 여러 구절에서 명확히 제시되고 있다. 인간은 첫 번째 단계의 삶에서 저지른 행위가 고차원적인 삶으로 나아가는 게 장애가 되고 있다는 사실을 깨닫고, 과거로 돌아가 도움이 될 수 있는 선행을 갈망한다. 이것은 고차원적인 삶의 인식이 죽은 직후 생겨남을 보여준다. 또 다른 경우에서는 악인은 중간계의 단계에서 자신의 행실에 대한 나쁜 결과를 경험하고, 징벌의 결과가 부활의 날에 명확해 지리라는 것을 알게 된다.

> "그대 최악의 벌이 파라오 백성들의 주위를 에워싸리라. 그들은 조석으로 불 앞에 끌려나가, 심판의 날에 이르러 무거운 징벌로 대가를 치르리라."(40장 45~46절)

코란에서 죄악은 중간계 단계에서 응징을 받는다고 기록된 반면, 하디스에는 '무덤 속에서 치러질 형벌(adhâb al-qabr)'로 묘사되고 있다.

> "인간이 죽으면 그 앞에는 내세의 아침과 저녁이 주어진다. 그가 천국의 일원이면 천국에서, 지옥의 일원이면 지옥에서…."(Bukhari 23:90)

한편 선한 사람은 사후 선행의 결실들을 경험하리라고 코란은 기록하고 있다. 즉, 죽은 사람들은 무덤에서, 중간계의 상대에서조차

---

17) 같은 책, 268~269쪽.

그들이 과거 행실을 인식하게 되고, 이것이 이승과 저승 간의 깊은 연관을 이룬다는 것을 설명하고 있다.

그러면 중간계는 어떻게 얼마나 지속될 것이냐. 저승에서의 삶과 관련된 모든 의문들은 복잡한 속성들을 가진 것으로 죽은 직후에 알려질 수 있는 '비밀들'이라든가 '마음속에 나타날 수 없는 것들'이라는 단순한 의미로 설명될 수는 없다. 저승과 관련된 시간과 공간적인 개념들은 이승에서의 것과는 다른 차원이므로, 이승의 개념으로 중간계의 지속성을 인식할 수는 없다. 더구나 고차원적인 삶에 대한 완전한 이해는 부활의 날에 가서야 가능할 것이므로, 중간계의 단계는 다시 말해 반의식의 단계(state of semi-conscicousness)이다. 반대로 가끔 이 단계를 부활의 날에 있을 대인식에 비유하여 수면의 단계로 간주하기도 한다.

코란의 교리에 따르면 이승에서 기회를 상실해버린 자들에게는 중간계의 상태가 부활의 날까지 지속된다.

"그들 앞에는 부활의 날까지 중간계만 있을 뿐이다."(23장 100절)

누구에게 중간계가 더 오래 혹은 더 짧게 지속되는가에 대한 의문은 제기되지 않는다. 그들에게 시간의 길이나 개념은 인식되지도 않고 의미가 없기 때문이다.

"시간이 도래할 때 죄인들은 한 시간 밖에 체류하지 아니했다고 맹세하며 미혹되곤 하느니라. 그러나 지혜와 믿음을 소유한 자는 말하리니, 실로 너희는 하나님의 율법에 따라 부활의 날까지 체류했으나 너희가 인식하지 못할 뿐이라 하더라."(30장 55~56절)

이승에서 영적인 삶을 경험한 사람들에게는 중간계 상태에 대한 인식이 훨씬 생생해진다. 일부 하디스는 선한 사람은 중간계 상태에서조차 진전할 기회를 얻는다고 전한다.

3) 부활

부활에 대한 다양한 명칭은 대부분 파괴와 각성, 심판과 속죄, 새로운 삶의 소행과 관련이 있다. 부활에 대한 코란의 기록들이 그 징조와 속성을 명확히 밝혀주고 있다.

"부활의 날, 그때 시야가 현혹되고 달은 어둠 속에 묻히며 태양과 달이 함께 보이리라. 그날 인간은 은신처를 물으나, 갈 곳이 없으리라. 주님에게로 돌아갈 거처뿐이도다. 그날, 일부는 얼굴에 빛을 발산하며 주님을 향해 있고, 일부는 얼굴에 슬픔과 고뇌로 가득 차서 그들 위에 재앙이 임박했음을 알리라."(75장 6~25절)

"별들이 빛을 상실하고 하늘이 갈라지며, 산들이 먼지가 되어 휘날려가고 선지자들이 약속된 시간에 모이게 되는 때."(77장 8~11절)

"실로 분류하는 그날은 정해졌으며 나팔이 울리는 날, 그날 너희는 떼를 지어 앞으로 나오게 되매, 하늘은 문저넘 얼리고, 산들은 신기루처럼 사라지리라."(78장 17~20절)

"어느날 동요하게 될 모든 것은 크게 동요하고, 또 동요가 반복되도다. 그날, 마음들은 두근거리고 눈은 밑으로 처져있으며… 그러나 그것은 단 한 번이 될 것이라. 보라! 그때 그들은 깨어나 있지 않는

236

가?"(79장 6~14절)

"그들은 그때가 언제 있을 것이냐고 질문하나, 그대의 종말은 주님만이 아시도다."(79장 42~44절)

"대지가 심하게 진동을 하며 대지 속에 있는 것을 밀어내도다. 그날 사람들은 각자 무덤에서 나와 그들의 지난 행실을 보리라."(99장 1~6절)

"그들이 무덤에서 서둘러 나오는 그날, 그들은 마치 서둘러 우상에게로 가는 것 같너라."(70장 43절)

"나팔소리가 한 번 울릴 때, 대지의 산들이 움직이고 그것들이 한 번에 산산조각이 나며, 커다란 사건들이 일어나리라. 그날은 너희가 심판을 받는 날로 너희의 어떤 행위도 숨겨질 수 없으리라."(69장 13~18절)

"불가피한 사건이 있을 때, 어느 누구도 거짓이라 하지 못하리니, 어떤 무리는 굴욕을, 어떤 무리는 찬양을 받으리라."(56장 1~3절)

"어느날 지구가 다른 것으로 변하고 하늘도 그러하리라."(914장 48절)

부활을 뜻하는 것으로 자주 쓰이는 코란상의 단어는 al-qiyâma와 al-sâ'a이다. al-qiyâma는 문자 그대로 '부활'을 의미하며 al-sâ'a는 '세상의 종말(파멸)'을 의미한다. al-sâ'a는 다시 세 가지 형태의 부활로 나타나는데, 이는 최후의 심판을 위해 인간이 소생하는 대부활(Kubrâ), 한 세대의 소멸인 중간부활(wustâ), 이 개인의 죽음인 최초의 부활(sughrfi)이 그것이다.[18] 개인의 죽음과 세대의 소멸을 뜻하는 부활은 예언자 무함맏의 '누가 죽더라도 그의 부활은 반드시 이루어진다.'는 언급에서 엿볼수 있다. 이 점에서 사후에 시작되는 중간계 상태는 부활로 일컬어지기도 하는데, 이것은 인간이 죽은 시점에서 곧바로 부활한다는 것을 나타낸다. 코란에서 죽은 자에 대한 언급 중 영적으로 죽은 자에게 생명이 주어진다는 것은 영적인 각성이 이루어진다는 의미로서이다.

> "죽은 자에게 생명을 주고 빛을 주니, 그는 그것으로 사람들 사이를 걷도다. 그는 결코 나올 수 없는 암흑에 있는 자와는 다르니라."(6장 123절)

여기서 명백하듯이 죽은 자는 영적으로 죽은 사람이며, 신이 그를 소생하게 한다는 것은 영적인 삶을 준다는 것이다. 흔히 코란에서 보이는 '무덤에 있는 자들'의 표현도 영적으로 죽은 사람들을 의미한다.

코란의 많은 구절에서 예언자에 의해 주도될 영적인 부활과 대부활이 서로의 증거로서 언급되어지고 있는데, 이는 영적인 삶의 각성이 고차원적인 삶의 존재를 약속하고, 그러한 삶이 대부활의 궁극적 목표이기 때문이다. 영적인 부활과 영적인 삶의 각성은 인간으로 하여금 고차원적인 삶을 경험케 하여 이승의 세속적인 한계를 넘어선 고양된 세계로 향하는 길을 밝혀준다. 좀더 구체적으로 설명하면 영적인 부활이 대부활의 징조가 된다는 논리는 다음 코란 구절에서

---

18) 같은 책, 274쪽.

238

> "부활의 날을 두고 맹세하사, 자기비판 정신에 맹세하사."(75장 1~2절)

여기서 부활은 대부활을 의미하는데, 예언자에 의한 영적 부활이 계시된 대부활의 증거로 작용한다는 것이다. 여기서 대부활의 증거로 제시된 영적 부활은 자기비판 정신으로 표현되었는데, 자기비판 정신은 인간의 영적 삶의 발달 과정 중 첫번째 단계이다. 이는 인간 내면의 자아가 스스로의 악행을 질책하고 악에 내한 그의 투쟁이 진지하게 시작되는 단계이다. 왜냐하면 악이 내부의 비판 의식 없이 행해졌다면 이는 인간이 영적으로 죽었다는 것을 의미하기 때문이다. 영적인 삶의 최초 단계인 자기비판적 정신은 보다 고차원적인 단계인 '평화스런 정신(Nafs mutma'innah)'으로 향하는 과정이며 이 단계에서 인간은 이승에서도 천국에 들 수 있게 된다.[19]

지구상의 모든 피조물이 인간의 편의를 위해 존재하는 것이며, 인간의 삶이 궁극적 목적을 가졌다는 사실이 코란상에 계시된 부활에 대한 또 다른 당위이다.

> "인간을 아무 목적 없이 방황하도록 내버려두리라고 너희는 생각하느냐?"(75장 36절)

> "우리가 너희를 의미 없이 창조하였다 생각하느냐? 실로 너희가 우리에게 귀의할 진데."(23장 115절)

---

19) *The Teaching of Islam*, 138~140쪽.

신의 사상만이 인간의 삶을 고귀하게 만들고 가장 순수하고 고결한 자극을 줄 수 있듯이, 부활에 대한 사상이 그렇지 않고는 결코 이루어질 수 없는 인간의 삶에 진지성을 부여하게 된다. 자연에 대한 탁월한 통치 능력과 극복 의지를 가지고도 인간의 삶 자체가 목적 없이, 오늘 자랐다가 내일 사라지는 풀과 같다면 인간의 본질에 대한 견해가 지나치게 비하된 것이다.

"우리는 인간을 제일 아름다운 형상으로 창조한 후 믿음으로 선을 행하는 의로운 자들을 제외하고는 그의 위치를 가장 낮게 설정하였도다. 그러나, 의로운 자들에게는 끊임없는 보상이 있으리라."(95장 4∼6절)

"그런데도 누가 감히 다가올 심판의 날에 관하여 그대를 속이려 하겠는가!"(95장 7절)

인간은 성취하기 위한 고차원적인 목적을 갖고 있으며, 이승을 떠나서 영위할 수 있는 고차원적 삶을 가지고 있다. 고차원적 삶이야말로 인간 삶의 목적이고 이는 부활과 함께 시작되는 것이다. 부활과 관련된 코란상의 또 다른 논제는 선악이 반드시 그 보상을 받는다는 것이다. 피조물 가운데 인간만이 선악을 구분할 수 있는 능력을 갖고 있다. 인간의 선악에 대한 인식은 매우 예민하여 총체적 의지로 선을 증진시키고 악을 근절하려 노력한다. 이러한 목적으로 법이 제정되고, 그것을 강화하기 위해 가능한 권력의 매개를 행사한다. 그러나 실제의 삶에서 선은 종종 무시되고 사라져 악이 창궐하는 경우가 많다.

240

"하나님은 선한 자의 보상을 저버리지 않으신다."(11장 115절, 12
장 90절)

"우리는 선을 행한 자에게 보상이 헛되지 않게 하리라."(18장 30
절)

"나는 남녀를 불문하고 그들이 행한 어떤 일도 방임치 않으리니."(3
장 195절)

인과법칙에 예속된 자연현상처럼 인간의 선악의 행실도 우주의
보편적 법칙에서 예외일 수는 없다. 따라서 현세에서 선악은 내세에
서 반드시 열매를 맺게 될 것이다. 내세에서도 인간의 삶이 영속되
며, 죽음으로 그 기점이 시작된다.

부활은 인간에게 내세에서의 구원을 위해 믿어야하는 도그마는
아니다. 오히려 부활은 인간 삶의 원칙이며, 삶을 더욱 진지하고 유
용하게 만들어주는 동시에 고차원적인 삶의 존재를 인식시켜주는
매체이다. 부활에 대한 믿음은 인간에게 모든 편의를 활용하여 최상
의 목적을 위해 삶을 영위하는 진지한 자세를 견지시켜줄 것이다.
이로써 인간은 가능한 한 선을 행하려고 노력할 것이며, 모든 악행
을 멀리하는 노력을 경주할 것이다. 따라서 부활에 대한 믿음은 이
러한 미천한 삶에 가치를 부여하기 위해 요구되는 원칙이다. 이러한
믿음이 없으면 인간 삶은 선을 행하고 악을 삼가는 본연의 의미를
잃게될 뿐만 아니라, 원인 행위가 소멸되어 영속적인 삶의 목적이라
는 결과를 기대할 수 없을 것이다.[20]

그럼 이 부활은 육체적인 것인가, 아니면 정신적인 것인가? 육체

---

20) Sharif, 앞의 책, 153쪽.

적인 부활에서 그 육체는 생전의 것인가, 아니면 새로 창조되는 육체인가? 코란상에 죽음으로 영혼이 분리된 육체가 다시 소생하리라는 구절은 없다. 반면 모든 것이 옛날의 것이 아닌 상태로 새롭게 창조되리라는 사실은 여러 군데에서 명확히 나타난다. 심지어 옛날의 하늘과 땅도 새로운 하늘과 땅으로 대체되리라 한다.

"어느날 지구가 다른 것으로 변하고, 하늘도 그러하니."(14장 48절)

새로운 천지가 부활의 날 다시 존재한다면 인간의 육체도 새롭게 거듭나리라는 것은 명백하다. 부활의 날 인간의 육체는 새로운 것일 뿐만 아니라, 그 속성 역시 변하게 된다. 이렇게 변한 생장물은 현재 인간의 감각으로는 인식될 수 없다. 인간 육체의 부활에 대한 이러한 진리는 내세의 모든 만물과 천국의 축복, 지옥의 응징에서도 그대로 적용된다. 따라서 부활한 육체는 개성을 유지하는 이름이나 형태를 제외하고는 현세의 것과 공통된 점이 없는 상태이다.

인간 사후에 영혼이 받게 될 육체는 현세의 것처럼 물질적인 것이 아님을 보여주는 또 다른 근거가 있다. 전술했듯이 인간은 죽음으로 중간계 상태에서 천국의 축복이나 지옥의 징벌을 미리 경험하게 된다. 중간계 상태는 부활의 시기까지 지속되며, 이 기간에 육체는 무덤 속에서 흙으로 변하든지 흔적 없이 소멸해 버릴 것이다. 따라서 중간계 상태에서 영혼이 축복이나 징벌을 경험하는 것이 죽을 때 남겨 놓은 육체를 통한 것이 아님이 분명해진다. 또한 그것에서 어떤 새로운 육체를 부여받게 된다는 것이 확실한데, 영혼이 고통과 쾌락의 경험을 가지게 되는 것은 육체를 통해서이기 때문이다. 이제 영혼은 중간계 상태에 있는 동안에도 새로운 육체를 부여받을 것이며, 중간계와 부활은 똑같은 사후의 내세 상태에서 그 생생함이나 성장 단계에서만 차이가 나타나는 것이기 때문에 부활할 때 영혼이 부여받는 육체는 중간계에서 받게되는 육체와 크게 다르지 않을 것이라는 것이 더욱 명백해진다. 그리고 사후에 내세에서 가지는 육체의 형상을 결정해 주는 것은 내적 자아이다. 내적인 자아가 중간계에서의 육체를 형상화시켜 주면서 부활의 육체로 변화해 가는 모티브이다.21)

부활을 위해 보존된 선행의 기록은 어떤 형태인가? 인간의 육체는 흙으로부터 와서 흙으로 돌아가지만, 신에게는 내세의 성장에 필수적인 기록이 보존되어 있다. 보존된 기록은 수호천사들에 의해 관리된 선행과 악행의 기록이므로, 이것이 바로 부활의 삶을 위한 기초를 형성한다. 영혼의 외관인 육체가 한줌 흙으로 원래의 대지로 돌아가도, 내적 자아는 보존되어 보다 고차원적인 삶의 주체가 되기 때문이다.

"이것은 너희에 대한 진실의 기록이다. 하나님이 너희가 행한 것을 기록했나니라."(45장 29절)

"믿음을 갖고 선행을 행하는 자는 누구든지 그의 노력이 헛되지 아니하리니, 실로 우리는 그를 위해서 기록하나니라."(21장 94절)

인간 행실의 기록, 즉 내적인 자아의 기록이 인간의 눈에는 보이지 않지만, 부활의 날 공개되어, 자신의 기록을 스스로가 읽으며 계산하게 된다. 이 계산은 자신의 내부에 너무나 선명히 나타남으로 외부적인 응징이 필요치 않을 것이다.

---

21) *The Religion of Islam*, 282~285쪽.

"사악한 자들의 기록은 감옥에 있고(83장 7절), 의로운 자들의 기록은 가장 높은 곳에 있나니."(83장 18절)

여기서 기록이란 보통 인간의 내적 자아를 상징하며, 감옥에 기록이 있다는 것은 의미가 없다. 행실에 대한 코란의 많은 언급에서 보면, 기록은 인간의 영적인 발전을 가속화시키거나 도래시키는 선행이나 악행의 결과이다.

4) 천국과 지옥의 개념

(1) 천국

사후의 세계는 두 가지 형태를 가진다. 선과 악의 저울에 따라 천국에서의 영생과 지옥에서의 영생이다. Al-Jili는 8단계의 천국을 설정하고 있는데, 최고 상위의 단계는 maqám al-mahmud로 사도 무함맏이 자리잡은 천국의 중심이다.[22] 천국의 코란적 문자는 janna인데 '의로운 자들의 안식처'란 의미를 갖고 있다. 기쁨의 안식처에 대한 명칭으로 이 단어를 사용하는 것은 매우 깊은 의미를 가지는데, 천국의 기쁨들은 육체적인 감각으로서는 알 수 없기 때문이다. 또한 의로운 자들이 '선을 믿고 행한 자들'로 묘사되는 것에 비추어 천국은 '강물이 흐르는 정원'으로 묘사되어 있다. 이 두 묘사는 앞에서 현세 영혼의 내세에서의 체현에 관해 서술한 것에 비추어, 믿음이란 영적인 삶에서의 물이며 다시 강물로 변하는 것이라는 점과, 선행들은 믿음에서 샘솟아 내세의 나무들을 자라게 하는 씨앗이라는 사실을 나타낸다. 천국의 기쁨에 대한 코란 구절을 보자.

---

22) Sharif, 앞의 책, 867쪽.

"천국을 비유하사 이는 정의로운 자에게 약속된 것이라. 그 밑에는 강이 흐르고 일용할 양식이 영원하고 그늘이 있으니…."(13장 35절)

"아무도 모를 것은 그들의 행위에 대한 보상이니, 그들을 기쁘게 할 숨겨진 것이니라."(32장 17절)

코란의 많은 구절에서 천국에서의 음식, 열매, 물과 우유, 꿀과 술, 화려한 옷과 장식품 등이 그곳에서의 인간 행복의 완벽한 상을 제시하기 위해 언급되고 있다. 그러나 그 모든 것들은 이름만 같았지 현세의 것과는 다른 것이고, 형상들은 인간의 지혜와 감각으로는 인식할 수 없다. 내세의 축복에 대한 모든 묘사는 단지 비유에 불과할 뿐이다. 왜냐하면 부활은 전혀 새로운 삶과 새로운 체계, 새로운 천지를 의미하기 때문이다. 따라서 현세의 시간적, 공간적 개념이 내세에 적용될 수 없다.23)

"천국은 이 천지, 즉 우주 전체보다 더 광활히 펼쳐져 있다. 서둘러 주님께 회개하라. 천국은 하늘과 땅처럼 넓으니."(3장 132절, 57장 21절)

"누가 예언자에게 천국이 하늘과 땅보다 넓다면 지옥은 어디 있느뇨? 하고 묻자 대답하기를, 그럼 낮이 왔을 때 밤은 어디 있느뇨?"(RMI, PP.670)

이를 보면 천국과 지옥은 두 곳이라기보다는 두 상태이다. 한 곳은 가장 높은 곳에 있으며, 다른 하나는 가장 낮은 곳에 있어서 서

---

23) *The Teaching of Islam*, 126쪽.

로 갈라진 기둥이지만, 이것들은 어떤 벽에 의해 구분되어 있다.

"그때 그들은 문이 있는 벽으로 갈라지게 되리니 그 안에는 자비가 넘치는 곳이요, 밖은 응징이 있으리라."(57장 13절)

현세 인간들의 공간적 개념으로는 천국과 지옥의 두 사건이 동시에 일어난다는 사실을 인지하기는 어렵다. 지옥의 불길이 타오르는 소리와 굉음이 반복하여 언급되지만, 천국에 있는 자는 그 광적인 소리를 들을 수 없고, 단지 불길 속에 휩싸인 저주받은 자들의 절규를 들을 것이라고 코란은 전한다. 이것은 심판의 날 인간에게 일어날 변화가 매우 획기적이고 완벽하기 때문에 인간의 감각 기능도 현세에서와는 다르다. 그리하여 어떤 면에서는 가장 전율적인 외침도 미미한 소리로 들리게 될 것임을 시사한다.

천국에서의 남녀관계는 사랑만 있고, 생식기능은 없다. 천국에서의 동료의식이나 성관계는 이승에서의 개념과는 전혀 차원을 달리한다. 코란에서도 여성에 대해 신의 시각에서 남성과 동등하고, 남녀는 부활의 날 똑같이 더욱 고차원적인 삶을 누릴 것이라고 언급되어 있다.

"남녀를 불문하고 믿음을 가지고 선한 일을 행하는 자는 낙원에 들리라."(40장 40절, 4장 124절)

"남녀 모두 선행과 믿음을 가진 자에게 좋은 생활과 최상의 보수가 주어지리라."(16장 97절)

"주여, 그들과 그들의 조상, 배우자, 그리고 자손들 중에서 선행한

자에게 약속하신 에덴동산으로 그들을 돌려보내 주소서, 참으로 당신
은 강하시고 총명하십니다."(40장 8절)

"그대들은 아내와 함께 기뻐하며 낙원으로 들어가라."(43장 70절)

코란에 나타난 낙원의 명칭 중에는 '평화로운 집(dar al-salam)'
이라는 표현이 보인다. 그곳의 인사는 주를 찬미하고 반복해서 '편
안하다'는 말을 진정으로 표현한다고 기록되어 있다.
천국의 또 다른 중요한 은총은 인간이 신과의 만남을 이룩하는
것이다.

"인간이여, 그대는 주님을 위해 노력하면, 기필코 주님을 만나리
라."(84장 6절)

여기서 인간 삶의 궁극적 목적이 '신과의 만남(ligâ'Allah)'에 있
음을 알 수 있다. 이러한 목적은 이승에서는 완전히 이룰 수 없는
것으로, 사후에 보다 고차원적인 삶을 영위하는 자만이 도달할 수
있는 단계이다. 따라서 사후 영생을 부정하는 사람은 곧 신과의 만
남을 부정하는 자들이다. 코란은 현세의 삶에 만족하는 사람들은 더
높은 목표와 고양된 다음 삶을 기대할 수 없다고 반복하여 경고하
고 있다.

"우리들을 만나기를 피하고, 현세의 삶에 만족하여 안주하려는 자,
우리들의 계시에 무관심한 자, 이들이 살아가는 곳은 겁화, 그것도 스
스로 자초한 인과응보인 것을…."(10장 7~8절)

"주를 만나기를 꺼리는 자들에게는 그들 고집대로 무모하게 방황하는 고통을 줄 것이다."(10장 11절)

"그들은 현세의 피상적인 것만 알고, 참 내세엔 무관심하도다. 그들은 자신을 돌아보지 않는다. 알라께서 천지와 천지 사이의 모든 것을 진리와 명시된 기간 동안 창조하신 사실을 잊었느냐. 많은 무리가 주와 회견하는 사실을 부정하도다."(30장 7~8절)

신과의 만남은 선행과 진리로 인간이 현세에서 추구하는 삶의 목표가 된다. 그리하여 낙원은 신과의 만남의 장소이고, 낙원에서는 어떤 유형의 삶보다 상위의 새로운 삶이 전개된다.

여기서 특기할 것은 천국이 인간 삶의 발전 과정의 궁극점이 아닌, 보다 고차원적 삶을 위한 시작이라는 이슬람적 개념이다. 목적은 달성했지만 그것은 동시에 계속적 진보를 위해 광대하고 새롭게 열리는 시점이다. 만약 인간에게 그러한 원대한 능력이 부여되었다면, 육체적인 삶에 있어서 그의 진보가 계속되는 것처럼 영적으로 더욱 고양된 삶에 도달해도 진보는 중단되지 않을 것이다. 코란에도 의로운 자들에게 고차원적 새로운 세계에서의 탄생인 부활의 개념이 더욱 더 상위의 세계와 단계로 끊임없이 전진되는 계기라는 점이 명시되어 있다. 안식과 쾌락은 인간 존재의 궁극적 목적이 아니다. 즉, 이승에서 부단한 자기 발전을 도모하려는 인간영혼이 존재하는 것처럼, 천국에서도 그러한 발전 의지는 계속된다.[24]

"알라가 그의 예언자와 믿음을 가진 자들과 함께 하는 날, 광영이 그들 앞과 오른손에 가득하리라. 그들이 말하길 '주여 우리의 광영을

---

24) 같은 책, 302쪽.

완성시켜주시고 우리를 보호하소서. 당신은 전지전능하십니다.'"(66장
8절)

여기서 의로운 자의 영혼이 더 나은 광영을 희망함으로써 영적인
삶의 보다 더 높은 단계를 지향하고 있음을 명백히 알 수 있다.

천국에서 의로운 자에게 부여되는 새로운 삶은 또 다른 진보를
위한 출발이다. 인간은 계속해서 더욱 더 높은 단계를 갈망하게 된
다. 천국에서는 싫증과 피곤함이 없으므로, 그곳의 안락과 쾌락은
진정한 진보를 위하는 점에서 그 가치가 있는 것이다.25)

(2) 지옥

코란에서 지옥을 7개의 명칭으로 묘사하고 있어, 지옥이 7단계로
나누어져 있다는 사실을 시사하고 있다. 'Jahannam'으로 표현되는
지옥은 특징적으로 세 개의 개념으로 분류되는데, 심연으로의 추락,
불길, 파괴 등이 그것이다. 이러한 지옥의 개념들은 천국의 개념들
과 대비될 수 있는데, 상위 단계로의 진보에 대한 하위 단계로의 타
락, 선행의 결과로 나타난 만족과 행복에 대한 이승의 욕망의 결과
인 뜨거운 불길, 삶의 결실에 대한 미완의 삶이 그것이다. 즉, 지옥
의 결과는 이승에서의 인간 행실의 직접적인 반영임을 강조한다. 욕
망과 악행, 양심과 도덕적 규범을 망각한 정신적 피폐가, 부활의 날
모든 행위가 베일 속에서 드러남으로써 깊은 지옥의 심연으로 그
대가를 치르게 된다. 현세에서는 인지할 수 없었던 영적인 고통과
정신적 괴로움도 사후 세계에는 명백히 살아나게 된다. 이는 지옥이
란 알라가 붙인 불길로서, 인간의 마음속까지 차서 타게 되리라는
(104장 6~7절) 코란의 구절에서 명백하다.26)

---

25) 코란 35장 35절, 15장 48절 참조.

지옥에서의 응징의 형태는 타락, 불길, 굴욕 등 다양하게 나타난다. 모두가 이승에서의 악한 열정, 불타는 욕망, 우상 숭배에 대한 대가로 자주 표현된다.

"우상의 불순함과 거짓을 멀리하는 자, 주께로 상승할지라. 주님 이외의 우상과 교통(交通)하는 자, 위로부터 추락하리라."(22장 30~31절)

"선행을 한 자의 보상은 더 없이 크리라. 낙원의 주인으로 영원히 거주하리라. 악행을 한 자는 그에 상응한 응징이 주어지고 모멸이 그들을 감싸리라. 칠흑 속에서 불의 심판을 받으리라."(10장 26~27절)

"부활의 날, 불신자들에겐 모멸감이 엄습할지니."(16장 27절)

그러나 지옥은 일반적으로 이승의 악행이나 불신에 대한 결과의 장소로 표상되지만, 지난 행위들에 대한 가혹한 형벌만이 실현되는 장소는 아니다. 그곳에서는 영혼의 정화라는 또 다른 중요한 역할이 행해진다. 다시 말해서 징벌은 고통 자체에 목적이 있는 것이 아니고, 정화와 치료를 목적으로 한 것이기 때문에, 자신이 저질렀던 악으로부터 정화된 인간이 다시 영적인 진보에 적응할 수 있는 기회를 제공해준다. 코란에서도 현세의 인간을 악행으로부터 규제하기 위하여 그러한 처벌을 명시하고 있음을 밝히고 있다.

"우리들이 어떤 마을에 예언자를 보낼 때는 그 주민들이 겸손을 찾을 수 있도록 고통과 고난을 주었느니라."(7장 94절)

---

26) *The Teaching of Islam*, 130쪽, *The Religion of Islam*, 304~306쪽.

이제 신이 죄악을 범한 자에 대해서 그들이 신께로 돌아오게 하기 위하여 그의 징벌을 설정하고 있음이 명백하다. 이는 그들이 더욱 고양된 삶을 깨우치게 하는 방편이다. 지옥에서의 징벌도 영혼의 정화를 위한 치료적 대책인 것이다. 지옥의 시련은 이생에서 기회를 상실해버린 인간에게 고양된 삶을 찾아주기 위한 내세에서의 방편이다. 이는 '신의 자비'라는 속성을 통해서도 명백히 나타난다. 코란은 자신의 영혼을 해하는 사악한 자를 포함해 신은 자비를 위해 모든 인간을 창조하였다고 기록한다.(11장 119절) 그러나 처벌에 대한 신의 자비는 대의(大義)에 근거하는데 이 대의란 인간에게서 악을 정화시킨 후에 더 나은 삶을 향한 노상에 그를 다시 놓아두는 것이다. 따라서 지옥은 오직 생명을 구하기 위해 고통이 따르는 수술을 하는 병원과 같은 곳이다.

인간 삶의 궁극적 목적이 신을 섬기며 그의 뜻에 따라 사는 것이라면, 죄지은 상태에서는 신의 곁에 이를 수 없으므로(83장 15절) 불로 정화된 후에야 비로소 다시 신을 섬길 수 있는 것이다. 영혼의 정화와 함양이라는 지옥의 기능은 코란에서 흔히 지옥을 '죄인들의 친구(57장 15절)', '죄인들의 어머니(101장 9절)'로 표현되기도 한다. 이리하여 믿는 자는 신의 뜻에 따라 이승에서 그들의 고통으로 정화되고, 악행자는 지옥에서 불길을 통해 정화되어 모두가 고차원적인 삶의 세계로 향하려는 목표를 갖게 된다.

이러한 지옥에서의 구원의 개념은 지옥의 영속성에 한계를 가질 때만이 그 의의를 가진다. 지옥의 영속성에 한계가 있는가의 문제는 이슬람학자 간에도 아직 확립된 이론으로 발전하지 못하고 있다. 또한 지옥의 영속성에 대한 한계를 인정하면서도 이는 무슬림 신자들에게 적용되고, 비무슬림들에게는 지옥이 영원하다는 주장도 있다. 그러나, 코란에서 불신자와 죄인, 악인들에 대한 지옥의 징벌이 영원하리라는 것을 밝히고 있음에도 많은 학자들은 신의 자비 속성과 또 다른 코란 구절과 하디스에 근거하여 지옥이 충분한 대가를 치른 후 벗어날 수 있는 장소라는 가능성을 제시하고 있다.

지옥의 영속성과 관련된 코란상의 두 단어는 'Khulûd'와 'abad'인데 후자는 아랍어 학자들에 의해 '영구'라는 의미 이외에도 '긴 시간'이란 뜻으로도 해석되고 있다. 즉 'abad'는 한정된 긴 시간으로 지옥을 나타내는 경우에도 시간의 한계점을 제시해 준다는 것이 정설이다. 영원한 불의 징벌을 무섭게 예고하는 많은 코란 구절에 대해 다음 코란 구절은 흔히 지옥에서 구원될 수 있다는 가능성을 설명하기 위해 종종 인용된다.

"지옥의 불과 함께 살지니, 그곳에서 영원하리라. 그러나 하나님의 뜻이 있는 때는 예외이나니라. 실로 주님은 지혜와 지식으로 충만하리라."(6장 128절)

"불행한 자는 겁화 속에서 한숨을 쉬거나, 눈물을 흘리며 통곡하나, 천지가 계속되는 한 그곳에 영원히 머물 것이다. 단지 그분의 뜻이 있을 때는 제외되리라. 그분은 원하시는 대로 행하는 분이시다."(11장 106~107절)

이 두 구절의 의미는 신의 뜻이 있다면 지옥의 삶이 언젠가 끝날 수도 있다는 점을 분명히 한다는 것이다. 이러한 사상은 하디스에서도 보완될 수 있는데, 부카리 하디스를 보자.

"천사가 중재하고, 예언자가 중재하고, 진실한 신자들이 중재하여, 가장 자비로운 자(하나님) 이외에 아무도 남지 않으리라. 그래서 주님

은 불길로부터 그를 구해 결코 선행을 한 적이 없는 자조차 구하시리라."(Bukhari 97~24)

이 하디스에서 세 종류의 중재가 언급되고 있다. 천하와 예언자와 믿는 자들의 중재는 각각의 계층과 밀접한 관련이 있는 것 같다. 가장 자비로운 자는 마지막 악행자까지 구원하여 지옥에는 아무도 남지 않을 것이라는 예고를 하고 있다. 몰론 정통 하디스인 부카리 이외에도 수많은 하디스가 지옥의 종말을 언급하고 있다.

이제 무슬림이든 비무슬림이든 지옥은 죄인들을 위한 긴 시간의 일시적 장소임이 명백해졌다. 이점은 지옥이 징계와 징벌만이 최종 목표가 아니라 영혼의 정화와 치료를 통해 더 나은 고차원적 삶에 동참하기 위한 시련의 장소라는 이슬람적 관점을 지지해 준다.

3. 맺는 말

이상의 고찰에서 이슬람에서의 죽음이 현세에서의 모든 행실에 대한 일단락이며, 보다 고차원적인 삶으로 향하는 새로운 단계라는 사실을 파악하였다. 현세는 내세에 비해 짧고 하위의 개념이지만, 내세에서의 개인의 삶의 형태가 현세 생활의 결과로 결정되어지기 때문에 단순히 내세를 위한 준비기나 의미없는 시험기가 아닌, 적극적인 자세로 최선의 삶이 요구되는 세계이다. 현세와 내세 사이에 죽음 이후 부활의 날까지 지속되는 중간계를 설정하여 이미 이곳에서 인간으로 하여금 현세에서의 자신의 행실에 대한 인과응보를 경험케 하고, 상위의 삶을 위한 부단한 진정의 시기를 마련하고 있다. 새로운 육체와 영혼이 부활하여 시작되는 내세는 선악이 반드시 그대가를 받는 단계이며, 천국과 지옥을 설정하여 고차원의 새로운 삶의 양태를 존재하게 하고 있다. 코란적 의미에서 천국은 창조주인 신과의 만남을 통해 궁극적으로 그에게 회귀하는 과정이며, 지옥은 이승에서의 죄악에 대한 길고 긴 가혹한 징벌과 시련의 과정이다. 그러나, 이슬람적 지옥은 종말없는 영원한 응징만이 아닌, 영혼의 정화를 위한 과정이라는 점을 강조한다. 지옥의 한계된 영속성이 신의 자비에 의해 설정되어 악행자도 철저한 영적 정화를 통해 고차원적인 삶의 진보에 동참할 수 있는 가능성을 배제하지 않고 있다.

맺음말

죽음에 대한 현대 서양철학의
네 가지 접근과 한국인의 접근

죽음에 대한 현대 서양철학의
네 가지 접근과 한국인의 접근

黃 弼 昊*

1. 머리말

프로이드(1856~1939)는 한때 인간의 가장 위대한 욕망으로 사랑과 죽음을 든 일이 있다.

인간이 사랑을 추구한다는 것은 우리가 상식적으로 알고 있는 일이다. 그리하여 우리는 인간의 역사를, 사랑하고 사랑받고 싶은 사랑의 역사라고 말할 수 있다.[1] 성서가 믿음, 소망, 사랑 중에서도 가장 중요한 것은 사랑이라고 말한 이유도 여기에 있다.

그러나 프로이드는 인간은 사랑과 더불어 죽음을 추구한다고 말했다. 언뜻 보기에 이러한 주장은 맞지 않아 보인다. 모든 사람은 증오보다는 사랑, 전쟁보다는 평화, 죽음보다는 삶을 추구한다고 - 적어도 말로는- 주장하기 때문이다. 그러나 우리는 실제로 얼마나 엄청난 노력을 증오, 전쟁, 죽음을 위하여 쏟고 있는가. 더 나아가

---

* 강남대학교 신학부 교수
1) 황필호, 『철학적 여성학』, (종로서적, 1988), 5쪽.

서, 인간은 스스로 의식하지 못하고 있으면서도 죽음을 내면적으로 갈구하고 있는지도 모르겠다.

하여간 오늘날 서양에서는 죽음에 대한 관심이 갑자기 고조되었으며, 대학 철학과에는 '죽음과 죽는다는 것(death and dying)'이라는 과목까지 등장하게 되었다. 일반적으로 죽음에 대한 학문을 '죽음학(thanatology)'이라고 부른다. 이 말은 원래 희랍신화에서 죽음의 신을 나타내는 '싸나토스(thanatos)'에서 나온 것이다.

그러면 왜 최근에 와서 죽음에 대한 관심이 서양에서 새삼스레 일어나게 되었는가? 아마도 가장 중요한 원인으로는 닉슨 대통령의 중국 방문이라고 말할 수 있다. 죽의 장막에 가리워져 있던 중국 대륙이 미국에 소개되면서 동양의 신비가 다시 서양에 전달되었는데, 그 중에서도 동양인의 인생관과 죽음관이 서양의 것과 전혀 다르다는 사실이 알려지게 되었다.

첫째, 지금까지 서양에서는 대부분의 사람들이 차디찬 병원의 침대에서 혼자 죽었다. 그러나 동양에서의 죽음은 사랑하는 모든 친척과 친구들이 모이는 계기를 마련하며, 심지어는 아들, 손자, 며느리에게 마지막 유언까지 하는 축복(?) 속에 이 세상을 떠난다. 죽음의 공포를 혼자 극복해야 되는 서양에서의 죽음과 너무나 큰 대조를 이룬다.

둘째, 전통적으로 서양에서 죽음의 공포를 극복하는 유일한 길은 천당을 간다는 확신 -혹은 간다고 확신하는 착각- 을 갖는 일이다. 죽음으로 모든 것이 끝난다면 어떻게 행복하게 죽을 수 있겠는가. 그러나 동양에서는 이러한 내세에 대한 아무런 확신을 가지고 있지 않으면서도 태연하게 죽음을 맞이할 수 있다. 서양인의 의식구조로는 참으로 상상도 할 수 없는 일이다.

하여간 오늘날 서양에는 마취제를 전혀 사용하지 않고 수술을 받을 수 있는 침술, 천천히 움직이는 것을 목표로 하는 쿵푸, 자연에 대한 동양인의 관조적인 태도 등과 더불어 죽음에 대한 '동양의 대안'에 굉장한 관심을 갖게 되었다.

그러면 인간을 탐구하는 서양철학은 죽음에 대하여 어떤 문제들을 제기하며, 또한 그 문제들에 대한 철학의 접근 방법(시각)에는 어떤 것들이 있는가? 그리고 최근의 서양철학은 죽음에 대하여 어떤 태도를 취하고 있는가? 나는 이런 문제를 토론하기 전에 우선 죽음이 제기하는 철학적 질문들을 간단히 소개하겠다.

2. 죽음에 얽힌 철학적 문제들

첫째, 우리는 흔히 죽음에 대한 정의(定義)를 의사, 생리학자, 신경학자들이 내리는 것으로 생각한다. 그러나 전통적으로 철학에 있어서 죽음의 문제는 곧 삶의 문제이며 인간의 본질이 무엇이냐는 문제이다.

만약 죽음이 육체와 정신(혹은 영혼)의 분리라면, 인간의 육체와 정신은 각기 어떤 속성을 가지고 있으며, 또한 그들은 상호 어떤 의미를 가지고 있는가? 만약 죽음이 육체와 정신의 분리가 아니라 육체의 일부분(심장, 뇌세포, 혈관)과 나머지 부분의 분리라면, 정신은 육체의 어느 곳에 존재하며, 이 일부분과 나머지 육체와의 관계는 무엇인가? 만약 인간의 본질이 '생각하는 존재'라면 식물인간은 그대로 인간일 수 있는가? 더 나아가서, 인간이 육체와 정신의 이원론적인 존재가 아니라 육체와 정신과 영혼으로 구성된 삼원적인 존재라면 죽음이란 과연 무엇인가?[2] 이런 것들이 죽음의 정의에 얽

____

2) 여러 가지 번역이 있겠으나, 성서에도 "네 몸과 마음과 영혼을 다하여 하느님을

한 철학적 문제들이다.

둘째, 우리는 흔히 내세에 대한 문제는 종교인들이 결정하는 것으로 생각한다. 그러나 전통적으로 철학의 여러 분야 중에서도 가장 중요한 것으로 간주되어 온 형이상학은 죽음 이후의 인간 운명을 중점적으로 취급하다. 불멸(immortality)과 부활(resurrection)의 차이는 무엇인가? 또한 환생(reincarnation)이란 무엇인가? 그리고 불멸, 부활, 환생은 상호 배타적인 개념들인가? 더 나아가서, 인간이 죽은 다음에 천당이나 극락에 다시 태어났다고 가정하자. 그러면 다시 태어난 B라는 존재가 과연 현재 이 세상에서 살았던 A라는 존재와 동일하다고 볼 수 있는 근거는 무엇인가?

만약 불교의 주장대로, 내가 내세에 당나귀로 태어났다고 주장하려면, 이 양자 간의 육체적 동일성이나 유사성이 있어야 하지 않을까? 이것이 바로 인간의 개인적 정체성(personal identity)의 문제가 된다. 또한 내세가 존재한다면, 인간은 신의 은총을 통해야 하는가? 이런 것들이 이른바 '삶 이후의 삶(life after life)'에 얽힌 철학적 문제들이다.3)

세째, 죽음에 대한 철학의 중요한 문제로는 인식의 문제를 들 수 있다. 사람은 자신이 죽는다는 사실을 알고 있다. 그리고, 어느 경우에는 그 시기까지 짐작할 수 있다. 예를 들어서, 이 글을 쓰는 필자는 앞으로 50년을 살지 못한다는 것을 알고 있다. 그러면 인간은 어떻게 죽음을 알게 되는가? 그리고 이 죽음에 대한 앎은 인간의 일상적인 앎과 어떤 차이가 있는가? 또한 비인간적인 존재(동물과 식

섬겨라."는 구절이 있다. 여기서 인간은 삼원론적인 존재가 된다. 더 나아가서, 우리는 인간이 정신과 육체로 구성되어 있다고 말하면서도, 일상 언어에서는 정신(mind)과 영혼(soul)을 혼동해서 사용한다.

3) 이상의 문제들에 대하여는 다음을 참조할 것. 황필호 편역, 『종교철학 개론』, (종로서적, 1988), 161~190쪽.

물)도 그들의 죽음을 미리 알고 있는가? 일찍이 파스칼로부터 시작되는 실존철학자들은 인간만이 자신의 죽음을 예견할 수 있다고 말했다. 그러나 과연 그럴까? 강아지도 죽을 때가 되면 죽음을 준비하는 듯이 보이는 않는가?

그러나 죽음에 대한 인식 중에서 가장 복잡한 철학적 문제로는 '나는 과연 나의 죽음을 알 수 있느냐?'는 것이다. 우리는 타인의 죽음을 경험할 수 있다. 그러나 과연 나의 모든 경험의 종말인 죽음을 어떻게 경험할 수 있는가? 이 문제에 대하여, 나는 나의 죽음을 상상할 수 없다(unimaginable)는 입장과, 타인을 기술할 때 사용되는 '죽음'이라는 어휘가 본인의 경우와는 전혀 다른 의미를 가지고 있다는 입장이 있다. 그리고 이 두 가지 입장에 대한 반대 의견도 없지 않다.4)

네째, 죽음에 대한 중요한 철학적 문제로는 죽음의 공포(the fear of death)라는 문제가 있다. 이 문제에 대하여는 크게 5가지 견해가 있다. 첫째는 죽음에 대한 공포는 죽음이 괴로울 것이라는 가정에 근거를 두고 있으나 죽음 그 자체는 절대로 괴로움이 될 수 없다는 에피쿠로스(기원전 341~270)의 주장이며, 둘째는 죽음의 공포를 극복하려면 죽음을 항상 염두에 두고 살아야 한다는 스토아 철학자들의 주장이며, 세째는 인간은 절대로 죽음을 정확히 알거나 직시할 수 없다는 스피노자(1632~1677)의 견해이며, 네째는 행복한 사람은 행복한 죽음을 가지고 온다는 입장이며, 다섯째는 죽음 자체에 아무런 의미를 부여할 필요가 없다는 쇼팬하우어(1788~1860)의 주장이다.5)

다섯째, 철학은 동시에 죽음을 맞이하는 사람의 심리적 변화 및

---

4) Paul Eduards, "My Death", *Encyclopedia of Philosophy.*
5) Robert G. Olson, "Death", 같은 책.

살아 남는 사람들의 심리 현상에 관심을 가지고 있다. 이 방면의 권위자인 퀴블러로스(Elizabeth Kübler-Ross)에 의하면, 죽는 사람의 심리는 5단계로 구분될 수 있다는 것이다. 첫째는 무조건 죽음을 부인하고 고립화시키려는 단계(the stage of denial and isolation)이며, 둘째는 왜 내가 죽어야 하느냐는 분노의 단계(the stage of anger)이며, 세째는 죽음과 일종의 협상을 벌이는 단계(the stage of bargaining)이며, 네째는 협상이 잘 되지 않는 데서 모든 것을 포기하고 죽음 자체를 받아들이는 수용의 단계(the stage of acceptance)이다.[6]

철학은 이상의 문제들에 대하여 여러 가지 답변·대안·해소책을 세시했으며, 이러한 논란은 오늘도 계속되고 있다. 그러나 남은 글에서 필자는 죽음의 문제에 접근하는 현대 서양철학의 시각을 몇 가지로 분류해서 설명하겠다. 물론 이 분류가 정확한 것은 아니다. 그러나 이러한 논의를 통하여 우리는 죽음의 문제를 가지고 씨름하는 현대 철학의 몇 가지 줄기를 읽을 수 있을 것이며, 더 나아가서 죽음에 대한 우리들의 태도를 정리하고 '동양의 대안'을 이해하는 데 도움이 될 것이다. 그러므로 독자는, 지금부터 논의되는 구분은 어디까지나 독자의 이해를 돕기 위한 작업가설적 구분(operational classification)임을 잊지 않기 바란다. 필자는 이 구분을 하이데거(Martin Heidegger), 싸르트르(Jean-Paul Sartre), 필립스(D.Z. Phillips), 힉(John H. Hick)으로 대표하겠다.

---

6) Elizabeth Kübler-Ross, *On Death and Dying*, (New York: MacMillan, 1969).

3. 하이데거와 싸르트르의 견해

　현대 철학은 크게 현상학, 실존주의, 분석철학, 실용주의로 나눌 수 있다. 그리고 현상학과 실존주의는 주로 유럽에서 성행하여 대륙철학이라고 부르고, 분석철학과 실용주의는 영국과 미국에서 성행하여 영미철학이라고 부른다. 죽음에 관해서 영미철학 보다는 대륙철학이 더욱 관심을 가지고 있다고 말할 수 있으며, 그 중에서도 실존철학은 죽음을 철학의 가장 중요한 문제로 취급하는 경향이 있다. 이런 실존철학의 대표로는 하이데거와 싸르트르를 들 수 있다.

　하이데거는 먼저 인간과 비인간을 구별한다. 그리하여 그는 인간은 존재(exist)하지만, 나무나 바위는 단순히 있는 것(are)이라고 말한다. 그리고 이러한 인간의 본질을 가장 적절히 설명하는 어휘로 '현존재(being there, Dasein)'라는 표현을 사용한다. 인간은 어쩔 수 없이 세계와 관련되어서 존재하는 '세계 내의 존재(being in the world)'인 것이다. 그러므로 인간으로서의 현존재는 필연적으로 일시적이다. 여기서 우리는 인간의 몇 가지 본질을 이해할 수 있다.

　첫째, 인간 존재가 영원하지 않고 일시적이라는 사실은, 인간이 아직도 존재 그 자체(Being-as-whole)가 아니라 존재에 대한 하나의 가능성일 뿐이라는 뜻이다. 그래서 미완성된 현존재는 언제나 완성을 추구한다고 생각하기 쉽다. 그러나 우리가 인간의 본질을 절저하게 현존재하는 측면에서 고찰하면, 인간은 완전보다는 불완전을 추구하고, 삶보다는 죽음을 향해 열려 있다는 사실을 알게 된다. 그러므로 인간은 '죽음을 향한 존재(Being-towards-death)'이다.

　둘째, 그럼에도 불구하고 일상성에 사로잡힌 사람들은 자신의 죽음보다는 타인의 죽음에 더 관심을 쏟음으로써 자신의 실존을 외면하기 쉽다. 물론 어느 경우에 사람은 다른 사람을 위해 죽을 수 있다. 그러나 그의 죽음은 어디까지나 그의 죽음일 뿐이다. 그러므로 죽음은 언제나 '나의 것'이다.

세째, 더 나아가서 인간이 죽음을 향한 존재라는 사실은, 인간이 원해서 얻은 숙명이 아니라 아무런 이유도 없이 인간에게 던져진 것(the thrownness, Geworfenheit)이다. 그러므로 인간을 인간이게끔 하는 가장 독특한 현실은 사람이 죽는다는 사실을 알고 있다는 것이다. 죽는 사람을 위로하는 사람들까지도 실제로는 죽는 사람을 위로하는 것이 아니라, 그를 위로하고 있는 자신을 위로하고 있다고 말해야 되는 이유가 여기에 있다.

네째, 그러므로 인간에게는 죽음을 어떻게 맞이하느냐에 따라서 '진정한 삶(authentic existence)'과 '거짓된 삶(inauthentic existence)'이 있다. 죽음을 회피하려는 사람은 결국 그 죽음을 회피하지 못할 뿐만 아니라 현존재로서의 삶에 충실하지 못한 엉터리 삶을 마치게 된다. 그러나 우리가 우리의 죽음을 정면으로 대면하여 그것을 수용하고 인정한다면 인간은 ―니이체의 표현을 빌리면― '자유로운 죽음'을 맞이할 수 있는 진정한 삶을 갖게 된다. 그리하여 하이데거는 '현존재의 종말로서의 죽음은 현존재의 가장 자기적인 가능성(Dasein's ownmost possibility), 독단적이며 확실하면서도 그 자체로는 불확정적이며 어떤 상황에서도 말살할 수 없는 가능성'이라고 말한다.

여기서 죽음은 다른 사람들과는 아무런 관련이 없는 독단적(nor-relational)인 것이며, 누구에게나 찾아오는 확실한(certain) 것이며, 언제 올지 모르는 불확정적(indefinite)인 것이며, 말살할(outstripped) 수 없는 것이다. 그럼에도 불구하고 죽음은 현존재의 가장 중요한 '가능성'이다. 죽음이 인간에게 위협을 주면서도 그

것을 정면으로 대결하는 사람에게는 '진짜의 삶'의 가능성을 줄 수 있는 이유가 바로 여기에 있다.[7]

하이데거와 마찬가지로 죽음을 철학의 중요한 내용으로 인정한 싸르트르도 인간과 비인간을 질적인 차이로 구분하다. 그리하여 그는 인간이란 본질적으로 '의식적인 존재'지만 그 이외의 모든 존재는 '무의식적인 존재'라고 말한다.

그러면 인간을 인간이게끔 하는 의식이란 무엇인가? 싸르트르는 그것을 한마디로 '자유'라고 말한다. 그러므로 인간이란 본질적으로 자유로운 존재이다. 아무리 자유롭지 않다고 생각하는 사람이라도 의식적으로는 자유로운 존재이다.

그러면 자유란 무엇인가? 그것은 자유롭게 선택한다는 뜻이다. 그리고 자신이 잘못 선택한 일에 대하여는 거기에 맞는 책임을 지는 것이다. 그리하여 싸르트르는, '우리는 모두 자유를 추구한다고 말하면서도 실제로는 자유로부터 벗어나려고 무한히 애를 쓴다'고 말한다. 자유가 없다면 선택이 있을 수 없으며, 내가 선택하지 않은 일에 대하여는 내가 책임을 질 필요가 없기 때문이다.

그럼에도 불구하고 인간은 자유를 포기할 수 없는 존재다. 그러므로 인간은 전생(前生)으로부터 자유롭지 않을 수 없도록 정죄되어 태어난 존재(Man is condemned to be free)라고 말할 수 있다. 인간의 가능성은 바로 이 자유에 있으며, 자유를 떠난 모든 행위는 인간에게 '잘못된 신앙(bad faith)'을 줄 뿐이다.[8]

---

7) John Hick, *Death & Eternal Life*, (London: 1976), 97~101쪽. 하이데거는 죽음의 문제를 내세와 연관시키지 않고 토론한다. 그는 현존재가 죽은 다음에 어떤 형태로든지 존재하느냐는 문제에 관심을 쏟지 않는다. 단지 죽음을 현존재의 '종말'이라고 말할 뿐이다.

8) Leslie Stevenson, *Seven Theories of Human Nature*, (Oxford 1974), 81~84쪽.

그런데 인간은 죽음을 자유롭게 선택할 수 없다. 우선 우리는 죽음의 순간을 정확히 알 수 없기 때문이다. 물론 우리는 죽음을 기다릴 수 있다. 그러나 이렇게 기다리는 경우에도 죽음은 언제나 돌발적으로 발생할 수 있는 속성을 가지고 있다. 그러므로 죽음에 대한 우리의 기다림은 맹목적이고 잘못된 신앙에 근거를 둔 기다림일 뿐이다.

다시 말해서, 죽음에 대한 기다림은 진정한 기다림이라기보다는 차라리 진정한 기다림에 대한 덧없는 기다림일 뿐이다. 그것은 진정한 기다림과 비슷하게 보이면서도 기다림 자체는 아니다. 이런 뜻에서 우리는 죽음을, 인간의 의식으로서는 어떤 영향력을 행사할 수 없는 순수한 우연이라고 말할 수 있다.

죽음에 있어 순수한 우연이란 어떤 의미를 가지고 있는가? 그것은 죽음이 인간에게 어떤 가능성을 주는 것이 아니라 인간의 모든 가능성들을 일시에 말살한다는 뜻이다. '죽음은 나의 가능성이 아니다. 반대로 그것은 나의 모든 가능성의 무효화(the nihilation of all my possibilities)일 뿐이다. 그리고 그 무효화는 나의 가능성의 일부분이 아니다.9)

여기서 죽음은 하이데거의 경우와 같이 용기 있게 맞이하려는 사람에게 진정한 삶의 의미를 줄 수 있는 것이 아니다. 오히려 죽음은 삶을 우연으로 바꾸어 놓음으로써 삶의 모든 의미를 말살하고 만다. 인간이 꼭 죽어야 한다면, 인간의 삶은 아무런 의미가 없다는 뜻이다. 왜냐하면 삶의 가장 중요한 의미는 죽음에 의하여 아무렇게도 결정 될 수 없기 때문이다.

삶에는 의미가 있어야 한다. 그러나 죽음 때문에 삶은 부조리할

---

9) J. P. Sartre, *Being and Nothingness*, Philosophical Library, (New York, 1956), 536쪽.

뿐이다.

4. 필립스의 견해

이미 지적한 바와 같이, 영미철학에서는 죽음의 문제를 그리 중요하게 다루지 않는 경향이 있다. 그러나 분석철학의 수퍼스타인 비트겐슈타인의 사상에 영향을 입어서 탄생한 '비트겐슈타인적 신앙 형태주의(Wittgensteinian Fideism)'[10]에서는 종교와 죽음과 인간 운명을 심도 있게 토론하는 경향이 있는데, 이러한 사람의 대표로는 필립스(D. Z. Phillips)를 들 수 있다.

필립스는 우선 인간이 영원히 죽지 않는다는 불멸(immortality)의 개념이란, 인간이 이 세상에 사는데 필요한 도덕적 개념 이상이 아니라고 말한다. 그러므로 영원한 삶이란 이 세상의 삶이 끝난 다음에 오는 것이 아니라, 이 세상에서 인간의 삶이 가질 수 있는 선의 실재(the reality of good)인 것이다.

더 나아가서, 필립스는 영원이 가진 이러한 도덕적인 내용이 죽음의 공포를 극복하는 방법과 밀접히 연관되어 있다고 주장한다. 인간은 시간적인 것(the temporal)을 떠나서 영원한 것(the eternal)으로 향함으로써 공포를 극복할 수 있기 때문이다. 순간은 죽음을 초월할 수 없다. 영원만이 죽음을 초월할 수 있다.

그러면 시간적인 것으로부터 영원한 것으로 돌아간다는 것은 무엇인가? 그것은 바로 '자신에게 죽는 것(the dying to the self)'이다. 자신의 유한성과 피할 수 없는 죽음의 실재를 그대로 받아들

---

10) 비트겐슈타인적 신앙 형태주의에 대하여는 다음을 참조할 것. 황필호, 『분석철학과 종교』, (종로서적, 1987), 209~226쪽.

이는 것이다. 다시 말해서, 인간은 인간의 삶이 어떤 필연성이 아니라는 사실을 겸허히 받아들일 때 영원으로 향하는 것이다. 영원으로 향한다는 것은 지금까지 가지고 있던 '자신에 대한 관심(the concern with self)'을, '자신을 포기하는데 갖는 관심(the concern with self-renunciation)'으로 전환시키는 것이다. 힉은 말한다.

> "영혼의 불멸은 자신에게 죽는 과정을 통하여 자신을 무효화시키고 타인을 사랑하는 것이다. 그리고 자신에게 죽는 것이 바로 신앙인이 가질 수 있는 삶의 의미라는 뜻에서 죽음은 극복될 수 있는 것이다. 그러므로 진정한 불멸은 불멸에 대한 희망을 포기하고 삶의 유한성을 솔직히 인정하는 것이다."11)

그리하여 필립스는 "신자에게 있어서 영원한 삶이란 하느님의 삶에 참여하는 것이며, 이 영원한 삶은 바로 자신에게 죽는 것이며, 모든 것은 하느님으로부터의 선물이며, 인간의 권리나 어떤 필연성에 의한 것은 이 세상에 하나도 없다."는 진리를 제시한다.

그런데 여기서 중요한 것은, 하느님의 삶에 참여하는 사업이 이 세상에서 이루어져야 한다는 사실이다. 그러면 어떻게 '영원'이 '시간' 속에서 나타날 수 있는가? 지상에서 나타나는 천상, 인간의 삶에서 나타나는 하느님의 삶, 시간 속의 영원, 이런 것들은 모순이 아닐까?

이 질문에 대하여 필립스는 '영원한 술어(eternal predicates)'라는 개념으로 답변한다. 죽은 사람은 변하지 않는다. 그러므로 죽은 사람에게 수식된 술어는 영원히 변하지 않는다. 죽은 사람의 성격은 더 이상 변하지 않으며 또한 변할 수도 없다. 물론 여기에는

---

11) Hick, 앞의 책. 106쪽.

죽은 사람에 대한 술어를 누가 부여하느냐는 문제가 있다. 만약 생존한 사람들이 부여한다면, 그 수식이 과연 정당한 것이냐는 문제가 발생한다. 그렇지 않고 하느님이 부여하는 것이라면, 다시 우리는 신의 존재를 증명하는 철학적 전통으로 -더욱 정확히 말하면, 철학적 미궁으로- 빠지게 된다.

하여간 필립스는 죽음의 문제를 분석철학자들이 거의 공통적으로 주장하는 '언어유희(language-game)'의 이론으로 설명했으며, 그렇기 때문에 언어철학에 상당한 조예가 없는 사람은 우선 그의 사상을 쉽게 이해할 수가 없다. 언어철학의 근본 주제를 받아들이지 않은 힉이 필립스의 사상을 "실제로는 거의 무한할 정도로 애매하다."고 평한 이유도 여기에 있을 것이다.12)

5. 힉의 견해

전통적인 기독교의 입장에 서서 이상의 세 가지 입장들을 자신의 '종말론적 해석'으로 비판한 힉(John H. Hick)은, 자신의 복잡한 이론을 제시하기 이전에 우선 동양사상과 유사하다고 말할 수 있는 휴머니스트의 견해를 토로한다.

물론, 휴머니스트 중에도 여러 가지 각기 다른 견해가 있다. 그러나 그들이 공통적으로 인정하고 있는 사실은, 인간이란 유구한 유전 과정(the process of evolution)의 일익을 담당하는 생물학적인 존재라는 사실이다. 개인은 곧 죽는다. 그러나 그 개인은 유구히 지속되는 인류라는 종(種)의 일부를 차지하고 있으며, 이런 뜻에서 개인은 자신의 죽음을 이 거대한 지속적인 인류에 공헌하는 장면으

---

12) 같은 책, 106쪽.

로 받아들일 수 있는 것이다. 그리하여 크루(J. A. E. Crew)는 "나는 늙었기 때문에 죽음이란 개인으로서의 나의 종말이라는 사실을 아무런 불필요한 불안감을 갖지 않고 받아들일 수 있다."고 고백할 수 있었던 것이다.13)

그러나 힉은 이상의 휴머니스트의 견해는 몇 가지 난점을 가지고 있다고 주장한다.

첫째, 이 견해는 지나친 물질 제일주의로 환원될 수 있다. 인간을 세포의 집합체로만 보는 이 견해는 인간의 또 다른 측면(정신적 혹은 영혼적 측면)을 무시하는 육체주의로 떨어지기 쉽다. 그리하여 내세를 믿지 않으면서도 고요한 마음으로 죽음을 맞이할 수 있다고 말한 러셀(Bertrand Russell)은 이렇게 주장했다.

"인간이란 그들이 도달하게 되는 종말에 대한 아무런 선견지(先見知)도 가지지 못한 원인들의 결과일 뿐이다. 인간의 기원, 성장, 희망과 공포, 사랑과 신념은 모두 원자의 우연적 결합의 결과일 뿐이다. 어떤 정열, 영웅주의, 심오한 사상과 감정도 무덤 이후까지 지속될 수 없다. 모든 세대의 노동, 모든 헌신, 모든 영감, 젊은 날의 천재성도 태양계의 몰락과 더불어 전멸되고 말 것이다. 그리고 인간이 성취한 모든 성전들도 앞으로 파괴될 우주의 쓰레기 속에 묻히게 될 것이다.

이 모든 일들은 거의 확실하다. 그래서 그것을 비판하는 철학은 아무런 힘을 쓸 수 없다. 그러므로 인간 영혼의 주소는 바로 이러한 진리의 발판에서 -다시 말하면, 철저한 절망의 기초 위에서- 안전하게 구축될 수 있다.14)

---

13) 같은 책, 148쪽에서 재인용.
14) 같은 책, 150쪽에서 재인용.

둘째, 휴머니스트의 견해가 이상과 같은 육체주의와 비관주의에 빠지지 않는다고 하더라도, 힉은 그것이 축복받은 소수를 위한 엘리트의 이론(an elitist doctrine for the fortunate few)이라고 말한다. 그것은 어디까지나 부유하고 충분한 교육을 받은 소수나 받아들일 수 있는 이론이며, 하루 세 끼를 걱정해야 되는 인류 다수에게는 너무 고답적인 이론이라는 것이다.

물론 동양인의 입장에서 보면, 힉의 두 가지 비판은 쉽게 이해되지 않는 면이 없지 않다. 인간을 물질주의로 파악한다는 비판에 대하여는 인간이 어디까지나 자연의 일부로 태어나서 다시 자연의 일부로 돌아간다고 답변할 수 있으며, 이러한 자연주의가 반드시 비관주의적으로 해석될 필요는 없는 것이다. 이 글의 처음에 지적한 바와 같이, 오히려 동양인들은 이러한 자연주의적 입장에서도 죽음을 태연스럽게 받아들일 수 있었으며, 반드시 내세가 약속되어야 편안하게 죽을 수 있다는 서양인들의 견해를 의아스럽게 관찰했던 것이다. 더 나아가서, 경제적으로 풍요롭고 고도의 교육을 받은 사람만이 휴머니스트의 이론을 받아들일 수 있다는 힉의 두 번째 반박은 전혀 옳지 않다. 오히려 배운 사람들보다는 순박한 촌부들이 더욱 자연의 어김없는 질서에 대하여 불평하지 않을 수 있기 때문이다.

하여간 휴머니스트의 이론을 비판한 힉은 기독교에서 주장하는 내세가 실제로 존재한다는 가정 아래서만 죽음은 극복될 수 있다고 말한다. 그렇다면 우리는 내세가 존재한다는 사실을 내세에 가기 전인 현세에 어떻게 알 수 있는가? 내세란 ─만약 존재한다고 가정하더라도─ 현세가 지난 다음의 세계이며, 그렇기 때문에 인간은 미래를 현재에 경험할 수는 없지 않은가? 이 질문에 대하여 힉은 '길을 가는 두 사람의 비유'를 든다.

"두 사람이 어느 길을 따라 여행한다. 한 사람은 그 길이 천국으로 가는 길이라고 믿고, 다른 사람은 그 길이 아무 곳으로도 통하지 않는다고 믿는다. 그러나 이 길 밖에 없기 때문에 두 사람은 다같이 그 길을 여행한다. 아무도 이 길에 와 본 일이 없기 때문에 이 길 끝에 무엇이 있는지를 확언할 수 없다. 여행을 하면서 그들은 기쁜 일도 만나고 슬픈 일도 만난다. 그러면서 한 사람은 그 길이 천국으로 인도하는 길이기 때문에 즐거운 일은 격려로 받아들이고, 슬픈 일은 마지막 목적지에 도착했을 때 그를 자격있는 시민으로 만들기 위한 시련과 인재의 교훈으로 받아들인다. 그러나 다른 사람은 이렇게 믿지 않고 그의 여행을 목적없는 방황으로 믿는다. 다른 선택의 여지가 없기 때문에 그도 좋은 일은 즐기고 나쁜 일은 슬퍼한다. 그러나 그는 천국을 믿지 않으며 그의 여행 전체에 대한 목적을 믿지 않는다. 단지 길이 있을 뿐이며, 좋은 날과 나쁜 날이 있을 뿐이다."15)

이 여행을 하는 두 사람의 견해 차이는 경험에서 나온 차이가 아니다. 그들은 길의 구체적인 상황에 대하여 저마다 다른 기대를 가지고 있는 것이 아니라 다만 최후의 목적지에 대해서만 의견을 달리하고 있다. 그러나 그들이 마지막 길을 걸었을 때 한 사람은 옳고 다른 사람은 그르다는 것이 명백해질 것이다. 그러므로 두 사람의 의견 차이는 비록 경험적인 문제는 아니지만 진정한 문제(real issue)가 아닐 수 없다. 그들은 단순히 길에 대하여 조금 의견을 달리했던 것이 아니다. 그들은 길의 실제 상태에 대하여 한 사람은 정당하게 생각했고, 다른 한 사람은 부당하게 생각했던 것이다.

다른 비유들과 마찬가지로 이 비유도 그 한계성을 가지고 있다. 그러나 이 비유는 한 가지 사실을 명확히 보여준다. 그것은 기독교

---

15) 황필호, 『종교철학 개론』, 앞의 책, 151~152쪽.

의 유신론이 현세의 희미한 사실과 더불어 최후의 명백한 존재(an ultimate unambiguous existence)를 가정한다는 사실이다. 다시 말해서, 기독교는 여행하는 상태와 더불어 도달하는 상태, 지상의 여행과 더불어 영원한 천국의 삶을 믿는다. 물론 이와 같은 미래의 경험(the alleged future experience)이 오늘날 기독교인들이 믿는 유신론에 대한 구체적인 증거가 될 수는 없다. 그러나 이와 같은 미래적인 경험은 유신론과 무신론의 선택을 단순히 공허한 언어의 선택이 아니라 진정한 선택으로 만든다.

유신론자가 바라는 우주는 근본적으로 무신론자가 바라는 우주와 다르다. 물론 동일한 우주 속에 살고 있는 그들에게 이 의견 차이가 이 세상을 살아가는 과정에서 구체적인 객관적 차이를 초래하지는 않는다. 그들은 이 세상의 일시적인 과정 속에서 그들에게 일어나는 사건들이 서로 다른 것이라고 기대하지도 않고, 또 기대할 필요도 없다. 그들은 역사의 과정에서 자마다 다른 기대를 걸지도 않고 또 그럴 필요도 없다. 그러나 유신론자는 언젠가는 역사가 끝나며 또한 그때는 역사의 특수한 목표, 다시 말해 인간을 '하나님의 자녀'로 만들려는 하나님의 목표가 완성될 것이라고 믿으며, 무신론자는 이것을 믿지 않는다.[16]

그러면 힉은 내세가 존재한다는 것을 확실히 증명했는가? 힉은 스스로 그렇지는 않다고 솔직히 말한다. 다만 "신자는 내세에 대한 희미한 '사전개념(事前概念, a presupposed idea)'을 가지고 있을 뿐이다."고 말한다.

이 사전개념은 마치 어린이들이 어른의 생활을 이야기하면서 성장하고, 어른이 된 다음에 어린 시절을 되돌아보는 것과 비슷한 일이다. 어린이는 어른이 된다는 것이 정확히 무엇을 의미하는지 알

---

16) 같은 책, 152~153쪽.

수 없다. 그러나 그는 나름대로 '어른이 된다'는 사전개념을 가지고 있다. 그러나 그가 완전히 어른이 되었다는 사실은 그가 실제로 어른이 되었을 때 정확히 알 수 있다.

인생에 대한 하나님의 목적 완성도 이와 비슷하다.

"여기서 완성은 마치 어른 생활이 어린애의 마음으로부터 멀리 떨어져 있듯이, 오늘날의 상황으로부터 멀리 떨어져 있다. 아니, 더욱 멀리 떨어져 있다. 그러나 우리는 그리스도의 인격을 통하여 그 완성에 대한 희미한 사전개념을 가지고 있으며, 우리가 그 완성을 향하여 한발한발 나아감에 따라 그 완성에 대한 우리의 개념은 점차로 명확해진다. 그리고 우리가 마지막으로 그 완성에 도달했을 때 우리가 하느님의 목표를 이해하고 있느냐는 문제는 이미 과거개념(過去槪念)이 되고 말 것이다."17)

6. 네 가지 견해의 비교

우리는 지금까지 죽음의 문제에 대처하는 현대 서양철학의 접근양식을 네 사람의 철학자를 통하여 고찰했다. 우리는 무신론적인 두 사람의 실존주의자와 유신론적인 두 사람의 분석철학자를 고찰했다. 그렇다고 해서, 모든 실존철학자들의 견해가 무신론적인 것도 아니며, 모든 분석철학자들의 견해가 유신론적인 것도 아니다. 실존철학자 중에서도 마르셀(Gabriel Marcel)과 같은 유신론적(the-istic)인 견해와 야스퍼스(Karl Jaspers)와 같은 비신론적(non-theistic)인 견해는, 하이데거와 싸르트르의 무신론적(atheistic)인

---

17) 같은 책, 155쪽.

견해와 전적으로 상반된다.[18] 또한 분석철학자들 중에는 이상에서 고찰한 필립스와 힉과 같은 유신론적 입장보다는 무신론적 혹은 비신론적 입장을 취하는 사람이 더욱 많다. 더 나아가서, 필립스와 힉은 다같이 언어의 중요성을 인정하면서도 후자는 종교 언어를 인식론적(cognitive) 혹은 명제론적(propositional)으로 해석하지만, 전자는 종교 언어를 비인식론적(noncognitive) 혹은 비명제론적(non-propositional)으로 해석한다.[19]

그러면서도 힉의 논리는 현재 증명적이 아니라 미래 증명적인 종말론적 해석(an eschatatological interpretation)이며, 직접 증명이라기보다는 간접 증명이라고 말할 수 있다. 내세가 존재한다는 것을 직접 증명하는 것이 아니라 단지 내세라는 사전개념을 가짐으로써 신앙을 배척할 필연적 이유는 존재하지 않는다는 점을 증명한다는 뜻에서 그의 이론은 -변신론(辯神論)의 경우와 마찬가지로- 간접 증명이라고 말할 수 있다.[20]

하여간 하이데거의 견해에 의하면, 인간은 신의 존재와 내세의 존재를 가정하지 않더라도 죽음을 직시(直視)함으로써 삶의 의미를 발견할 수 있다. 그러나 싸르트르는 어떤 의미도 죽음에서 찾을 수 없다고 말한다. 종교 언어를 윤리적으로 해석한 필립스에 의하면, 죽음의 공포는 내세를 현세에 실현시킴으로써 '영원한 술어'로 표현된 영광(?)을 누릴 수 있다. 그러나 힉은, 우리가 -희미할 수밖에 없겠으나- 실제로 내세를 가정하지 않는 한 죽음의 의미를 발견할 수 없다고 말한다. 비록 그 내세는 미래 증명적이기는 하지

---

18) 앞으로 지적하겠지만, 야스퍼스는 기독교적인 의미에 있어서의 유신론적 실존주의자가 아니다. 무신론적 실존주의자도 아니지만.

19) 이 양자의 구별에 대하여는 다음을 참조할 것. 황필호, 『종교철학 개론』, 106~116쪽.

20) 변신론의 문제에 대하여는, 같은 책, 74~83쪽을 참고할 것.

만.

7. 죽음에 대한 한국인의 견해

나는 이 글의 첫머리에 '동양의 대안'이라는 표현을 사용했다. 그 것은 죽음에 대한 동양인의 견해가 가장 옳다는 뜻이라기보다는 지금까지 토론한 서양의 네 가지 접근 방법에서는 전혀 찾아볼 수 없는 접근 방법이란 뜻이다.

그런데 동양이라고 해도 그 속에 극히 다양한 견해들이 상존(相存)하고 있으며, 어느 경우에는 그들 상호 간의 상이점이 동서양의 차이점보다 더욱 현저할 때도 있다. 그리하여 요즘에는 비교철학에서도 동서양의 이분법보다는 최소한 서양사상·인디아사상·중국사상의 세 가지로 고찰하는 것이 상례로 되어 있다. 중국철학과 인디아철학의 차이점이 그들과 서양철학의 차이점보다 더욱 크다고 생각되기 때문이다.[21] 그러므로 지금부터 설명하는 죽음에 대한 한국인의 견해는 절대로 동양을 대표하는 사상이라고 볼 수는 없다.

흔히 외국인들은 한국은 단일 민족으로 유구한 역사를 내려왔기 때문에 모든 한국인들이 쉽게 공유할 수 있는 가치관이나 철학을 용이하게 발견할 수 있으리라고 생각하기 쉽다. 그러나 한국이야말로 사상적인 측면에 있어서는 유교·불교(佛敎)·도교(道敎)의 이른바 삼교(三敎)와 전통적으로 내려온 무교(巫敎), 풍수지리설, 거기에다가 불교와 기독교까지 공존하는 '종교 백화점'이며 '사상 백화점'이다. 그러므로 죽음에 대한 견해도 시간과 지역에 따라 현저한 차이가 있다. 무교의 입장에서 본 생사관, 유교의 입장에서 본

---

21) 황필호 편, 『비교철학 입문』, (철학과 현실사, 1989), 117쪽.

귀신관, 불교의 입장에서 본 내세관, 풍수지리설에 근거한 묘지 선택, 기독교의 입장에서 본 천당·지옥관은 모두 죽음에 대한 한국인의 견해를 구성하고 있다. 그러므로 우리가 진정 포괄적인 한국인의 견해를 설명하려면 이상의 측면에서 나온 철학적 견해들을 전부 하나씩 조명하고, 그것들을 다시 종합해야 할 것이다.

나는 여기서 이런 '철학적'인 방법을 채택하지 않고 '종교학적'인 방법을 채택하겠다. 죽음에 대한 사상적인 토론을 하지 않고 구체적인 상례(喪禮)에 나타난 현상들을 중심으로 그 현상이 발생하게 된 철학적 원인들을 차례대로 고찰하겠다. 나의 이런 접근은 죽음에 대한 서양인의 견해를 철학적으로 조명한 앞의 부분과 다소 상이한 점이 있겠다. 그러나 '종교 백화점'으로서의 한국인의 보편적인 생사관을 관찰하려면 아마 이런 시도가 가장 빠른 지름길일 수도 있겠다.

우선 한국인의 생사관은 출발부터 서양과 다르다. 서양의 생사관은 모두 신의 개념을 중심으로 전개된다. 그래서 서양에서는 모든 생사관을 유신론적인 것과 무신론적인 것으로 분류한다. 유신론적 입장이란 '하느님이 존재한다'는 것이며, 무신론적 입장이란 '하느님은 존재하지 않는다'는 것이다. 그리하여 전자에 근거를 둔 생사관은 보이지 않는 하느님이 존재한다는 것을 어떻게 증명하며, 그가 존재한다면 인간의 죽음을 어떻게 설명하느냐에 초점을 맞추고 있다. 그러나 한국인의 생사관은 이런 유신론적(theistic)인 입장도 아니고 무신론적(atheistic)인 입장도 아닌 비신론적(non-theistic) 입장에서 출발하는데, 이것은 '하느님의 존재나 비존재가 별로 문제가 되지 않는다'는 입장이다.[22] 서양에서는 흔히

---

22) 유신론, 무신론, 비신론의 구별에 대하여는 다음을 참조할 것. 황필호, 『철학적 인간, 종교적 인간』, (범우사, 1990), 189~205쪽.

278

칼 야스퍼스를 유신론적 실존주의자로 규정하지만, 그는 전통적인 기독교적 의미에 있어서의 유신론자는 아니다. 구태여 규정을 한다면 그는 비신론적 혹은 불교적(?)인 실존주의자라고 말할 수 있다.

그러나 유신론, 무신론, 비신론이란 구별 자체가 서양인들의 입장에서 본 신개념 중심의 사상일 뿐이다. 이런 입장에서 보면 한국인의 사상은 유신론적이라고 말할 수도 있고, 무신론적이라고 말할 수도 있다. 그러나 그것은 본질적으로 신개념을 전적으로 무시하거나 수용하지 않는 -다시 서양인의 표현을 빌리면- '멀리 사라져 간 신'이라고 밖에 표현할 수 없는 비신론의 입장일 것이다. 그러나, 이미 말했듯이, 비신론이란 표현 자체가 신 개념 중심에서 니온 말이라 이것도 가장 적합한 규정이 될 수는 없다. 그리하여 나는 이제 한국인의 생사관을 섣불리 서양인의 언어로 규정하기 이전에 상례에 나타난 현상을 구체적으로 고찰하겠다. 독자는 이 과정에서 한국인의 생사관이 야스퍼스의 비신론적인 생사관과도 전혀 다르다는 사실을 알게 될 것이다.

전통적으로 예를 중시하는 한국인은 성인식에 해당하는 관례(冠禮), 결혼의 혼례(婚禮), 죽은 사람에 대한 상례(喪禮), 조상을 섬기는 제례(祭禮)위 네 가지를 가장 중요한 통과의례(通過儀禮)로 믿었다. 그 중에도 상례는 최소한 3년상을 지내야 한다고 믿을 정도로 가장 엄숙한 의례였으며, 이런 관행은 지금도 마찬가지다.

우선 죽는 사람에게 있어서 가장 중요한 것은 정침(正寢)이며 살아남은 사람에게는 죽는 사람의 임종(臨終)을 지키는 것이다. 여기서 정침이란 죽는 사람을 안방에서 죽게 하는 것인데, 객지에서 죽은 객사(客死)나 사고로 죽은 변사(變死)에 반대되는 것이다. 마지막 떠나는 장소가 집의 중심인 안방이 아닌 경우에 그 사람의 혼은 죽어서도 객귀(客鬼)가 되어 의지할 곳도 없이 이리저리 방황

한다고 믿는다. 살아남을 사람들 -특히 자녀들- 은 마지막 숨을
거두는 임종의 시간을 꼭 지켜야 한다고 믿는데, 여기에는 이승에서
저승으로 떠나는 사람을 쓸쓸히 혼자 보내지 않는다는 뜻과 생명을
주신 부모님의 은혜에 보답한다는 뜻이 있다.

사람이 숨을 거둘 무렵이 되면 속광(屬纊)이라고 하는 고운 솜
을 코 밑에 놓고 기식(氣息)을 살피다가, 그것이 움직이지 않으면
자녀들은 곡(哭)을 하고 망인의 적삼을 들고 나와 지붕을 향하여
"복! 복! 복!" 하고 세 번 소리를 지른 후에 그 적삼을 지붕에 올
려 놓는다. 이것을 고복(皐復)이라고 한다. 이것은 떠나는 혼을 다
시 한번 불러서 혼의 복귀를 기원하는 의미도 있겠으나, 실제로는
죽음을 확인하여 동리에 알린다는 뜻이 있다. 이어서 음식과 신발과
돈을 상이나 멍석에 담아 놓는 사자상(使者床)이 마련되는데, 이것
은 죽은 자의 혼을 이승에서 저승으로 모시고 가는 사자에게 잘 부
탁한다는 뜻이 있다.23)

이어 사람들은 칠성판을 장만하여 시체가 굳어지기 전에 간단히
묶는 소렴(小殮)을 하고, 솜이나 비단을 미지근한 향물 혹은 쑥물
에 담가서 시신을 깨끗이 씻는 습(襲)을 하고 마른 솜으로 닦아낸
다음에 수의(壽衣)를 입히고, 시신을 관속에 넣기 전에 단단히 묶
는 대렴(大殮)을 하는데, 머리부터 발끝까지 어깨·팔·허리·다리
등을 일곱 매듭으로 묶는다. 이어서 자녀들이 마지막으로 지켜본 다
음에 입관(入棺)이 끝나면 자녀와 친척들은 상복(喪服)을 입고 성
복제(成服祭)를 행하는데, 이것이 사람이 죽고 나서 처음으로 거행
하는 제사가 된다.

입관에 이어 혼백(魂帛) 상자를 만드는데, 이곳은 떠도는 혼이

---

23) 이광규, "이 세상과 저 세상을 잇는 다리: 상례", 김주영 외, 『한국인의 뿌리』,
(사회발전연구소, 1984), 115쪽.

임시로 머무는 곳이 된다. 상여가 집을 떠나기 전에는 발인제(發靷祭)를 행하는데, 이것은 시신이 집을 떠나기 전의 마지막 고별식이 된다. 마을에 따라서는 마을 입구에서 마을을 떠나면서 노전제를 지내기도 한다.

시신이 산에 이르면 산역(山役: 무덤을 파는 일)을 끝낸 뒤에 시(時)에 맞추어 하관을 하고, 상주들부터 흙을 떠서 관 위에 놓도록 하며 흙을 덮는 사이에 옆에서는 위패(位牌)를 맞는다. 이것이 바로 죽은이의 혼의 일부가 깃드는 신주(神主)다. 그 후에 평토제를 지내고 집에 온 후 삼우제(三虞祭)를 위시하여 졸곡, 소상, 대상을 거쳐 길제까지 지내야 비로소 상례가 끝나는데, 이 기간은 적어도 2년 3개월이 걸린다.24) 그러면 이상의 상례에 나타난 한국인의 죽음에 대한 의식은 어떤 것인가?

첫째, 이승에서 살던 사람이 죽어서 가는 저승은 도대체 어디에 있는가? 한국의 신화, 구비 전승 문화, 고전소설, 무속 신앙에서는 저승을 이승과 다른 하늘, 산, 땅 밑, 바다 등으로 표현하고 있다. 그러나 여기서 말하는 저승은 이승의 단절이 아니라 이승의 연장일 뿐이다. 한국인의 생사관은 테오스(theos)로부터 연역된 것이 아니라 코스모스(cosmos)로 수렴되고 있기 때문이다. 정진홍은 이렇게 말했다.

"이승과의 대칭적인 자리인 저승은 이른바 초자연의 영역에 속해야 옳다. 하지만 그곳은 한결같이 이승에서 경험되는 자연이기도 하다. 산, 하늘, 땅 밑, 바다는 모두 이승에서 만나고, 내가 사는 자리에서 이어지는 곳이다. 이승은 여전히 산을 끼고 하늘 아래 있으며, 바다를 접하고 땅 위에 있다. 그러므로 저승으로서의 하늘은 이승으로서의 하늘

---

24) 같은 글, 116~117쪽.

이기도하고, 이승에서의 바다는 저승에서의 바다이기도 한다. 결국 이
승과 저승은 단절되어 있지 않다. 그러나 또한 서로 이어져 있으나 함
께 하여 하나이지는 않다. 하늘, 바다, 산, 땅 밑은 이승이되 저승이고
저승이되 이승이다. 그러나 죽음을 계기로 할 때, 비로소 이승은 저승
과 다른 곳이 되고, 저승은 이승과 이어져 있으나 끊어진 '저편'이 된
다."25)

그러면 이승과 저승이 이렇게 구별(distinguishable)되면서도
분리(separable)되지 않는다는 주장은 어떤 뜻을 가지고 있는가?
그것은 죽음이 분명히 '단절의 사건'이기는 하지만 그 사건을 통해
서 도달하는 하늘, 바다, 땅 밑, 산 등은 결코 별유세계(別有世界)
가 아니라 이승의 '확대된 공간'일 뿐이라는 것이다. 그리하여 한국
인은 '북망산이 멀다더니 문턱 밖이 북망일세.'라고 말함으로써 저
승을 단순히 '문턱 밖'으로 표현하기도 하고, 특히 무교에서는 저승
을 단순히 '모랭이(모퉁이)를 돌아선 곳'으로 표현하기도 한다. 한
마디로 '저승은 실재하는 어떤 다른 공간이 아니라 제장(祭場)으로
서의 이질적(異質的)인 공간일 뿐'이다.26)
여기에 바로 죽음에 대한 서양인과 한국인의 본질적인 차이가 있
다. 전통적인 기독교에 있어서, 천당과 지옥으로 구별되는 내세는
단순히 인식론적인 차원만이 아니라 존재론적으로 현세와 전혀 다
른 세계다. 힉은 이런 견해를 그의 독특한 종말론적인 해석으로 디
욱 복잡하게 설명했던 것이다. 그리고 비인식론의 입장에 선 필립스
는 이 내세를 '인간이 이 세상을 사는 데 필요한 도덕적 개념'일 뿐
이라고 말함으로써 죽음에 대한 종교적 해명을 도덕적 권유로 환원

---

25) 정진홍, 『한국종교문화의 전개』, (집문당, 1986), 96쪽.
26) 같은 책, 100쪽.

시켰던 것이다. 또한 내세를 믿지 않았던 하이데거와 싸르트르까지도, 만약 내세가 존재한다면 그것은 실제로 존재해야 된다는 가정을 버리지 못하고 있다. 다시 말해서, 그들은 모두 현세와 내세, 이승과 저승, 이쪽과 저편이 완전히 분리 내지 단절되어야 한다고 믿고 있다. 그러나 한국인에게 있어서 그런 단절은 존재하지 않는다.

둘째, 이승과 저승의 이런 공간적인 비단절성은 다시 산자와 죽은 자의 연속성 혹은 지속성으로 나타난다. 그리하여 산자와 마찬가지로 죽은 자의 혼백은 의식주를 필요로 할 뿐아니라, 살아 있을 때의 사회적 지위도 그대로 누린다. 그리하여 관곽(棺槨)이나 분묘는 죽은 자의 거처로 마련된 것이며, 죽은 자의 양식으로는 곡식과 가축이 제공되며, 살아 있을 때의 장신구를 무덤 속에도 가지고 가며, 시종들이 주인을 따라 순장(殉葬)되기도 한다. 금장태는 이렇게 말했다.

"『후한서(後漢書)』 등의 기록에 따르면, 부여에서는 사람을 죽여서 죽은 자와 함께 묻는 살인 순장의 풍속이 있었으며, 많은 때는 백 명이 넘는 사람이 순장되기도 했다. 이런 순장은 몰론 노예제도가 있어야 가능한 것이지만, 생명을 함부로 죽이는 가혹한 행위로서가 아니라, 사후의 생활에 대한 확고한 신앙의 바탕 위에서 노예들이 섬기던 주인을 따라 죽을 수 있으며, 사람을 죽여서 함께 묻을 수 있는 풍속이 그 사회에 용납될 수 있는 것이라고 보아야 할 것이다. 이 순장의 풍속은 신라의 지증왕(智證王) 때 국법으로 금지하기까지 계속된 것으로 보인다."27)

여기서 우리는 순장의 비윤리성을 외칠 필요는 없다. 다만 사람

---

27) 금장태, 『한국유교의 재조명』, (전망사, 1972), 133쪽.

은 죽은 다음에도 살았을 때와 거의 동일한 인간관계를 유지할 정도로 산자와 죽은 자는 서로 긴밀하게 연결 혹은 지속되어 있다는 사실이다.

그러므로 산자와 죽은 자는 서로 큰 영향을 계속적으로 주고받는다. 한국인에게 있어서는 '죽은 자는 말이 없다'가 아니라 '죽어서도 그대로 말하고 있다'는 명제가 성립된다. 그리하여 죽은 자는 산자에게 길흉화복을 내릴 수 있으며, 또한 산자는 제사를 통하여 죽은 자의 넋을 위로할 수도 있다. 이런 뜻에서 우리는 이 세상에서 '산자와 죽은 자가 함께 살고 있다'고 말할 수 있다.[28]

물론 불교가 이 땅에 들어와서 전통적인 이승과 저승의 연속성, 산자와 죽은 자의 연속성을 단절시키려고 노력한 것은 사실이다. 그리하여 불교는 저승을 서방정토, 극락세계, 미타정토, 도솔정토 등의 유별(有別)한 이향(異鄕)으로 선전했다. 그러나 한국인은 불교의 용어를 빈번하게 사용하면서도 전통적인 생사 연속성을 그대로 유지하고 있다. 그리하여 우리 나라 신여성의 대표자였던 김일엽(金一葉, 본명: 元周, 1891~1971) 스님까지도 생시(生時), 몽시(夢時), 사시(死時)를 하나의 '혼' 혹은 '생각'으로 설명했던 것이다.

"낮에 생각하고, 밤에 꿈꾸고, 죽어서 천당이나 지옥으로 가는 혼은 하나의 물체다."[29]

"생각은 언제나 남는다.

---

28) 도화랑(桃花娘)이 낳은 비형(鼻荊)이 산자와 죽은 자의 사이에서 출생했다는 이야기는, 그들의 관계가 얼마나 밀접했느냐를 단적으로 설명한다. 앞의 책, 135쪽.

29) 김일엽, 『청춘을 불사르고』, (중앙출판공사, 1989), 280쪽.

생각은 낮에는 생각으로, 밤에는 몽신(夢身)으로, 죽어서는 혼신(魂身)으로 돌아다니는 물체다. 이 한 물체가 생사경(生死鏡)에서 따로따로 기거하고 생각도 그때그때 하게 되는 이유는, 이 세 가지 생각의 정체 -곧 존재적 본정신-를 잃어 버렸기 때문이며, 그래서 인간들은 이 하나의 생각인 혼을 삼체(三體)로 알게 되고, 종교인들까지 사혼(死魂)이 따로 있는 줄 알고 '영혼'이란 이름으로 달리 취급하게 된 것이다."30)

"우리가 흔히 '믿어라'고 하는 이유는, 육신을 가졌을 때 믿었던 혼이 육체가 죽은 다음의 혼이 되어도 계속 믿게 되는 까닭입니다. 믿는 혼은 어떤 좋은 모태(母胎)로 도입(導入)되기도 하고, 좋은 인연이 없으면 되살려 놓고 죽어 다니던 길(꿈)을 도로 가보라 하여 가보면 내 정신 수습하는 공부(참선, 염불)를 하게 되기도 하고, 그렇지 않으면 영가(灵駕, 혼)를 불러 육체가 먹던 음식을 먹이고 법을 설하여 깨닫게 하기도 하는 것입니다."31)

결국 불교의 내세관도 한국인의 전통적인 이승과 저승의 연속성, 산자와 죽은 자의 상호 교류, 내세의 현세적 내재성을 근본적으로 변화시키지 못했다. 우리들이 요즘에도 흔히 '죽어서 지하의 조상을 뵐 면목이 없다'고 말하는 이유도 여기에 있다. 그리하여 우리는…

"…부모가 죽으면 예법에 따라 땅을 골라 묻는다. 살아 있는 자의 집을 양택(陽宅)이라는 데 비해 죽은 자의 무덤을 음택(陰宅)이라 하여, 형식은 다르지만 동질의 '집'임에 틀림없다. 부부를 합장하거나 자

---

30) 같은 책, 221쪽.
31) 같은 책, 164쪽.

손이 부모의 무덤 근처에 잇따라 묻히는 경우가 많은 것도 죽은 자들의 공동생활이 지속된다는 의식을 보여 준다.

또한 집집마다 사당(祠堂)이 있고 나라에도 사당이 있어, 가묘나 종묘 등은 유교 사회의 성전(聖殿)이 되고 있다. 집안에 크고 작은 일이 있거나 출입을 할 때는 살아 있는 부모에게 알리고 인사드리는 것과 똑같이 사당에 가서 돌아간 조상에게 고한다. 그것은 한 울타리 안에 죽은 조상과 살아 있는 자손이 같이 있는 것이다.

또한 조상은 죽었지만 후손에게 축복을 줄 수 있다고 믿어 조상의 음덕(陰德)을 생각한다. 철따라 새로운 음식을 차려 경건하게 제사를 드리며 조상의 신령이 흠향하고 그 음식에 강복(降福)한다고 믿으며, 자손들은 이 음식을 나누어 먹는 의례 곧 음복(飮福)에 참여한다. 이 것은 죽은 자에 대한 공경과 산 자에 대한 축복이 교환되는 가운데 죽음과 삶의 세계를 일치시키고 조화시키는 것이라 할 수 있다."32)

세째, 그러면 산자와 죽은 자를 —서로 분리시키지는 않더라도— 서로 구별하게 하는 것은 무엇인가? 이 질문에 대한 한국인의 답변은 무교적 입장, 유교적 입장, 불교적 입장에 따라 아주 상이하게 나타난다. 그것은 인간을 혼육(魂肉)의 이원론, 혼백육(魂魄肉)의 삼원론, 삼혼칠백(三魂七魄)의 다원론 등 각기 다른 실체로 파악함에 따라 상이하게 나타난다.

산자는 죽으면서 생명을 잃게 되는데, 한국인은 이 생명의 요소를 혼·넋·영이라고 부른다. 그리하여 이원론에 있어서 죽음이란 단순히 혼이 육체를 떠난 것이다. 그러나 삼원론에 있어서 혼은 떠나지만 백은 그대로 시체 속에 남는다. 삼혼칠백론에서 죽음은 더욱 복잡해진다. 첫 번째 혼은 저승으로 가고, 두 번째 혼은 육신에 남

---

32) 금장태, 앞의 책, 128쪽.

286

아 있으며, 세 번째 혼은 자유로이 방황한다. 그리고 모든 사람은 두 귀, 두 눈, 두 콧구멍, 입의 일곱 가지 정령이 있는데, 이 칠 백은 육체에 그대로 남는다. 그러나 공중에 떠다니면서 산자에게 길흉을 내릴 수 있는 혼이 저승을 다녀오는지 그냥 방황하는지는 명확하지 않으며, 또한 이 방황하는 혼과 시체에 그대로 남아 있는 백이 언제까지 존재하는지도 명확하지 않다. 그리고 육탈(肉脫)한 뼈를 소중히 모실 정도로 영혼이 뼈 속에 있다고 믿었는지도 명확하지 않으며 육신을 떠난 영혼이 하나인지 여럿인지도 명확하지 않다.

다만 분명한 사실은 혼이나 백이 순수한 정신적인 실체가 아니라 어디까지나 육체의 속성을 그대로 가진 물체적인 실체라는 사실이다. 그리하여 김일엽 스님은 "혼은 물체로서, 물체는 먹고 감각하는 육안에 보이는 존재인데, 기독교인들은 이런 혼의 형체도 보지 못하고 불교의 천도식을 마귀의 일이라고 비방한다."고 반박하기도 했다.33)

혼백은 육체와 동일하지 않으며, 그것은 죽음과 더불어 육체를 떠난다. 그러나 그것은 어디까지나 육체적인 것이다. 이와 마찬가지로, 한국인에게 있어서 저승은 이승의 연장일 뿐이며, 이런 뜻에서 이승이 저승에 우선한다. 다시 말해서, 한국인에게 있어서는 죽음이 삶을 설명하는 것이 아니라 삶이 죽음을 설명하며, 상례(喪禮)는 죽은 자에 대한 의례라기보다는 차라리 산자를 위한 의례라고 말할 수 있다.34) 그리고 한국인의 이런 생각은 '아직 삶을 모르면서 어떻게 죽음을 알 수 있겠는가?[未知生 焉知死]'라는 공자의 사상과 일치하는 것이다.

---

33) 김일엽, 앞의 책, 163쪽.
34) 금장태, 앞의 책, 130쪽.

8. 한국인의 생사관에 대한 서양의 오해

지금까지 소개한 죽음에 대한 현대 서양철학의 네 가지 접근과 한국인의 접근에 대한 상대적인 평가는 독자의 판단에 맡기고, 여기서는 후자에 대한 서양의 오해 몇 가지를 소개하겠다.

첫째, 서양인들은 한국인의 이런 생사관을 맹목적인 유물론이라고 비난하기도 한다. 그리하여 힉은 동양의 휴머니즘이 '지나친 물질 제일주의'로 환원될 수 있으며, 인간을 세포의 집합체로만 보는 이 견해는 인간의 정신적 및 영혼적 측면을 무시하는 육체주의로 떨어지기 쉽다고 비난했다. 그러나 이런 비난은 어디까지나 정신과 육체의 명확한 이원론에 근거를 두고 있다. 한국인은 절대로 정신적인 측면(백의 측면)과 영혼적인 측면(혼의 측면)을 무시하지 않는다. 다만 그것들이 모두 육체적인 속성을 가지고 있다고 믿는다. 우리가 흔히 '잘 먹고 죽은 귀신은 때깔(빛깔)이 좋다.'고 말하는 이유도 여기에 있다.

그러나 여기서 말하는 '육체적'이라는 표현은 서양인에게는 극히 위험한 표현이다. 여기서 말하는 육체적인 속성은 책상이나 걸상이 물체적이란 뜻에서 물체적인 것은 아니다. 그것은 공간을 차지하고 있지도 않고, 형태나 모양도 없다. 그러므로 혼백은 서양인의 입장에서 보면 절대로 육체가 아니다. 다만 그것은 순수한 의식이나 정신이 아니라는 점에서 '육체적'일 뿐이다. 그러므로 혼백을 서양식으로 표현하면 육체적인 실체(physical entity)라기보다는 차라리 정신적인 실체(mental entity)라고 표현할 수 있겠다. 그러나 그것은 본질적으로 순순한 정신이 아니라는 점에서 육체적인 것이다.

물론 서양인의 입장에서는, 이런 육체적인 혼백이 과연 영원히 존재하느냐는 문제를 제기할 수도 있겠다. 그러나 한국인은 그런 형이상학적인 문제에 별로 관심을 쏟지 않는다. 우리들에게 중요한 것은 이승이며 지상이며, 저승과 천당과 정신은 오직 전자의 연장으로서만 가치를 갖고 있다고 믿기 때문이다.

그러나 오늘날 한국인의 이런 생사관은 천당과 지옥, 계시와 이상, 산자와 죽은 자를 철저하게 구별하는 기독교에 의하여 강력한 도전을 받고 있다. 물론 한국은 아직도 테오스 중심이 아니라 코스모스 중심의 인간관과 내세관을 가지고 있으며, 한국에서 현재 흔히 볼 수 있는 상례는 그런 견해를 강력히 반영하고 있다. 저승으로 떠나는 혼을 안내한다고 믿어지는 사자에게 푸짐한 사자상(使者床)을 차리는 의례가 이를 잘 증명한다.

그러면 앞으로 한국인의 생사관은 내세지향적인 불교와 이원론적인 기독교에 의하여 근본적으로 변혁될 것인가?35) 이 문제야말로 신학자, 종교학자, 종교철학자들의 가장 중요한 질문이 아닐 수 없다. 이 문제에 대하여 일부의 학자들은 기독교인이 전체 한국 종교인의 가장 큰 비율을 차지하고 있으며 또한 기독교와 불교가 종교인의 거의 전체를 차지하고 있다는 사실로 보아서 생사관에 대한 한국인의 근본적인 의식 변화는 '시간 문제'라고 주장하기도 한다. 그러나 나는 그렇게 보지 않는다. 그 이유는 무엇인가?

원래 한국은 대체적(replaceable)이 아니라 누가적(cumulative)인 사상 전통과 종교 전통을 가지고 있다. 왕조사를 중심으로 보면, 삼국시대와 고려시대는 완전한 불교사상적이고, 이조시대는 완전한 유교사상적이고, 현대사는 완전한 기독교사상적으로 보인다. 그러나 이것은 어디까지나 피상적인 관찰일 뿐이다.

모든 한국인은 무교적인 사상 위에 불교사상과 도교사상을 받아들였으며, 다시 그 위에 유교사상을 받아들였으며, 다시 그 위에 기

---

35) 물론 기독교의 본질이 정말 이원론적이냐 하는 것은 별도의 문제다.

독교사상을 받아들였다. 그리하여 한국의 기독교사상을 완전히 이해하려면 한국인의 뼛속까지 스며 있는 유교, 불교, 무교의 사상을 먼저 이해해야 한다. 이런 뜻에서 모든 한국인은 '순수한 종교인'이 아니라 '혼합적인 종교인'이라고 말할 수 있다. 예를 들어서 부모까지 버리고 예수를 따라야 한다는 기독교의 메시지는 철저한 유교사상을 그대로 간직하고 있는 한국인에게는 상상조차 할 수 없는 일이다. 그리고 오늘날 한국 내 대부분의 불교인과 기독교인은 '세상을 버리라.'는 가르침보다는 '수고하고 무거운 짐을 진 자들은 다 나에게 오라. 내가 너희를 편히 쉬게 하리라.'는 현세 지향적, 기복 신앙적, 육체 지향적인 신앙을 가지고 있다.

그리하여 어느 학자는, 현재 겉으로 보기에 한국에는 수많은 종교들이 공존하고 있으나 내용적으로 보면 무교밖에 존재하지 않는다는 극언까지 한다. 내세 지향적인 기독교와 불교까지도 '어떤 일이 있어도 이 세상에서 복 받고 잘 살겠다.'는 무교적인 요소에 의하여 성장하고 있기 때문이다.

한국의 사상 전통과 종교 전통이 이렇게 대체적이 아니라 누가적이라는 사실은 한국이 현재 세계에서 유일하게 간직하고 있는 복수 철학 현상(philosophical pluralism)과 복수 종교 현상(religious pluralism)으로 쉽게 알 수 있다. 역사적으로 각기 다른 사상들과 종교들이 서로 다투면서 공존했던 곳은 이 세상에 굉장히 많았다. 그러나 그런 곳 중에 하나였던 이스라엘은 이제 유대교의 단독 무대가 되었고, 동서의 만남의 교차로였던 터키는 이제 이슬람교의 세상이 되었고, 불교까지 탄생시킨 인디아는 힌두교로 정착했다. 그러나 88올림픽을 치를 정도로 개방된 한국만이 이 세계에서 유일한 사상백화점과 종교백화점으로 남아 있다. 한국에 새로 들어오는 사상과 종교는 기존의 사상과 종교를 대체시키지 않고 그대로 그 위에 누적되면서 수용되었기 때문이다. 내가 한국인의 전통적인 생사관이 기독교의 이원론에 의해서도 ―과거 불교의 경우와 마찬가지로― 완전히 변화하지 않을 것이라고 예견할 수 있는 이유가 바로 여기에 있다. 이것은 마치 중국에서 모택동의 과격한 혁명에도 불구하고 전통적으로 내려 왔던 유교적인 전통을 말살하지 못한 경우와 다름이 없다.36)

결론은 무엇인가? 모든 한국인은 무교인이다. 대부분의 한국인은 무교인이며 동시에 유교인이다. 그리고 많은 한국인이 그 위에 불교나 기독교의 이름을 따르면서, 자신들이야말로 진정한 불교인이나 기독교인이라고 착각하고 있다. 이런 한국인의 독특한 진통이 그대로 유지되는 한 한국인의 생사관의 기본 골격은 그대로 유지될 것이다.

둘째, 서양인들은 한국인의 생사관을 인생과 삶에 대한 비관론으로 규정하기도 한다. 마치 알버트 슈바이처가 서양사상은 생명 긍정과 세계 긍정을 '어느 정도 자명한 것'으로 받아들이지만 인디아사상은 생명 부정과 세계 부정에 근거하고 있다고 주장했듯이.

그러나 이런 주장은 어디까지나 '존재론적인 내세가 확보되지 않은 사람은 절대로 죽음의 공포를 극복할 수 없다.'는 가정에 근거를 두고 있다. 나는 이 가정이 틀린 전제라는 사실을 직접 증명하지는 않겠다. 다만 서양에서도 에피쿠로스, 몽떼뉴, 쇼펜하우어, 러쎌과 같은 철학자들은 이 전제를 받아들이지 받았다는 사실을 지적하고 싶다. 그리고 한국인과 중국인이야말로 아마도 이 세상에서 가장 낙천적인 삶을 실제로 영위하고 있다는 현상적인 사실을 지적하고 싶

---

36) 여기서 우리는 한국인으로서 순수한 내세 지향적인 종교인이 된다는 것은 굉장히 어려울 것이라는 사실을 쉽게 짐작할 수 있다. 물론 여기서 '순수한'을 정확히 기술할 수는 없겠지만.

다.

히브리사상에 있어서 야훼는 문자 그대로 '죽은 자의 하느님'이 아니라 '산자의 하느님'이었다. 이와 마찬가지로 한국인에게 있어서 혼백은 어디까지나 죽음의 사자가 아니라 삶의 사자가 된다. 삶이 죽음을 위하여 존재하지 않고, 오히려 죽음이 삶을 위하여 존재하기 때문이다. 마치 안식일을 위하여 인자(人子)가 존재하는 것이 아니라 안식일이 인자를 위하여 존재한다는 예수의 말과 같이. 이미 말했지만, 대부분의 사람들이 병원의 침대에서 홀로 죽는 서양과는 달리, 한국에서의 죽음이 일가친척이 모두 만나는 축복의 장이 될 수 있는 이유도 여기에 있다. 죽음은 삶이 아니면서 동시에 삶이 된다.

세째, 서양인들은 한국인의 생사관을 윤리성의 결여라고 비난하기도 한다. 전지전능한 하느님의 공정한 심판을 전제로 하지 않는 선악의 구별이란 공허한 주장이라고 믿기 때문이다. 그러나 한국인의 생사관은 -특히 불교의 영향을 받아서- 철저한 선악의 업보사상을 담고 있다. 그리고 불교가 유입되기 이전의 무속 신앙에 있어서도, 성인의 삶을 영위하지 못하고 어린애로 죽은 귀신과 결혼 생활을 영위하지 못하고 처녀로 죽은 귀신은 귀신 중에도 가장 한 많은 원귀가 된다. 모든 사람은 행복하게 살 권리가 있으며, 이 권리는 자연히 모든 사람을 '착한 사람'과 '악한 사람'으로 구별하는 윤리성을 필요로 한다.

일찍이 칸트는 윤리의 절대적인 필요 조건으로 인간의 자유 의지, 영혼불멸(내세), 하느님의 존재(공평한 심판)의 세 가지를 '가정'해야 된다고 말했다. 그러나 한국인에게 있어서는 내세와 심판이 없이 자유의지만 가지고도 윤리가 성립될 수 있다.

오늘날 현대인은 사후를 내다볼 시력조차 상실할 정도로 현세적으로 살거나 현세를 내세를 위한 필요악으로 인정할 정도로 내세적으로 살고 있다. 그리하여 삶과 죽음을 일관성있게 연결하려는 모든 시도를 비합리적인 발상으로 매도하고 있다. 이런 상황에서 한국인의 생사관은 단순한 '또 하나의 다른 견해'가 아니라 '진정한 대안'이 될 수도 있겠다.